朗诵艺术理论与实践

左旗　毕红刚　韩晓玲／主编

西南交通大学出版社
·成都·

图书在版编目（CIP）数据

朗诵艺术理论与实践 / 左旗，毕红刚，韩晓玲主编. -- 成都：西南交通大学出版社，2025.1. -- ISBN 978-7-5774-0248-2

Ⅰ．H019

中国国家版本馆 CIP 数据核字第 2024HL1067 号

Langsong Yishu Lilun yu Shijian
朗诵艺术理论与实践

主编 左 旗 毕红刚 韩晓玲

策划编辑	张华敏
责任编辑	张华敏
封面设计	左 旗

出版发行	西南交通大学出版社
	（四川省成都市金牛区二环路北一段 111 号
	西南交通大学创新大厦 21 楼）
邮政编码	610031
营销部电话	028-87600564　028-87600533
网址	http://www.xnjdcbs.com
印刷	四川森林印务有限责任公司

成品尺寸	185 mm × 260 mm
印张	12.5
字数	267 千
版次	2025 年 1 月第 1 版
印次	2025 年 1 月第 1 次
定价	49.00 元
书号	ISBN 978-7-5774-0248-2

图书如有印装质量问题　本社负责退换
版权所有　盗版必究　举报电话：028-87600562

PREFACE 前言

《中华人民共和国国民经济和社会发展第十四个五年规划和2035年远景目标纲要》中提出"深入推进全民阅读，建设'书香中国'"。在此背景下，朗诵作为特殊阅读方式，成为推进全民阅读、弘扬中华优秀传统文化，凝聚"时代力量"，展示中国风貌的重要实践途径。

朗诵是有声阅读，朗诵者用动听的声音、优美的韵律，为文学作品和读者之间架起一座情感沟通的桥梁，让人们在体会文学作品精彩的同时，引发情感的共鸣，感受文字带来的时代感、生命力与独特的美学意蕴。

在大众对朗诵热情日益高涨的背景下，新派朗诵应运而生。2006年，随着网络多媒体平台的兴起，新派朗诵开始走进大众视野，新派朗诵的开创者左旗老师率先提出了"倡导自然的声音，抒发真实的情感"的口号，这也是朗诵艺术共同的追求。2007年，左旗老师捧起央广经济之声"寻找最有魅力的声音"总决赛的金杯，成为新派朗诵发展的一个标志性事件；2013年，新派朗诵推出"五部十项"朗诵规范，至此新派朗诵的学术体系正式形成。

多年来，左旗老师一共开展了50期公益课、120期实践课、20期理论课的朗诵教学培训，培养了众多朗诵人才。为了进一步扩大新派朗诵的影响力，提升社会广大朗诵爱好者及大学生群体的朗诵能力和审美水平，左旗老师携手阿坝师范学院的毕红刚、韩晓玲两位教师，编写了这本《朗诵艺术理论与实践》。本书是左旗老师长期朗诵实践及教学成果的结晶，希望借由本书的出版引导大众对朗诵的认知和欣赏，让普通大众感受到朗诵的魅力，使朗诵成为阅读爱好者喜欢的有声阅读方式。

本书以新派朗诵艺术作为理论基础，采用全新的理论体系与实践训练模式，从声音、气息、句型、篇章、贯穿、跳转、情感、心理等方面多角度地对朗诵艺术和技巧进行了生动、细致的诠释，明确了朗诵艺术的基本创作规律，以及朗诵在音色塑造、节奏控制、情感表达等方面的审美要求及评价标准，进一步完善了朗诵艺术的理论体系架构；在详细介绍朗诵艺术学习技巧的同时，构建了阶梯式的朗诵水平提升路径。

本书的每部分教学内容都给出了丰富的例句、例文朗诵示例，并配上朗诵音频供读者欣赏和学习，这些音频以二维码形式嵌入书中，读者可扫描二维码免费获取。

本书作为一本面向大众传播朗诵知识、技能和审美的教材，在注重朗诵美学与趣味性的同时，具有较强的实践性与指导性，可以作为高等院校学生的素质教育教材，也可以作为广大朗诵爱好者的自学教材。

本书在左旗老师唯一嫡传弟子——阿坝师范学院韩晓玲老师的全力推动下得以问世。在编写过程中，左旗老师融入了新派朗诵的完整理论体系，制定了全书的编写体例。其中：第一章至第四章由左旗老师执笔；第五章至第十二章由毕红刚老师执笔；附录部分的八篇范文解析由韩晓玲老师执笔。另外，本书编写资料的收集与整理由吉林省图们市志成小学的孔庆梅老师完成；书中所有的朗诵示例音频由左旗老师录制；附录部分的五十篇朗诵练习范文由左旗老师收集整理。全书由左旗老师统稿并负责审校。

本教材在编写过程中，参考、借鉴了相关领域的部分书籍、文献及资料，特别是引用了部分经典文学作品的片段作为朗诵范文，在此向有关作者致以诚挚的谢意！

鉴于编者水平所限，书中不足及错漏之处在所难免，恳请读者批评指正。

朗诵艺术，是戴着声音镣铐的舞蹈。"见字生情，情生气动，以气带声，声情并茂"。在对朗诵艺术的不断探索中，"入窄门，见微光，走远路"，这九个字，与君共勉！

编　者

2024 年 7 月

数字资源列表

序号	资源名称	资源类型	资源位置（页码）
1	第二章第一节例句朗诵音频	音频	014
2	第二章第二节例句朗诵音频	音频	017
3	第二章第三节例句朗诵音频	音频	021
4	第三章第一节例句朗诵音频	音频	026
5	第三章第二节例句朗诵音频	音频	031
6	第三章第三节例句朗诵音频	音频	036
7	第四章第一节例句朗诵音频	音频	041
8	第四章第二节例句朗诵音频	音频	045
9	第四章第三节例句朗诵音频	音频	048
10	第五章第一节例句朗诵音频	音频	053
11	第五章第二节例句朗诵音频	音频	056
12	第五章第三节例句朗诵音频	音频	060
13	第六章第一节例句朗诵音频	音频	065
14	第六章第二节例句朗诵音频	音频	069
15	第六章第三节例句朗诵音频	音频	073
16	第七章第一节例句朗诵音频	音频	077
17	第七章第二节例句朗诵音频	音频	082
18	第七章第三节例句朗诵音频	音频	086
19	第八章第一节例句朗诵音频	音频	089
20	第八章第二节例句朗诵音频	音频	093
21	第八章第三节例句朗诵音频	音频	096
22	第九章第一节例句朗诵音频	音频	102
23	第九章第二节例句朗诵音频	音频	107

续表

序号	资源名称	资源类型	资源位置（页码）
24	例文《匆匆》朗诵音频	音频	113
25	第十章第一节例句朗诵音频	音频	116
26	第十章第二节例句朗诵音频	音频	121
27	例文《青衣》朗诵音频	音频	126
28	第十一章第一节例句朗诵音频	音频	130
29	第十一章第二节例句朗诵音频	音频	133
30	第十一章第三节例句朗诵音频	音频	141
31	第十二章第一节例句朗诵音频	音频	144
32	第十二章第二节例句朗诵音频	音频	148
33	第十二章第三节例句朗诵音频	音频	152
34	范文《不知有花》朗诵音频	音频	158
35	范文《大地》朗诵音频	音频	161
36	范文《古树下，一道苍老的背影》朗诵音频	音频	166
37	范文《人随月色静》朗诵音频	音频	170
38	范文《四月挂在墙上》朗诵音频	音频	174
39	范文《忘情》朗诵音频	音频	178
40	范文《云端之上》朗诵音频	音频	182
41	范文《周庄烟雨中》朗诵音频	音频	186
42	朗诵练习范文（五十篇）	文档	191

本书数字资源使用说明：

1. 请使用微信扫描封底二维码并关注"交大e出版"微信公众号。

2. 点击弹出页面下方的"开通会员"链接，选择"使用购物码（兑换码）免费获得"，输入封底刮层下的序列号并确认。

3. 至此您已开通本书数字会员，可使用微信扫描书中任意二维码，免费畅享本书所有配套多媒体资源。

目录 / CONTENTS

第一章　绪　论
　　第一节　以文为本……001
　　第二节　用声传情……004
　　第三节　五部十项……008

第二章　句　子
　　第一节　整句意识……014
　　第二节　句子的结构……017
　　第三节　句子的语气……021

第三章　重　音
　　第一节　重音基础……026
　　第二节　重音分类……031
　　第三节　重音实践……036

第四章　断　句
　　第一节　断句基础……041
　　第二节　断句分类……045
　　第三节　断句实践……048

第五章　气息基础
　　第一节　朗诵的呼吸……053
　　第二节　气息支点……056
　　第三节　气息动程……060

第六章　气息运用
　　第一节　气息补充……065
　　第二节　气息分配……069
　　第三节　气息循环……073

第七章　声音塑造
　　第一节　电声意识……077
　　第二节　美化音色……082

第三节　提高音准…………………………………………………………086

第八章　语　流
　　第一节　顺畅的语流…………………………………………………………089
　　第二节　变化的语流…………………………………………………………093
　　第三节　准确的语流…………………………………………………………096

第九章　贯　穿
　　第一节　外部技巧……………………………………………………………102
　　第二节　内部技巧……………………………………………………………107
　　第三节　通篇贯穿……………………………………………………………113

第十章　跳　转
　　第一节　跳转意识……………………………………………………………116
　　第二节　跳转提高……………………………………………………………121
　　第三节　通篇跳转……………………………………………………………126

第十一章　情　感
　　第一节　情感的激发…………………………………………………………130
　　第二节　情感的表达…………………………………………………………133
　　第三节　情感的渗透…………………………………………………………141

第十二章　朗诵心理
　　第一节　心理定位……………………………………………………………144
　　第二节　心理活动……………………………………………………………148
　　第三节　心理问题……………………………………………………………152

参考文献………………………………………………………………………………157

附录一　范文解析……………………………………………………………………158
　　一、不知有花…………………………………………………………………158
　　二、大　地……………………………………………………………………161
　　三、古树下，一道苍老的背影………………………………………………166
　　四、人随月色静………………………………………………………………170
　　五、四月挂在墙上……………………………………………………………174
　　六、忘情………………………………………………………………………178
　　七、云端之上…………………………………………………………………182
　　八、周庄烟雨中………………………………………………………………186

附录二　朗诵练习……………………………………………………………………191

第一章 绪 论

什么是朗诵？简单来说就是八个字：以文为本，用声传情。其中：文，是指既有的文学作品；本，是指创作依据的蓝本；声，是指我们的有声语言；情，是指文章里表达的各种情感。

第一节 以文为本

朗诵，就是对一篇完整的文学作品用声音进行的第二次艺术创作。

一、选择文本

应注意的是，并不是所有的文学作品都适合朗诵。比如，篇幅过长的文学作品就不适合朗诵，因为朗诵是一个线性的创作过程，如果一篇文章动辄十几分钟才能读完，就很容易让人产生听觉上的疲劳。通常来讲，一篇朗诵作品的时长控制在五六分钟之内是较为合理的，在这个时间段，我们既能传达丰富的文字信息，又能让听众保持较好的注意力。

朗诵文学作品，人们主要是依靠"听"而不是"看"来感受其魅力，因此，文字过于生涩的作品同样不适合朗诵，因为这样的文字读起来不容易让人听懂，故难以让人产生情感共鸣。比如古代文言文作品，除了那些脍炙人口、大众耳熟能详的经典名篇，其他的无论是散文还是诗歌，都不太适合朗诵。

总的来说，通俗易懂、朗朗上口的文学作品最适合朗诵。

当然，朗诵的文学作品也不是越通俗越好，毕竟朗诵是对文学作品的再创作。如果文学作品缺少优美、隽永、凝练的语言，以及丰富、细腻的情感抒发，光是那些絮絮叨叨的大白话，也不适合朗诵。

作为朗诵的文章，无论时间长短，都应该是有头有尾、独立成篇的文章。如果文章中出现"书接上回""未完待续"或者是"且听下回分说"这样的文字，显然也不适合朗诵。

这里需要强调的是，即便文学作品符合上述所有条件，也并不意味着就适合朗诵。在长期的朗诵创作实践中我们发现，很多文章书面阅读时感觉文字流畅、表述清晰，但朗诵它时却感觉语言繁琐、拗口。

由此可见，作为朗诵的文学作品，对其各个方面的要求都远高于书面阅读的文学作品。这一方面要求文学作品创作者在写作上应精益求精；另一方面也提醒朗诵创作者在选择朗诵文章时要慎之又慎。

二、分析文本

朗诵创作，应以文学作品本身为基础、为蓝本，朗诵者应按照这个蓝本逐字逐句地读，不能随意删减，也不能任意添加，更不能脱离文学作品信口开河。

另外，文学作品作为朗诵创作的蓝本，也是评判朗诵创作正确与否的依据，并且是唯一的依据。比如，字音有没有读错？句子有没有读破？断句对吗？重音对吗？句子的轮廓正确吗？声音需要在哪里渲染？感情需要在何时抒发？所有这些都要以文学作品本身作为依据，而不是朗诵者按照自己的理解，随心所欲地进行所谓的即兴处理。

对于字、词的读音问题，包括读音的轻重格式以及语流音变等，应按照标准普通话规范进行处理。

争议比较多的是重音和断句。一个句子，除了标点符号外，还需不需要额外停顿？在哪里停顿？句子中哪部分需要被强调？哪个字词又是重中之重？对于这类问题，需要我们对文学作品进行深入分析，找出答案。比如在食指的诗歌《相信未来》中有这样一句话：

> 我要用手指那涌向天边的排浪，
> 我要用手掌那托住太阳的大海，
> 摇曳着曙光那枝温暖漂亮的笔杆，
> 用孩子的笔体写下：相信未来。

有人读成：我要用手指/那涌向天边的排浪，我要用手掌/那托住太阳的大海。

也有人读成：我要用手/指那涌向天边的排浪，我要用手/掌那托住太阳的大海。

正确答案应该是前者。从诗歌的对仗形式可以看出，"手指、手掌和曙光"都是具有象征意义的实体，而"排浪、大海和笔杆"则是对这些实体的进一步描写。如果把"手指、手掌"断开，句子就会读破，并且容易产生歧义。

很多时候，以文字为依据，除了能判断基本的对错，还能帮助我们找出最佳方案。

例句：剧中的悲喜交织，让唏嘘不已的观众，看到了一个女人的可怜，更看到了一个女人的可敬。（琰涛《人间尤物是青衣》）

如何朗诵这句话，最多的争论还是在断句的位置上。

有人读："看到了一个女人的可怜，更看到了/一个女人的可敬。"

也有人读:"看到了一个女人的可怜,更看到了一个/女人的可敬。"

还有人读:"看到了一个女人的可怜,更看到了一个女人的/可敬。"

上述三个朗读版本中,断句不断后移,理由也很充分,是为了更有力地表达出"女人的可敬"。然而,最佳方案只有一个,那就是第一个版本。

为什么会这样呢?首先,在"一个"之前断句,不会破坏句子的结构,叙述上保留了内容的完整性;另外,在气息的安排上,这样断句也更为均衡、合理;还有,对于"女人的可敬",只要重音放在"可敬"上,在哪儿断句,都不会影响我们的表现力。所以,综合考虑,我们做出的断句是:"看到了一个女人的可怜,更看到了/一个女人的可敬。"

例句:半个世纪以来,阿炳个人的命运,在婉转幽咽的曲调中,已化作皓月当空的大爱,唤起全人类共同的悲悯。(葛水平《二泉映月》)

对于这句话的重音,许多人都会把"命运、大爱、悲悯"挑出来。单纯从句意的角度讲,这样划分是没错的,但它们却不是最好的选择。这句话的三个主要重音,应该放在"个人、大、共同"上面。

道理何在?实际上,这是一组具有比较意义的重音,抓住"个人、大、共同"这三个节点,不仅贯穿起整个句子,还能凸显语流的轮廓,表达出更加鲜明、强烈的思想感情:

"半个世纪以来,阿炳<u>个人</u>的命运,在婉转幽咽的曲调中,已化作皓月当空的<u>大</u>爱,唤起全人类<u>共同</u>的悲悯。"

三、标注文本

在上面的例句中,作为提示,在重音和断句的位置上都标注了符号。如果把我们的声音比作乐器,文本就是乐谱,标注的符号就是乐谱上的各种记号。在"通过声音演奏文本"的过程中,这些标注的符号会帮助我们更好地完成朗诵创作。

标注的符号涉及朗诵的多项指标,包括断句、重音、气息动程、气息应用等。

(1)断句,用斜杠表示:/

(2)重音,用下划线表示:___

(3)气息动程,用括号表示:( )

(4)换气,用双斜杠表示://

(5)偷气,用斜杠加引号表示:/"

(6)抢气,用斜杠加书名号表示:/>

(7)顿气,用斜杠加短横杠表示:/-

(注意,结合气息动程时,顿气的标注仅用斜杠就可以。如果顿气位置已有标点,则无须添加任何标注)

(8)气息运行,用箭头表示:顺带↘;平推→;顶托↗;叹出↓

(9)初始动程,用括号加箭头或括号加箭头加书名号表示:浅短(↘);浅长(→);

深短（>↘）；深长（>→）

例句：记得在古城读书时，窗外那鹧鸪的鸣叫，是来自不远处的湖滨以及附近的小树林。（张秀亚《春天的声音》）

标注：（→）记得/在古城读书时，（//→）窗外那鹧鸪的鸣叫，（/″↗）是来自不远处的湖滨（/″↗）以及附近的小树林。

解析：句子里有四个括号，代表四个气息动程，即句子需要四次气息补充。①（→）代表浅长的初始动程，气息预先做好充足准备；②（//→）代表换气平推，气息在这里进行补充，并继续推进语流；③④ 两次（/″↗）代表偷气顶托，气息补充迅速无声，保持气流强度的同时顶住声音，语流向上抬起。

"鸣叫""湖滨""小树林"是三处句子重音，要加重声音的分量，在语流中凸显出来。

例句：前前后后是水，左左右右也是水，周庄依偎在淀山湖、白蚬湖、南湖和澄湖的怀里，像从湖里滋生出的一张荷叶。（韩静霆《周庄烟雨中》）

标注：（>↘）前前后后是水，（/″↗）左左右右也是水，周庄（//→）依偎在淀山湖、白蚬湖、（/″↗）南湖和澄湖的怀里，（/>→）像从湖里滋生出的（/″↗）一张荷叶。

解析：句子里包括六个气息动程。①（>↘）代表深短的初始动程，适当增加了一些表现力；②（/″↗）代表偷气顶托，既保持内容的紧密连接，又形成了语流的递进，另外，"周庄"前面的逗号只是停顿，没有气息补充，所以不能形成单独的气息动程；③（//→）代表换气平推，做内容陈述；④（/″↗）代表偷气顶托，在加强语流关联的同时提高声音，表现重音"怀里"；⑤（/>→）代表抢气平推，加快的气息形成渲染的语气，提高了表现力；⑥（/″↗）代表偷气顶托，迅速补足气息，对"一张荷叶"四个字加以强调，并在句尾压住整个句子的平衡。

通过上述解析，我们体会到标注使气息的分配更为科学、合理，声音也产生了高低错落的变化，整个句子读下来，层次分明、有条不紊，而这些标注正是我们在今后的学习中要逐步掌握的知识内容。

在朗诵创作中一定要树立"以文为本"的理念，重视对文字内容的梳理，朗诵创作工作不只是查查字典、纠正一下读音或捋顺一下句子、通读整篇文章那么简单。文本，是朗诵的蓝图，是创作的依据，是声音的乐谱。"以文为本"看似限制了朗诵创作的自由度，实则为朗诵创作建立了严格的规范，是我们今后学习朗诵、提高朗诵水平的基础要求。

第二节　用声传情

一、美化声音

朗诵，以声为媒。对声音的塑造和培养，不仅贯穿学习朗诵的全过程，也伴随一生的朗诵创作生涯。

这里的声音，指的是"电声"，即通过电子设备采集、录制和播放的人声。电声，对于朗诵艺术起到了巨大的推动作用，也对朗诵创作产生了深远的影响。

首先，电声让声音放下了架子。

在没有扩音设备的年代，无论是在舞台上表演还是在大庭广众之下演讲，人们都是靠自身的嗓子发出声音，为了能够让更多的人听见，必须要提高嗓门，提高音量。

现在，有了电声设备的辅助，人站在话筒前哪怕只是发出一声轻微的叹息，也会让十米开外的人听见，因此，我们的发声完全可以恢复到日常说话的状态。

有人担心，如果放下声音的架子，用平常的声音朗诵还能叫朗诵吗？其实，这是对于朗诵艺术的认知存在误区。

何以为诵？用声传情！一篇文章的思想感情能够以声音的形式充分表达，这就是朗诵。而"倡导自然的声音，抒发真实的情感"，正是我们对朗诵艺术矢志不渝的追求。

放下声音的架子，等于解开了声音的封印。在电声设备的辅助下，我们可以把更多的注意力放在对声音细节的刻画上。虚声、气声的运用，丰富了声音的色彩，使细腻的思想情感如春风化雨般浸入人心。

话筒的使用，把声音传得更远，使远处的听众也能听得清晰，拉近了朗诵者与听者的距离，因此，慷慨激昂的文字，不用再捶胸顿足；大气磅礴的诗句，也不用振臂高呼。电声时代，"呢喃如惊雷，无声胜有声"，这样的表现力，在以前是根本无法想象的。

与此同时，电声对声音的塑造也提出了更高的要求：结实、稳定、通畅、舒展，是声音的四项硬指标。

结实，即实声为主，虚声为辅。声带要有充分的振动，不能一直使用气声。

稳定，即气息运行要稳，字音和语流都不能出现抖动。

通畅，即呼吸通道不能变形，不能受到阻碍或挤压。

舒展，即发声位置合理，声音可高可低，可上可下，而不是局限在狭窄的区域。

对于音准的要求，朗诵创作不应只满足于普通话的达标。每个字音，在清晰度和成像质量上都要精益求精。因为，在话筒这面放大镜下，字音的任何瑕疵都无处遁形。

音色方面，电声同样需要人体共鸣腔的修饰。特别是口咽腔，它位于我们的口腔后部，比口腔共鸣更加深厚，比胸腔共鸣更为灵活。口咽腔对于音色的改善，通过话筒体现得尤为显著，是电声创作的一项利器。

既然是塑造电声，那么从学习朗诵的初始就一定要戴上耳机，对着话筒，听自己实时回传的声音，从陌生到熟悉，从含糊到精确，不断修正，不断打磨，长期不懈。

电声，为许多热爱朗诵的人敞开了大门。有了电声，朗诵对声音的先天条件几乎不再设限，而对于具有特色的声音，通过电声进行朗诵创作更令人耳目一新。电声的普及，让大众对声音的审美趋于多元化，高亢嘹亮也好，婉转低回也罢，好听的声音不只有一个标准。

二、控制情感

朗诵，用声传情。朗诵的声音自始至终都带着感情色彩，这也是它与"朗读"的本质区别。

朗诵的创作过程，可以用十六个字来概括，即："见字生情、情生气动、以气带声、声情并茂"。把文字引起的情感共鸣，变成用声音引起的情感共鸣，朗诵完成了一次情感的传递。

作为严肃的艺术创作，朗诵在传情上要求做到准确、细腻、克制。

（一）传情要准确

传情要准确，包括两个方面：准确传递信息，正确把握基调。

信息的准确，就是字词要读得清楚，句子要读得明白，文字的含义要清晰准确、完整无误地传递出来，保证听者不会产生歧义，不会出现任何理解上的偏差。

基调的正确，就是声音状态要符合文字的情绪。比如朱自清先生的散文《春》和《匆匆》，前者是"欣欣然张开了眼"，后者是"茫茫然掩着面叹息"。如果我们用"盼望着，盼望着"的语气，来读"燕子去了，有再来的时候"，声音的基调就不对了。

基调的把握还体现在整个诵读过程中，注意力要集中，身心要始终沉浸在文字的意境中。否则，思想一溜号，就会不知所云；脑子一分神，就会言不由衷。

把握基调，要特别注意"角色化"的问题。与表演不同，朗诵的创作对象是文学作品，表演的创作对象是人。朗诵不是表演，朗诵者不能扮演任何角色。

比如，朗诵《将进酒》，将自己化作李白，仿佛诗仙附体，若癫若狂；朗诵《行板如歌》，把自己当成王蒙，蹙眉沉吟，煞有介事。这样只是表演，而不是朗诵。

又比如，冰心先生在《小橘灯》里描写了一个善良、坚强的农家女孩，有人就模仿起女孩子娇滴滴的声音，开始了角色扮演，其突兀的声音，不仅破坏了文章的基调，扮演的女孩儿形象也未必能获得听众的认同。

因此，面对文章中的各种人物，朗诵都要避免"角色化"，只能体现"角色感"，即普遍意义上的人物特征，比如女孩子的柔美感，老年人的持重感。

一千个人眼中就有一千个哈姆雷特，这就是"角色化"产生的差异，而朗诵只需要一个哈姆雷特。只有把握住具有共性的"角色感"，才能把握住朗诵的基调。

（二）传情要细腻

传情要细腻，包括语气的变化、语气的挖掘。

情绪，反映在声音里，我们称之为"语气"。在文章统一的基调下，包含着语气的多样性。细腻的情感，正是通过丰富的语气变化得以呈现。

比如在《荷塘月色》中，朱自清先生饶有兴趣地描写蝉声与蛙声，但话锋一转："热闹是他们的，我什么也没有"。读到这句话的时候，那种忽然出现的情绪低落，要及时反映在声音里。

再看这个例句：每到深夜，我就会听见一个声音，不停地重复着一句话："我老了……"（周涛《岁月的墙》）。有人用陈述的语调把这段话连贯读完，读到"我老了……"这句话时，没有任何语气上的变化，这样就使整段话听起来平淡和乏味。

上述例句还只是体现了浮在表面的情绪。有些句子的语气变化隐匿在文字背后，需要通过细致深入的分析才能找到它们。

比如这句话："青锉山寺快到了，是啊，快到了，但师虞知道，他已经晚来了一百多年"（冯文柯《云端之上》）。一位禅师与一座寺庙，仿佛前世有约，但禅师来晚了，晚了不是几个小时、不是几天，而是晚来了一百多年。这样的时间跨度，远远超出凡人的想象，在读到"一百多年"的时候，我们要把惊奇、感叹甚至是心灵的震撼都投射到这四个字上面。

再看这句话："为了能闲坐窥松，他干脆把家搬到隔壁，并在院墙上开了扇小窗。这份痴情，与其说喜爱，倒更像是某种精神上的寄托。不然，他天天挂念什么呢？"（肖春雷《松间》）。有人爱松，爱到这个程度是常人无法理解的。如果不是精神上的寄托，那一定是脑袋出了问题，"不然，他天天挂念什么呢？"显然，这不是一个实际的问句，这只是作者流露出来的情绪，带着几分欣赏，也带着几分戏谑，如果我们意识不到这点，当成普通的疑问句处理"什么呢"这三个字，就读不出深长的韵味。

可见，细腻传情，不仅要时刻注意"字里行间"，更要善于挖掘"言外之意"。所有这些都是对情的积蓄，对情的酝酿。

朗诵之美，细致入微。同样的文章，有人读得声情并茂，有人读得僵硬死板，差异就在"传情"的细腻上。

（三）传情要克制

传情要克制，既要克制声音的表现，也要克制感情的泛滥。

朗诵艺术依托于文学作品，注重的是含蓄、内敛之美。实际上，情感只要做到准确、细腻的传达，一篇朗诵作品就是成功的。

有些人朗诵时不注重表达细腻的情感，却追寻夸张的声音；有些人虽然声音优美，但朗诵时都采用一种音调。这样的朗诵罔顾文章内容，一味追求声音的表现，情感传递只会停留在肤浅的层面。

用声传情，声音的"揭示力"比声音的"表现力"更为重要。

有的人朗诵时，唯恐情绪不够饱满，从朗诵开始到结束都情绪高涨，整个朗诵过程浓彩重墨，不遗余力。殊不知，处处表现就等于没有表现。这种对文字无差别的处理，既是滥情，也是一种懒惰。

任何时候，朗诵都应该是理性的表达，即使朗诵者内心汹涌澎湃，也要把握分寸和尺度。毕竟，朗诵是为了传情，而不是煽情。朗诵者要唤起听众的共鸣，而不是宣泄个人的感情。

艺术创作，难的不是表现，而是克制。摄影艺术注重减法，绘画创作讲究留白，它们的本质都是克制。艺术是相通的，作为朗诵者的我们，情难自抑，只会过犹不及；留出余地，才能意犹未尽。

第三节　五部十项

朗诵，作为一门独立的语言艺术，有着广泛的应用场景和发展空间。然而，朗诵在专业理论方面的研究却长期处于空白状态。

朗诵，经常与朗读、播音、演讲甚至表演相互混淆，纠缠不清。朗诵作品的评定，也缺乏科学、严格的标准。这些都极大阻碍了朗诵艺术的完善和发展。

实践出真知，在长期的创作和教学活动中，经过不断探索、反复论证，"五部十项"作为一套完整的理论体系，被归纳和总结出来。

"五部"，是指朗诵创作的五个组成部分，即声音基础、声音应用、气息、节奏和情感。每个部分分别对应两项指标：声音基础→音色、音准；声音应用→语流、重音；气息→断句、气息；节奏→贯穿、跳转；情感→基调、语气。并称"十项"。

一、声音基础：音色、音准

声音，是朗诵艺术的载体，信息和情感都需要它来传递。清晰准确、悦耳动听，是对声音的基本要求，具体的衡量指标包括音色和音准。

（一）音色

音色是声音的特性，也是每个人声音的特征，稚嫩的、苍老的、甜润的、沙哑的，各有不同。很多人认为音色与生俱来，不可改变，其实不然，尤其在电声时代，话筒可以赋予每个声音几乎全新的听觉。

发声位置和共鸣腔与音色的关系非常密切。合理的发声位置，既能保证声音可高可低、上下自如，又能充分调动各个共鸣腔的参与，美化音色，让人久读不累。

共鸣腔的拓展是改善音色的关键。发声过程中，不仅要扩张口腔、口咽腔，甚至整个呼吸道都要打开，让自己的身体变成一个大音箱。

对于音色，虽然人们各有偏好，但在朗诵创作中，结实、稳定、通畅、舒展的声音，是大家共同的追求。

（二）音准

音准是读音的准确度。汉语的特点是，除了儿化音，一个汉字就是一个音节。音节再加上声调，就构成了汉字的读音。音准的提高应从音节和声调两方面入手。

音节训练，借鉴吐字归音的方法，通过强化发音的各个环节，提高字音的音准质量。

声调训练，从单音节的四声练习到多音节的组合练习，逐步培养对音高变化的控制能力。

汉语的普通话有400多个音节，加上声调，一共组成了1300多个读音。对大多数人来说，真正构成障碍的音节少之又少，只要坚持针对性的训练，不难跨过音准的门槛。

二、声音应用：语流、重音

音节只有组成句子，才能传达更丰富的信息。语流和重音是声音的实际应用，也是考核句子的两项指标。

（一）语流

语流由音节相连，化点为线，勾勒出句子的轮廓。对语流的要求，应从顺畅性、变化性再到准确性，逐步提高。

语流的顺畅性，主要是削弱汉字读音的颗粒感，包括轻声、上声变调、儿化音等，这些语言自身的进化都是为了提高语流的顺畅性。

语流的变化性，是通过音高、音长、音强三个变量体现语流高低错落、轻重缓急的运行状态。变化的语流使语言富有乐感，避免了听觉上的枯燥。

语流的准确性，是对语流在顺畅性、变化性的基础上，提出的更高要求。语流作为声音的线条，要严格遵循文字结构，准确刻画出句子的轮廓。

（二）重音

重音是句子中被强调的成分，也是语流中被突出的部分。重音分为语法重音、语义重音和语气重音。

语法重音，是根据语法结构、语言习惯自然形成的重音，包括量词轻读、数词重读、介词轻读、连词重读，以及定语结构"偏不压正"等基本的重音规则。

语义重音，是侧重语言含义的重音。比如"我喜欢朗诵"这句话，如果分别强调"我""喜欢""朗诵"，则句子的表达倾向完全不同。

语气重音，是突出感情色彩、表现情感状态的重音，体现在对副词、疑问代词、拟声词或一些独立成分的强调上。

如果句子里有多个重音，语义重音的优先级要高于语法重音，语气重音的优先级要高于语义重音。比如，"我喜欢朗诵""我喜欢配乐朗诵""我特别喜欢配乐朗诵"这三句话，重音从"朗诵"到"配乐"再到"特别"，依次让位。

三、气息：断句、气息

朗诵，表面是声音的抑扬顿挫，背后是气息的起承转合。如何运用气息，是朗诵学习的重要环节。气息包括断句、气息两项指标。

（一）朗诵的断句

朗诵的断句是指书面标点以外，句子里额外添加的声音停顿。断句分为结构断句、表现断句、平衡断句。

1. 结构断句

结构断句是通过停顿，使句子结构更加清晰，更容易让人听懂。

例句：灞桥/是中国文学史上最柔软的地方。（初国卿、吴昕孺《灞桥》）在"灞桥"后面添加的停顿，就是典型的结构断句。

2. 表现断句

表现断句是通过停顿，突出或强调某个句子成分。

例句：灞桥/是中国文学史上/最柔软的地方。（初国卿、吴昕孺《灞桥》）在"最柔软"前面添加的停顿，起到了程度上的强调作用。

3. 平衡断句

平衡断句是通过停顿，兼顾气息和句子均衡。通常在不产生歧义的前提下，结构断句向后移动。

例句：我后悔/当初没有在梅的枝子上留下刻痕，我忽略了/我并不认识它的叶子。（晨义《叶子时期的梅》）这两处停顿属于结构断句。

例句：我后悔当初/没有在梅的枝子上留下刻痕，我忽略了我/并不认识它的叶子。这两处停顿属于平衡断句。

总之，断句不只是补充气息的"气口"。作为目的性的停顿，断句左右着气息的运行，控制着语流的停连，是朗诵创作的重要手段。

（二）朗诵的气息

朗诵的气息与日常呼吸截然不同，一吸一呼构成了气息的补充和分配。

1. 气息补充

气息补充包括"换、偷、抢、顿"四种类型，分别标注为：换//、偷/″、抢/>、顿/-。

换气：舒缓、有声或无声，吸气较深。
偷气：轻快、无声，吸气较浅。
抢气：急促、有声，吸气可深可浅。
顿气：只做停顿，没有吸气。

例句：生活中/"充满了失望和希望，//失望在先，/-希望在后，/>有希望/-就不是/"悲。（毕飞宇《青衣》）

2. 气息分配

气息分配包括"顺、推、顶、叹"四种类型，分别标注为：顺↘、推→、顶↗、叹↓。

顺带：气息一带而过，语流渐落。
平推：气息持续发力，语流平推。
顶托：气息加大力度，语流抬高。
叹出：气息喷涌而出，语流直下。

例句：↘生活中→充满了失望和希望，↗失望在先，→希望在后，↗有希望→就不是↓悲。（毕飞宇《青衣》）

朗诵中，一次气息补充就是一个气息动程。句子补充几次气息，就形成几个气息动程，这些动程承前启后、相互连接，直至句尾，完成整句的气息循环。

四、节奏：贯穿、跳转

朗诵的节奏，本质上是文学作品的节奏，包括格式、标点这些外部节奏以及结构、内容这些内部节奏。通过贯穿和跳转，它们形成了声音的节奏。

（一）贯穿

贯穿体现的是节奏的紧凑性。一个句子、一个段落乃至通篇文字都要有各自的整体感，即：句子连成线、段落拧成股、通篇抱成团。

比如朱自清先生的《匆匆》，开篇就是一个长句："燕子去了，有再来的时候；杨柳枯了，有再青的时候；桃花谢了，有再开的时候，但是，聪明的，你告诉我，我们的日子为什么一去不复返呢？"

从修辞上看，"燕子""杨柳""桃花"与"我们"是对比关系，需要结合到一起；从语法上看，"但是"构成转折关系，串联起整个句子。因此，在朗诵中，声音状态不能出现任何松懈，要一通到底。

（二）跳转

跳转体现的是节奏的变化性。无论是句子内部还是句子、段落之间，变化无处不在，它们反映在声音上就是节奏的跳转。

例句：车子停在一个客家小山村。走过紫苏茂盛的小径，我们站在高大的桐树下。山路上落满了白花，每一块石头都因为花的覆盖，倍显温柔。走到林子深处，面对这惊心动魄的美，人似乎都感到有些虚脱。(张晓风《不知有花》)

这个段落一共包含四个句子，分别讲述了车子、我们、石头、人。作者采用移步换景的手法，从山村、小径一直写到林子深处，主语的更换，时空的转变，都要在声音上做出区分，不能混为一谈。

运用贯穿和跳转，使书面节奏形之于声。在这个过程中，朗诵者对文字的分析能力、对声音的控制能力，都是不可或缺的。

五、情感：基调、语气

情感，赋予声音以温度和色彩，这是朗诵创作最令人着迷，也最难以把握的部分。情感包括基调和语气。

（一）基调

基调，是指朗诵作品基本的情绪基调。控制好基调有两个难点，一是开篇定调，二是通篇把握。

开篇定调，需要心理预热。朗诵者一开口，文字就体现在声音里，昂扬的、低沉的、喜悦的、忧郁的，都要在第一时间准确地反映到声音上。

通篇把握，是指在朗诵创作过程中，朗诵者的声音始终要与基调保持一致，不能跳出，不能违和，要防止心不在焉或者语气上的突兀。

（二）语气

语气是声音流露出的情绪。在基调的笼罩下，一篇文章包含着丰富多彩的语气。

例句：爱树的人如果一定要把我挖回家，我就死在他家的院子里，让他内疚。要是没有人打扰，我就一辈子站在托斯卡纳的山坡上。(陈丹燕《来世，我愿意做托斯卡纳的一棵树》)

这两个句子虽然紧密相连，都属于作者的内心独白，但它们的语气却不尽相同，前者是一种怨怼和任性，后者则是一种失落和怅惘。

作为朗诵者，不仅要感觉敏锐、心细如发，而且要能够在声音上体现出其中微妙的差异，这就是语气的渗透能力。

情感，无论怎样千变万化，都要忠实于文学作品，既不能无中生有，也不能放任不羁，更不能虚情假意。从文字到声音，始终保持最初的感动。

朗诵，是戴着声音镣铐的舞蹈，声音背后是各项严格的指标。其实，任何艺术都是规范下的表达，任何创作都是恪守中的迸发，没有约束就没有艺术。

"五部十项"来自实践,服务于实践,其科学性、概括性以及可操作性,在长期创作和教学中都得到了充分的验证。

五个部分、十项指标,点线结合、纲举目张,构建出一套科学、严谨、完整的理论体系。五部十项对于朗诵艺术,无论是学习的系统化、创作的规范化,还是评定的标准化、欣赏的理论化,都意义深远。

第二章 句 子

学习朗诵，首先要清楚什么是句子。句子，是指由语法构成、具有完整语意和独立情感的文字，也叫整句。它是语言运用的基本单位，也是朗诵创作的基本单元。

第一节 整句意识

第二章第一节
例句朗诵音频

朗诵中，我们会接触到各种类型的文本，其句子结构复杂多样，形式也千变万化。

例句1：提起童年，常常使人向往。（冰心《童年》）

例句2：早晨，一出门，就和迎面扑来的风，撞了个满怀。（李汉荣《山中访友》）

例句3：从小，我就喜欢凝望天空的云朵，正像清代诗人袁枚说的那样："爱替青天管闲事，今朝几朵白云生？"（王充闾《青天一缕霞》）

例句4：其实，所谓夏季，不过是山谷中绽放出一片片永远长不大的小花；山涧里流淌着冰雪融化成的细流；而远处的山脊，依然覆盖着常年不化的冰凌和积雪，并发出耀眼的白光。（王晓廉《界碑》）

以上例句，虽然字数逐渐增加，结构越来越复杂，但是它们都具备一个完整的含义以及独立的语气。对于朗诵者来说，它们都是创作的基本单元，即一个整句。

一、整句的意义

整句意识，对于朗诵创作具有非常重要的意义。

首先，化繁为简。一篇文章，动辄千八百字，看起来密密麻麻，读起来应接不暇。但从句子的角度出发，事情就简单多了。全篇，不过是上下呼应的几个段落；段落，不过是前后衔接的几条句子。"视角"打开了，我们才能把目光从字词上挪开，试着去扫视整个句子，这不仅加大了文字的预读量，也让朗诵过程有了更多意识上的参与。

其次，改善语流。一个汉字通常对应一个音节，并且不能连读，这使得汉语先天就具有颗粒感的特征。在音准训练中对每个字音"动程完整"的强调，进一步加重了颗粒感的形成。

树立整句意识，把句子作为朗诵的基本单元，我们就能跳出字音的羁绊，投入到语言本身的创作中。在整句意识下，声音运行中的各种语流变化，减少了字音之间的硬碰硬，提高了语言的流畅性。

二、整句的划分

句子，是由词或短句构成的语言单位，包括主、谓、宾组成的主干部分以及定、状、补这些附加成分。当我们面对一篇文章时，首先要做的事就是从段落里面把每个句子划分出来。

段落1：老舍钟情名伶的扇子，想方设法收藏了不少。老舍也喜欢小古董，瓶瓶罐罐，不管缺口裂缝，都摆在家里。有一次，懂行的朋友仔细看了那些藏品，轻轻说道："全该扔。"老舍听了也轻轻说道："我看着舒服。"两人相视大笑。（胡竹峰《老舍的底色》）

解析：一般而言，段落里有几个句号，就有几个句子。句号，本身就是一个句子结束的标记。凡是整句，都有各自的主语，很少有无头句；而主语一旦发生了变化，通常意味着新句子的出现。这样看来，这个段落一共包含五个句子：① 老舍钟情扇子；② 老舍喜欢小古董；③ 朋友说该扔；④ 老舍说我喜欢；⑤ 两人大笑。

段落2：油灯的捻子炸了一下，光焰突然就亮了。灯捻炸裂的声音把父母惊醒了。母亲从被窝里探出身子："别看了，省着点儿眼吧。"父亲摁下她，"孩子愿意看会儿，就由着他。"我接着看书。（凸凹《母亲的岁月》）

解析：如何划分出一个整句？找到"主干"是行之有效的方法。主干，即句子的主谓结构，其他各种附加成分只是对主干的修饰或补充说明，排除它们并不会影响到句子的完整性。按照这个思路，我们找出五个句子：① 光焰亮了；② 声音把父母惊醒了；③ 母亲说别看了；④ 父亲说由着他；⑤ 我看书。

段落3：这让我想起大雪覆盖的湖面，残荷挺立。它们的叶子被寒风撕破，茎秆折断，却依然不改绰约的姿态。那遗世独立的美，胜过无数红花绿叶。（钱红丽《枯索与荒芜》）

解析：从结构看，段落里有三个独立的句子，分别传达了三个完整的信息：① 让我想起残荷挺立；② 叶子撕破、茎秆折断，姿态不改；③ 美过红花绿叶。其中，第一个句子"大雪覆盖的湖面"可视为残荷的地点状语；第二个句子里面包含了两个转折关系的分句；第三个句子中的"遗世独立""无数"，都是起修饰作用的定语。

段落4：经过历代文人、艺人们的发掘、提炼和演绎，一个整合了中国传统审美的女子，终于走到台前，咿咿呀呀，唱起满怀心事。（琰涛《人间尤物是青衣》）

解析：这个段落，虽然看上去洋洋洒洒，结构却并不复杂。去掉所有附加成分，减到不能再减，只剩下一句话：女子走到台前，唱起心事。

三、整句的体现

将句子从段落中划分出来，只是文案工作的第一步。落实到声音上，则是每个句子体现出的"整体感"。

平常讲话，人们很少会注意句子的整体感，毕竟口语比较简短，不像书面语言那么复杂。但在朗诵中，对句子的整体感却不能掉以轻心，需要我们特意为之。

一般来说，句子越长、结构越复杂，整体感实现的难度也越大。

例句5：提起童年，常常使人向往。（冰心《童年》）

解析：童年的"年"，声音要挑起来；向往的"往"，语势要落下来。两者要有明显的对比。

例句6：早晨，一出门，就和迎面扑来的风，撞了个满怀。（李汉荣《山中访友》）

解析：早"晨"、一出"门"、扑来的"风"，这些字音都要呈升调，而且始终提着气息，直到"满怀"，这口气才能松下来。

例句7：从小，我就喜欢凝望天空的云朵，正像清代诗人袁枚说的那样："爱替青天管闲事，今朝几朵白云生？"（王充闾《青天一缕霞》）

解析：整个句子结构，可以简化为：A 正像 B。A：从小我就喜欢看云。B：袁枚说的那样。后面的诗句则是对"那样"的进一步描述。"从小""云朵"这两处停顿，声音擎住；"小""朵"是两个上声字，为了语流的顺畅，都要读成半上；"白云生"可稍作延展，气息落地。

例句8：其实，所谓夏季，不过是山谷中绽放出一片片永远长不大的小花；山涧里流淌着冰雪融化成的细流；而远处的山脊，依然覆盖着常年不化的冰凌和积雪，并发出耀眼的白光。（王晓廉《界碑》）

解析：这属于结构较为复杂的句子。作者从三个方面描写了所谓的夏季，一是长不大的小花，二是流淌的细流，三是长年不化的山脊。我们在读到"所谓夏季"的时候，就要对整句的全貌做到心中有数。从"小花""细流"再到"山脊"，一幅接一幅描摹，声音不能松懈，逐渐提起来，直到"白光"落地，最终拼接出一个完整的"夏季"。

整体感，是整句意识在声音上的体现。句子没有读完之前，每一处停顿都只是暂时的停歇，在语势上保持未完的延续性，我们的气息也始终处于紧张状态，直到整句结束，才能松弛下来。

总之，划分句子是系统化学习朗诵的开端。只有树立句子观念，深化整句意识，朗诵学习才能一步步深入下去。

第二节　句子的结构

句子结构在语法上分为两大类型：单句和复句。

一、单句

单句，顾名思义，就是只包含一套主谓结构或非主谓结构的句子。

例句1：洛阳，号称牡丹之城。（张抗抗《牡丹的拒绝》）

解析："洛阳"是名词，作主语；"号称"是动词，作谓语；"牡丹之城"是偏正词组，作宾语。

例句2：瘦金体，作为中国书法艺术一颗璀璨的明珠，已有八百多年的历史。（雪小禅《瘦金体》）

解析："瘦金体"是名词，作主语；"有"是动词，作谓语；"历史"是名词，作宾语；"作为中国书法艺术一颗璀璨的明珠"，是条件状语。

例句3：那些纷乱的场景，飘忽不定的人群，伸出车窗的手臂和混合着汗味儿的嘈杂，都会引起我的伤感。（李紫枝《奔跑的火车》）

解析："场景""人群""手臂""嘈杂"，作联合主语；"引起"是动词，作谓语；"伤感"是名词，作宾语。

例句4：她梦见年轻英俊的伊凡王子，骑着一匹巨大的灰狼，抱着美丽的公主，穿过荆棘、雪地、密林，奔向一个自由温暖的地方。（周佩红《送她一朵勿忘我》）

解析："她"是人称代词，作主语；"梦见"是动词，作谓语；后面的全部内容都是作为句子的宾语。

例句5：站在今天的伊犁，我努力想象着一个民族的功臣，一个满头白发的老人，当年是怎样顶风冒雪，一路走来。（杨晓雷《生命的瀑布》）

解析："我"是第一人称，作主语；"想象"是动词，作谓语；后面的句子作为宾语；"站在今天的伊利"是地点状语。

二、复句

复句，是由逻辑密切、结构独立的分句组成的句子。分句，不具备独立的语气。

例句6：夜很深，夜很静。（山珍《家园如梦》）

解析：两个简短的分句，不分主次，彼此平行，以并列关系组合成一个复句。

例句7：如果花是一种显露，那叶子就是一种隐藏。（晨义《叶子时期的梅》）

解析：前面的分句给出设定，后面的分句表明结果，这是一个假设关系的复句。

例句 8：拜伦在英国，也有着不少的风流韵事，但我在读过他的《唐璜》之后，却更多地相信，拜伦是一个专情的人。（张佳玮《唐璜》）

解析：前后两个独立的句子，通过"但"结合在一起，形成转折关系的复句。

例句 9：一张宣纸，不只是出自工匠手中的"物"，更是活鲜鲜的生命，是树皮、秸秆经过层层磨练，转世的精魂。（汤世杰《纸寿千岁》）

解析：一张宣纸，不只是"物"，更是"生命""惊魂"。这是一个递进关系的复句。

例句 10：千百年前王徽之的那个雪夜，千百年后我的这段红尘，因为不在乎一见的一寻，都变得美妙、芳醇。（许冬林《寻你，然后不见》）

解析：因为"一寻"，所以"雪夜""红尘"变得"美妙""芳醇"。这是因果关系形成的复句。

单句和复句，都是句子在结构上的分类。单句并不简单；复句也未必复杂，抓住它们的本质特点有助于我们对句子整体的把握。

三、结构整合

（一）单句读主干

例句 1：洛阳，号称牡丹之城。（张抗抗《牡丹的拒绝》）

解析：这个句子里，"洛阳"和"城"是最重要的内容，一定要读得清晰、准确，特别是"城"，声音不能掉下来，不能前重后轻。

例句 2：瘦金体，作为中国书法艺术一颗璀璨的明珠，已有八百多年的历史。（雪小禅《瘦金体》）

解析："瘦金体""历史"是句子的主干，务必传达到位。"作为中国书法艺术一颗璀璨的明珠"，是补充说明，一语带过。为了突出历史的悠久，"八百"前可以停顿一下，"八"要重读。

例句 3：那些纷乱的场景，飘忽不定的人群，伸出车窗的手臂和混合着汗味儿的嘈杂，都会引起我的伤感。（李萦枝《奔跑的火车》）

解析："场景""人群""手臂""嘈杂"作为主语，每个都要交代清楚，不能含糊。"都"是范围副词，表示在数量上全部覆盖，所以更要格外强调。

例句 4：她梦见年轻英俊的伊凡王子，骑着一匹巨大的灰狼，抱着美丽的公主，穿过荆棘、雪地、密林，奔向一个自由温暖的地方。（周佩红《送她一朵勿忘我》）

解析："她梦见"之后，声音可稍作停顿，区分出句子结构。"王子""骑着""抱着""穿过"，一直延展过去，直到"地方"，气息才能松弛下来。

例句 5：站在今天的伊犁，我努力想象着一个民族的功臣，一个满头白发的老人，当年是怎样顶风冒雪，一路走来。（杨晓雷《生命的瀑布》）

解析："站在今天的伊犁"，要平铺直叙；"我努力想象着"，稍微加大气力。注意"着"音高不要落下来，稍作停顿，接着读主句，气息强度和音高都提起来。"一个功臣""老人"连成一气读出递进；随后的"当年"，气息并入前句；"是怎样"，声音再度挑起，直到"一路走来"加大伸展，为全句收尾。

（二）复句读关联

例句 6：夜很深，夜很静。（山珍《家园如梦》）

解析：并列复句，要读出错落感。"夜很深"，声音压低；"夜很静"，声音抬高。在"很静"之前稍作停顿，整体感会更强。

例句 7：如果花是一种显露，那叶子就是一种隐藏。（晨义《叶子时期的梅》）

解析：复句，由意义相关的分句组成。如果读出"花"和"叶子""显露"和"隐藏"里面的对比关系，句子结构也就自然呈现出来了。

例句 8：拜伦在英国，也有着不少的风流韵事，但我在读过他的《唐璜》之后，却更多地相信，拜伦是一个专情的人。（张佳玮《唐璜》）

解析：全句的重点是"但"这个转折词，它把前后句子连成了一个整体。为了体现句子的内在关联，避免各自独立，前句要相对平淡一些；随后"但"转折力度加大，后句的"更多"声音提起来；"专情"重读。

例句 9：一张宣纸，不只是出自工匠手中的"物"，更是活鲜鲜的生命，是树皮、秸秆经过层层磨练，转世的精魂。（汤世杰《纸寿千岁》）

解析：递进复句，先抑后扬，声音低起，为后面的分句做好铺垫。从"物"到"生命"，再到"精魂"，声音一步步走高，情绪一层层加码。

例句 10：千百年前王徽之的那个雪夜，千百年后我的这段红尘，因为不在乎一见的一寻，都变得美妙、芳醇。（许冬林《寻你，然后不见》）

解析："因为一寻，雪夜和红尘，都变得美妙和芳醇"这个因果复句，作者调整了语序，因此句式就变成了两头高、中间低。读的时候应注意，"因为不在乎一见的一寻"是整句的低谷，声音一定要压下来。

（三）句群读层面

除了单句和复句，语法上还有句群的概念。句群，是由独立的句子组成的语言单位。这些句子在意义或结构上有着密切的联系。

句群，虽然超出了句子的范畴，但在朗诵中发现和把握句群，对于整体节奏层次的控制非常有帮助。

例句 11：①老舍钟情名伶的扇子，想方设法收藏了不少。②老舍也喜欢小古董，瓶瓶罐罐，不管缺口裂缝，都摆在家里。③有一次，懂行的朋友仔细看了那些藏品，

轻轻说道："全该扔。"④ 老舍听了也轻轻说道："我看着舒服。"⑤ 两人相视大笑。（胡竹峰《老舍的底色》）

解析：这个段落一共包含了五个句子。第③、④、⑤句，记述了老舍和朋友的一次交谈，从"有一次"到"相视大笑"，三个句子环环相扣，形成了一个句群结构。朗诵时，"全该扔""我看着舒服"这两句人物对话，要体现出交流感；最后的"相视大笑"要体现出结束感。其中，"老舍"语气提起来，"也"进一步强化语气，与上句应和，体现出层面上的一致性。

例句 12：① 油灯的捻子炸了一下，光焰突然就亮了。② 灯捻炸裂的声音把父母惊醒了。③ 母亲从被窝里探出身子："别看了，省着点儿眼吧。"④ 父亲摁下她，"孩子愿意看会儿，就由着他。"⑤ 我接着看书。（凸凹《母亲的岁月》）

解析：这个段落同样包含五个句子。第③、④、⑤句，分别以"母亲""父亲""我"作为主语。三个独立的句子从不同的角度描绘了作者挑灯苦读的一幕场景。相同的情境下，它们形成了实际的句群。母亲与父亲的对话有语势的承接，也有语气的提升，这些都要落实在声音上，才能表现出句群层面之间的关系。

有的句群藏身在段落里；有的句群本身就是一个完整的段落。

例句 13：① 一朵牵牛花把它看到的秘密，告诉了另一朵牵牛花，很快，整面篱墙上的牵牛花就都知道了。② 它们把一个个粉嘟嘟的小喇叭举上了头顶，向整个村庄宣布：秋天来了。（乔洪涛《听秋》）

解析："秘密"，从一朵牵牛花传到另一朵牵牛花，直到整面篱墙的牵牛花。随后，它们举起小喇叭，发出宣告——秋天来了！一个个句子像一朵朵牵牛花，沿着时间轴，一步步爬上篱墙，最终连成一个句群。

例句 14：① 我在张家厅堂，品了一阵阿婆茶。② 我在沈家天井，看了一阵独自绿着的一株芭蕉。③ 我登上不知姓氏的小姐的绣楼，对着绣花的慢帐和雕花的牙床，发了好一阵的呆。（韩静霆《周庄烟雨中》）

解析："张家厅堂""沈家天井"，还有"不知姓氏的小姐的绣楼"，三个独立的句子把三个不同的场景，通过"我"的游览串联到一起，汇成了一组"语言镜头"。"茶""芭蕉""绣楼""牙床"，读到这些位置时声音都不能掉下来，要保持未尽之意，直到"呆"，这口气才能松下来。

句群，作为涵盖句子的语言单位，在修辞上比复句更灵活，在逻辑上比段落更紧凑。在朗诵中，句群形成的整合力量，是任何句子都无法替代的。

从单句、复句再到句群，随着视角的不断抬高，范围不断扩大，使我们对句子结构的了解逐步深入，整合句子的能力也在不断增强。

第三节 句子的语气

句子，除了包含完整的语义，还要具备独立的语气。语气，就是声音反映出来的情绪。

对于朗诵者，尽管文学作品包罗万象，写作手法千姿百态，但从语气的角度来讲，天下文章不过三句话，陈述句、描述句和情状句。

一、陈述句

陈述句：以阐述事件、表明观点为主要目的，是一篇文章的基本组成部分。陈述句侧重信息的传递，在态度上相对客观，不掺杂过多的感情色彩。

例句1：据史书记载，宣纸最早产于安徽泾县，迄今已有1500多年的历史。（汤世杰《纸寿千岁》）

解析：这是关于宣纸的原产地以及发明年代的介绍。朗诵时把"泾县"和"1500"这两个关键词清晰准确地读出来，句子的意义就很完整了。

例句2：拜伦说，他要写一百章《唐璜》，成就历史上最伟大的诗篇。（张佳玮《唐璜》）

解析："拜伦""唐璜""诗篇"是句子的核心内容，要读稳、读准；"一百章""最伟大"这些形容部分，在陈述句里不要过分强调。

例句3：提起童年，常常使人向往。无论快乐还是悲哀，童年都是生命中最难忘的阶段。（冰心《童年》）

解析：作为一个普遍被认同的观点，同时也是作者的开篇明义，这句话平铺直叙就好，应避免无谓的渲染。

例句4：当年，在"五四"新文化运动的影响下，萧红冲破了封建枷锁，离家出走，成为中国北方一位勇敢的娜拉。（王充闾《青天一缕霞》）

解析：时间、背景、人物、行为，这些因素组成了一个完整的事件，在讲述的状态下，保持句子的连贯，有条不紊，娓娓道来。

例句5：在滁州的两年里，欧阳太守一直奉行着"宽简不扰"的政策，大力发展生产，百姓安居乐业。（单士兵《千古的醉意》）

解析："宽简不扰"是整个句子的重点，声音在这四个字上要加大力度，并适当延展，尽量让人听清、听懂它的含义；句子的其他部分只做客观陈述。

二、描述句

描述句：是以描写人或景物为主的句子，包括对人物形象、语言、心理、行为的刻画，以及对事物、环境、景色的描摹。对于描述句，强调的是生动、细腻、绘声绘色的声音再现能力。

例句 6：那时候刚好下着雨，柏油路面湿冷冷的，还闪烁着青、黄、红颜色的灯火。（陈启佑《永远的蝴蝶》）

解析：用声音描摹一幅景象，首先眼前要有画面；语速慢下来，情感沉郁，营造出伤感的气氛；"那时候"稍作停顿，"湿冷冷"带来的寒意，"灯火"形成的迷离，都要沉浸到声音里。"青、黄、红"是并列关系，在音高上要保持一致。

例句 7：看我一眼，她低着头轻快地走过去，把一点微笑留在她身后的空气中，像太阳落山留下满天的云霞。（老舍《她那么看过我》）

解析："低着头""轻快"，描绘出一个羞涩、伶俐的女孩子形象，读到这些词汇的时候，要心有所动，特别是那一抹微笑化作"满天的云霞"，更需要加强渲染，唤起听众的想象，表达出少年心中那种甜美的爱恋。

例句 8：布达拉宫，它的建筑呈台式一层层往上升，它的光也是一层层上升，要把垂直压下来的黑暗顶住，顶住。（李汉荣《夜幕里的布达拉宫》）

解析：这个句子是对建筑的描述。"呈台式"形容造型，"一层层"描写结构，"往上升"指明方向，这些都要在声音上努力刻画；特别是两个"顶住"，音高要向上攀升。

例句 9：蔷薇的性情太过激烈，像一个人不小心磕破了头，一朵两朵的浅粉桃红渗出来，不见惨烈，却有着娇柔的美。（钱红丽《四月挂在墙上》）

解析：既然把蔷薇比喻成人，我们就要在声音里透出"人"的情绪，要读出对"激烈""不小心"的嗔怪，对"浅粉桃红"的戏谑；最后，还要突出"娇柔的美"和"惨烈"形成的有趣的呼应。

例句 10：船儿款款地贴着水镇人家的窗根儿，穿过一个桥洞，又穿过一个桥洞，风景明明暗暗，船儿咿咿呀呀。（韩静霆《周庄烟雨中》）

解析：这是一个动态场景的描述。"款款"形容不慌不忙，从容自如的样子，我们的状态也要舒缓起来，放慢语速，体现出悠然的状态；"船儿""款款地"要稍加停顿；另外，句子里"船儿""窗根儿""咿咿呀呀"这些充满感染力的儿化音、拟声词，也只有通过声音才能体现出来。

三、情状句

情状句：是主观色彩浓厚、个人情绪明显的句子。情状句语气鲜明，感情饱满。疑问、反问、祈使、感叹、人物对话，都包含在情状句中。

例句 11：夜里还戴着草帽的，是一些什么人呢？有谁会在天黑无光的时候，把这

种传统的遮阳工具继续戴在头上？（黎晗《夜里戴草帽的人们》）

解析：很多文章里的问句，未必是真的发问，而是为了引起听众注意，启发人们思考。朗诵中，对"什么""谁"这些疑问词，就要有意识地加大力度，强化问句的语气。

例句 12：好白的云，好美的云啊！就在我的头顶上，他们悄然无声地上演着多么精彩、多么美妙的一幕啊！（张丽钧《抬头看云》）

解析：感叹句在情绪上是最饱满的，对气息的消耗也是最大的。做好心理准备才能有感而发，针对"好白""好美"和两个"多么"发力，不要把气息浪费在其他句子成分上。

例句 13：那一刻，我还有什么不明白的呢？我一直听到的，都是生命行走的声音啊。（廖华歌《倾听生命的脚步》）

解析：反问句的语气比直接的肯定句更加强烈。突出"有什么不明白"，就是强调终于"明白"了；后面的感叹句，语气更进一步，全句推向高潮。

例句 14：一个四十多岁的男人指着一个纸盒子说："村里的信都在那儿"，接着又补充一句，"现在谁还写信？"（朝潮《静静的村庄》）

解析：文章里的情状句，很多都是人物对话的直接引用。声音上既要体现出人物语气，与陈述部分区分开来，同时还要注意把握尺度，不能成为角色扮演。

陈述句、描述句、情状句，就像朗诵创作的三原色，在保持基调不变的前提下，正是由于它们在语气上形成的差异，才能体现出一篇文章丰富细腻的色彩。

四、语气变化

朗诵中，陈述句语气要"淡"，描述句要"慢"，情状句要"炫"。把握住这三个关键，句子才能保证各自的独立性，避免相互混淆。

（一）陈述句、描述句

例句 15：除了色彩，大地还有各种声音。这声音很奇怪，你不能听，一听它就没了，不听它又来了。（毕飞宇《大地》）

解析：前面的陈述句，力求简明扼要。声音的表现力要放在后面对"奇怪"的形容上。"一听"，怎样？"不听"，又怎样？放慢语速，不慌不忙，充分调动起听众的好奇心。

例句 16：熬粥，通常要花费两个半小时。她小心翼翼地把粥倒进一只花瓷碗，一边晃着脑袋，一边吹着气，吹到自己呼吸都困难了，粥也就凉了。（胡双庆《母爱如粥》）

解析：第一句陈述部分读得紧凑一点，语气较为客观。"熬粥"，当然要花费时间，不用过于强调"两个半小时"；描述部分语速应放慢，拉开一些，把过程和情景逐一着色；"小心翼翼""晃着脑袋""吹着气"，这些对人物动作的描摹，才是我们需要细心刻画的地方。如果陈述与描述混淆，处处都在表现，就等于没有表现。

例句 17：偶尔有过路的鸟，甩下一串婉转的音调。声音细细的、亮亮的、颤悠悠

地传来，犹如冬日里喝下一杯春茶，那感觉真是妙不可言。（吴忌《鸟是树的花朵》）

解析：前面是陈述句，不用强调"过路的""婉转的"；后面的描述句"细细的、亮亮的、颤悠悠地"，语速放慢，音高步步攀升，一直读到"春茶"，语调都不能落下来。

（二）陈述句、情状句

例句 18：主人说这只是一棵藤。一棵藤，怎么可能？（王剑冰《藤》）

解析：句子里两处"一棵藤"，语气是截然不同的。主人的介绍是陈述句，要相对客观、平静；作者的反应是情状句，语气要强烈很多。除了对"一"棵藤的惊诧，还有"怎么可能"的反问。

例句 19：一天晚上，在书房里，父亲看书，我也坐在书桌旁。我唤"爹爹"，父亲抬起头来，"我想看守灯塔去"。（冰心《童年》）

解析：前面的陈述句介绍故事背景，包括时间、场景以及人物；后面的人物对话，语气要跳出，变得鲜明起来，表现出一个小女孩文静、弱小，却又坚定的性格特征。

例句 20："回家，多好啊！"这是美国哲学家威廉·詹姆斯临终时所说的最后一句话。（谭延桐《家，就是人间的天堂》）

解析：开始就是一句感叹，直抒胸臆；后面不要跟得太紧，要给情绪留出冷却的空间，声音由激动转为平静，从情状句过渡到陈述句。

（三）描述句、情状句

例句 21：最妙的是下点小雪呀。看吧，山上的矮松越发的青黑，树尖上顶着一髻儿白花，好像日本看护妇。（老舍《济南的冬天》）

解析：前面的情状句，语气词的运用加强了文字的感染力；"下点小雪呀""看吧"，都是声音发力的位置；后面的描述句，"青黑""一髻儿白花""日本看护妇"，这些地方要慢下来，给听众留出想象的空间。

例句 22：一千六百年了，陶公安在？问菊，菊隐去了笑容，独向寒风。（夏立君《陶公祠的菊花》）

解析：前面的情状句，是对陶公千古的呼唤，语气强烈；后面的描述句，是对菊花拟人的描述，神形兼具；"独向寒风"中间停顿一下，更具表现力。

（四）陈述句、描述句、情状句

例句 23：这到底是一种什么花？正当雷蒙达满心疑惑的时候，他的脚下忽然踩到一样东西。枯枝败草中，一个密封的铁罐儿，已经锈迹斑斑。（佚名《一生一次的绽放》）

解析：前面的情状句，突出疑问的语气；后面的陈述句，应避免拖泥带水；最后的描述句，声音一定要拉开，重点表现"枯枝败草"和"锈迹斑斑"。

例句 24：我来到文昌阁小学，我走进二年级的课堂，坐在自己的座位上。

"黄永玉,六乘六等于几?"

我慢慢站了起来,课堂里空无一人。(黄永玉《乡梦不曾休》)

解析:前面的陈述句,语调平静、和缓;后面的情状句,模仿老师课堂提问,仿佛昨日重现;最后的描述句,语速放慢,呈现出"空无一人"的场景。

除了完整的语义,每个句子都有自己独立的语气,把它们体现在声音上,就形成了句子之间的差异。认识到差异,反映出差异,是我们对句子进行语气分类的真正意义。

至此,句子在我们眼中,不再是呆板的字词组合,它们有结构、有色彩、有温度,正是它们,构成了整篇文章鲜活的生命。

第三章 重 音

重音，普遍存在于人类的有声语言中。通过重音对某些字词或特定音节进行强调，语句就有了韵律感，语义有了侧重性，语气有了感染力。

重音，按区间不同，分为词重音和句重音。词重音，是词内音节的声音变化，也叫词的轻重音格式。句重音，是句子层面上对字词的突出和强调，具有更实际的交流意义。句重音，是我们要深入学习的朗诵重音。

第一节 重音基础

第三章第一节
例句朗诵音频

一、认识重音

例句1：头一次看见骆驼，是我五岁那年，它们驮负着军队的辎重，缓缓地走过乡间的土路。（司马中原《心中的绿洲》）

解析：整个句子当中，"头""骆驼""五""辎重""土路"这些字词在声音上都做了强化，它们就是句子里的重音。通过突出这些特定的字词，句子听起来结构更加清晰、信息更加明确。

例句2：推开茶楼的木窗，见有桃花杏花三株两株地开着，连河水也映成了胭脂色。（笑脸《姑苏船语》）

解析："河水"和"胭脂"，在声音上明显加重了力度。"河水"是对程度的强调；"胭脂"是对颜色的比喻。这两处重音提高了整个句子的感染力。

例句3：那一刻，我感到火车不只是缩短空间的交通工具，它还让我更真切地看到了时间的奔跑。（李紫枝《奔跑的火车》）

解析：这句话的重点是"空间"和"时间"的比较，加重这两个词的分量，就会强化它们的对比关系，并提升整个句子的表达力度。

例句4：记忆中，第一次听到"溜溜"这个词，缘于康定情歌。(闻小语《康定情歌》)

解析："溜溜"作为句子的重音，从语流中跳出来，不仅打破了平淡的陈述，而且增添了喜悦和俏皮。

例句5：读老舍的小说始而发笑，继而感人，终而悲愤，悲愤才是老舍的底色。(胡竹峰《老舍的底色》)

解析："始而""继而""终而"三个重音渐次加重，形成句子的脉络。第二个"悲愤"是全句的重音，音高和音强都达到顶点，释放出强烈的思想感情。

以上例句让我们对朗诵的重音有了初步的认识：

（1）在听感上，重音改变了平直的语流，句子产生高低、强弱、快慢、停连的变化，呈现出节奏和韵律感。

（2）在内容上，重音所强调的，通常也是我们努力传递，希望被对方听到、听清、听懂的信息。

（3）在情感上，重音运用各种表现手段，包括提高声调、加大音量、延长音节、故意停顿等，反映出文字蕴含的情绪色彩。

可以说，在朗诵创作中，重音无处不在。重音体现越细腻，声音的层次越丰富，传递的信息越明确，表达的情感越饱满。

按照不同的侧重，朗诵重音分为三类：语法重音、语义重音、语气重音。语法重音体现的是句子结构；语义重音强调的是句子内容；语气重音突出的是句子情绪。

在朗诵文本中，重音用下划线"＿＿"表示。

二、语法重音

语法重音，又称初级重音，是根据句子的语法结构和语言习惯对某些特定音节的强调。这些音节的位置相对固定，声音强度略高于句子的其他内容。

了解语法重音规律性的变化，有助于我们对重音的初步把握。

（一）定中结构，偏不压正

在现代汉语中，"定中结构"的定语称为"偏"，被修饰的中心语称为"正"。一般来说，重音居"正"，就是"的"后面的部分，往往需要重读。

例句6：1905年，法国一家报社的记者，偶然发现了这群低矮的城堡。(陆勇强《当一块石头有了愿望》)

解析："记者发现城堡"是句子的主干。作为修饰部分，"法国一家报社的"和"一群低矮的"，在声音上都不能超过它们的中心语"记者"和"城堡"。

例句7：这让我想起舞台上的青衣，总是带着淡淡的寂寥；国画里的石青，总是成为衬托的底色。(许冬林《青》)

解析：两个并列关系的分句共同构成了主句的宾语部分。"青衣"带着"寂寥"，"石青"成为"底色",作为分句的主语和宾语,它们都需要声音加强。

例句 8:人生如戏。纵观林则徐的一生,戏的高潮,恰恰是他被流放伊犁的这段经历。(杨晓雷《生命的瀑布》)

解析:这句话可以浓缩为"戏如人生,一生的高潮,是这段经历"。因此,"一生""高潮""经历"这些关键的字眼要重点强调。

例句 9:在临行前的晚上,喝了点儿酒的郁达夫走进了姑娘的家。(许知远《水样的春愁》)

解析:"晚上"声音要挑起来,引出后面的剧情。"郁达夫"是主语,"家"是宾语,修饰它们的定语部分都不能以"偏"压"正"。

例句 10:如果说,鹧鸪的呼唤,是春天绿色的海洋中翻腾的泡沫,那落花的叹息,就是缥缈在春晖里细弱的游丝。(张秀亚《春天的声音》)

解析:"呼唤"是"泡沫","叹息"是"游丝",句子的主干都是由这些中心语构成,如果把握不住它们的重音位置,整个句子的轮廓就会产生畸变。

(二)转折连词,强化冲突

复句中的分句如果存在转折关系,则句子里的关联词往往成为重音的位置。

例句 11:风的嗓音很低,却让我听见了那来自远方的呼唤。(山珍《家园如梦》)

解析:转折复句的连接词往往是表达真实意图的拐点;突出"却"的存在,有利于提高整句的表达力度。

例句 12:唐人笔下描述的景致,我们已无缘得见,不过,灞桥让我真正惦念的,还是离情。(初国卿、吴昕孺《灞桥》)

解析:"不过",意味着话锋一转,在这里读得重一点、慢一点,会造成更大的悬念,吸引着人们听个究竟。

例句 13:然而,在我的心底,春天最美妙的声音,却是鹧鸪的呼唤。(张秀亚《春天的声音》)

解析:"然而",要留出足够的缓冲,让听众跟上内容的变化。"却"要读得果断,显示出态度的截然不同。

例句 14:很多人同这棵藤照相合影,但总是找不到合适的角度,它真的不同于一棵树、一丛花。(王剑冰《藤》)

解析:对于转折复句,冲突越鲜明,表现越有力;"但"作为转折点,一定要读得干脆利落,不能拖泥带水。

例句 15:有时,我会和家乡的亲人通个电话,可是,村庄对于我,不仅是一个集合概念,更是一部完整的童年史。(刘贤冰《城市是乡村的纪念碑》)

解析:对于转折复句,前句通常作为铺垫,再由后句进行反转。"可是"不仅加强了整句的关联,更深化了表达的内容。

（三）介词助词，切忌读实

介词和助词，同属虚词，虽然没有实在的词意，却发挥着不可或缺的语法作用。句中，介词和助词通常轻读，以此衬托句子中的其他成分。

例句 16：你听到（过）春天（的）声音（吗）？（张秀亚《春天的声音》）

解析：时态助词"过"、结构助词"的"、语气助词"吗"，在语流中都要轻读，不可太实、太重。

例句 17：可爱（的）你（呀），藏在自己（的）叶子里。花朵是你（的）脸（吗）？叶子是你（的）衣裳（吗）？（晨义《叶子时期的梅》）

解析：句中包含了很多助词，语流也因此轻盈了很多；助词读得越轻巧，重音就显得越分明。

例句 18：（在）从事文学创作伊始，萧红就（向）世人呈现出一个崭新的精神世界。（王充闾《青天一缕霞》）

解析："在……伊始""向世人"这两个介宾短语，介词"在"和"向"读音要弱，宾语"伊始"和"世人"读音要强。

例句 19：（当）他历尽艰辛，登上海拔四千多米的安第斯高原，立刻（被）荒凉的草地上一片巨大的草本植物吸引了。（佚名《一生一次的绽放》）

解析：介词结构做时间状语，句首的"当"不要读得太重；同样，介词"被"也应该弱读。

例句 20：（从）东（往）西，是十二座长满苔藓的界碑；（从）西（往）东，也是十二座长满苔藓的界碑。（王晓廉《界碑》）

解析：无论是"从东往西"，还是"从西往东"，方位词"东"和"西"都要读得重一些，表示方向的介词"从"和"往"则要读得轻一些。

总而言之，对句子里的助词和介词有意识地弱化，不仅符合语言的自然习惯，也有利于句子轮廓的凸现。

（四）字词加引，必重读之

引号，本身就具有突出、强调、特指的作用。对出现在引号内的字词都要认真对待。

例句 21：为了避免戳到孩子的痛处，母亲连说话都小心翼翼，极力避开"跑""跳""踩"这类字眼儿。（纳兰泽芸《荆棘上的花朵》）

解析：对于双腿瘫痪的史铁生，"跑""跳""踩"都是敏感的字眼儿，母亲避之恐不及，我们读之怕太轻。

例句 22：这地方真是和菊有缘，除了"菊江"，还有一个"黄菊乡"。（夏立君《陶公祠的菊花》）

解析："江"和"菊"有缘，"乡"和"菊"也有缘，它们的名字都有一个"菊"字，这两个专有名词需要格外强调。

例句 23：楼的两侧用厢房连在一起，形成了一个"口"字。（陆文夫《梦中的天地》）

解析："口"，是形容厢房连在一起的形状，要拉长声音，用力描摹，给听众留出足够的想象空间。

例句 24：当时，欧阳修自号"醉翁"，便将这亭子命名为"醉翁亭"，也因此，留下了那篇脍炙人口的"醉翁亭记"。（单士兵《千古的醉意》）

解析：从"醉翁"到"醉翁亭"，再到"醉翁亭记"，三个重音越读越重，并且按照定中结构，"翁""亭""记"更是重中之重。

例句 25：高兴了，唱"快板"，烈性炸药一般震破天；痛苦了，唱"慢板"，悲悲切切叫人怜。（贾平凹《秦腔》）

解析：这个句子既包含着"快板"和"慢板"的对比，同时这两个戏曲里的专用名词也需要加以强调，不仅让人听清，还要让人听懂。

（五）指示代词，自然加重

指称或指定人、事物、情况的叫指示代词。

例句 26：青枝交错，碧叶婆娑，这才是梅最年轻最富有的时光。（晨义《叶子时期的梅》）

解析："这"指的是梅树没有开花的时节，加重读音，强调与花季的对比关系。

例句 27：1140 年前，师虔轻快的脚步，或许就在这里停了下来。（冯文柯《云端之上》）

解析："这里"不是别处，是师虔禅师晚来了一百多年的青锉山，突出"这里"，句子的含义得到强化。

例句 28：活了几十年，从未注意到人会有这样特殊的姿态，并且这种姿态，美得如此惊心动魄。（夏易《忘情》）

解析："这样"是什么样？作者没有解释，只是通过声音的加重，表达某种姿态带来的视觉冲击。

例句 29：他若看见风里一片紫色的云朵飘过，就该知道那是我啊。（许冬林《寻你，然后不见》）

解析："那"代表"紫色的云朵"，代表着美好和浪漫，加重"那"的读音，句子的内容更加鲜明。

例句 30：就是这点幻想不能一时实现，他们也并不着急，因为有这样慈善的冬天，干啥还希望别的呢！（老舍《济南的冬天》）

解析："这样"重读，是突出程度；"别的"重读，是暗含比较。把握好句子里的指示代词，经常会起到事半功倍的效果。

语法重音的主要作用是：体现句子的语法结构，传达句子的基本内容，同时对我们声音的控制能力也提出了相应的要求。

第二节　重音分类

语法重音，作为初级重音，构成了语言的自然起伏。在此基础上，如果对文字内容进行强调，就有了语义重音；对思想情感加以表现，就有了语气重音。

第三章第二节
例句朗诵音频

一、语义重音

在句子里，反映特定内容或突出对比关系的重音，称之为语义重音。与语法重音相比，语义重音具有更强的表达意愿，更大的表现力度。语义重音通常都带有显著的目的性。

（一）重点强调

句子里的某些内容，意义重要、作用特殊，需要在声音上突显，以引起听者的注意。

例句1：你见过那棵树吗？就是街边<u>拐角</u>的那一棵，五颜六色的，漂亮极了。（罗伯特·凯弗《你见过那棵树吗》）

解析：因为街边不止一棵树，为了明确那棵树的具体位置，"拐角"需要格外强调。

例句2：接连问了<u>两</u>遍，我惊讶极了，真是史籍里反复出现的青铿山吗？（冯文柯《云端之上》）

解析：以为自己听错了，所以又追问了一遍；在"两"字上加重语气，反映出作者的惊讶。

例句3：虽然雪的融化带来更低的温度，但老天板了一冬的<u>脸</u>，毕竟柔和起来。（迟子建《泥泞》）

解析：把天气比喻为老天的脸，还"板"了整整一个冬天的"脸"，这个"脸"不仅需要重读，而且动程力求完整。

例句4：再接触一下秦人吧，身高臂长、浓眉细眼，活脱脱一群<u>兵马俑</u>。（贾平凹《秦腔》）

解析：作者寥寥数笔，秦人的形象就跃然纸上；在读到"兵马俑"这三个字时，声音要从语流中跳脱出来，达到画龙点睛的效果。

例句5：等到快日落的时候，微黄的阳光斜射在山腰上，那点薄雪好像忽然害了羞，微微露出点<u>粉</u>色。（老舍《济南的冬天》）

解析：傍晚的阳光，映照着山腰的薄雪，像微微羞红的脸，这样细致入微的观察和拟人化的描写，声音重重压在"粉"字上，才能更好地体现出来。

（二）显性对比

句子包含比较关系，就会形成语义重音，所以语义重音常被称为"比较重音"。

例句 6：如果花是一种显露，那叶子就是一种隐藏。（晨义《叶子时期的梅》）

解析：花的显露作为铺垫，对"叶子"的"隐藏"加以强调，提高的声调形成了反差效果。

例句 7：她们的戏，一半儿演给台下的观众看，一半儿演给自己看。（琰涛《人间尤物是青衣》）

解析：一半儿演给观众，另一半儿演给"自己"，声音前低后高，才能显出比较关系。

例句 8：再习字，浅浅的书房深了，小小的书案大了，世界涌到跟前，盯着你的一笔一画。（汤世杰《纸寿千岁》）

解析："浅"的书房变"深"了，"小"的书案变"大"了，语义重音准确定位，比较关系一目了然。

例句 9：假如生命是乏味的，我怕有来生；假如生命是有趣的，今生已经够好了。（冰心《童年》）

解析："乏味"和"有趣"形成比较，"来生"和"今生"相互对照，把"有趣"和"今"加以强调，句子的表现力明显提高。

例句 10：山乡的雨是讲理的，不像川里的雨，需要它的时候，忸忸怩怩、一遮三掩，让人望眼欲穿；不需要它的时候，却又哭天抢地、不依不饶，泼妇闹街似的没完没了。（双木《雨落山乡》）

解析：和"山乡"的雨相比，"川"里的雨是不讲理的；需要它的时候，磨磨蹭蹭；"不"需要它的时候，没完没了。

（三）隐性对比

很多时候，比较关系不是显而易见的，它们暗含在句子里，甚至要通过上下文才能找出来。

例句 11：那些惊心动魄的故事，气势恢宏的文字，就此成了绝响。估计这样的戛然而止，连上帝都会叹一口气。（张佳玮《唐璜》）

解析：鸿篇巨制，戛然而止，别说我们这些普通人，就连万能的"上帝"，都感到惋惜。

例句 12：舌根儿荡漾着凉丝丝的感觉，我这北方人的喉咙，竟跑出了温软的调子。（韩静霆《周庄烟雨中》）

解析："凉丝丝"的感觉，让人想起了薄荷糖，更有趣的是，原本粗声粗气的"北方人"，声音却带出吴侬软语的味道。

例句 13：我被一种紧张与忧伤包围着。我时刻期待着也有一只能被我握住的小手儿。（许知远《水样的春愁》）

解析：阅读郁达夫的成长故事，作者被里面的情节深深打动，以至于产生莫大的失落感，为什么那个少年不是"我"？

例句 14：每天，我都在<u>中午</u>醒来，或者更晚，随便吃点东西，然后翻翻书。（朝潮《静静的村庄》）

解析：人们大多早晨起床，"中午"实在有些反常，强调一下"中午"，作者隐居山村，清静无为的散漫时光，一下子就呈现在我们眼前。

例句 15：农耕时代，苍茫大地，每一棵麦苗都是<u>手</u>栽的，每一束麦穗都是<u>手</u>割的，这是何等艰辛，何等的艰辛！（毕飞宇《大地》）

解析：没有播种机，没有收割机，一望无际的麦田，全要靠农人的一双"手"。对"手"的强调，表明从那个年代过来的人，该是多么的不容易。

语义重音，通过发掘并突出文字的内在含义，使我们的声音表达更加丰富、深刻和细腻，这是语法重音无法做到的。

二、语气重音

语气重音，是反映语言情绪的重音，也是最具表现力的重音，它强调的往往不是具体内容，而是个人感受、主观态度。语气重音主要出现在副词和疑问代词中，一些拟声词也扮演着语气重音的角色。

（一）一般副词

副词，通常针对句子里的动词、形容词和其他副词，进行程度、范围、时间等方面的限定和修饰。

例句 16：如果，一个人把这些<u>都</u>忘了，也未免<u>太</u>狠心了吧。（黄永玉《乡梦不曾休》）

解析："都"是指范围，"太"是指程度，突出这两个副词，反映出作者强烈的思想感情。

例句 17：这丛梅树将<u>一直</u>寂寞下去，在层层叠叠的浓荫里，度过无人折弄的安宁时光。（晨义《叶子时期的梅》）

解析："一直"表明时间的延伸，也强调梅树耐得住寂寞，在光阴的消磨中，心静如水。

例句 18：面对满园的绿色，我<u>只能</u>竭尽想象了。（张抗抗《牡丹的拒绝》）

解析：没得选择，无可奈何，在这个阴冷的四月，牡丹拒绝了满城人的期待，作者除了"脑补"，又能怎样呢？

例句 19：梅兰芳演《晴雯撕扇》，每次都是<u>亲自</u>画一张扇子，然后在舞台上撕掉。（胡竹峰《老舍的底色》）

解析：梅兰芳在创作中亲力亲为，从不假他人之手。情态副词"亲自"，凸显了这位京剧大师对艺术的不懈追求。

例句 20：其实，白居易不必叹惋，能在松间慢慢老去，<u>已经</u>是修来的福气了。（萧春雷《松间》）

解析：时间副词"已经"，在句子中被特别强调，是为了传达作者的态度：能在松间老去，该知足了！

（二）语气副词

相比一般副词，语气副词具有更强的主观色彩，且位置灵活多变，经常用来修饰整个句子。

例句 21：读到这里，雷蒙达惊呆了，<u>难道</u>眼前这些正在开花的植物，已经生长了一百年？（佚名《一生一次的绽放》）

解析：通过对"难道"的强化，突出作者惊讶的程度，以及内心产生的震颤。

例句 22：透过车窗，我<u>简直</u>无法将目光从她的面庞移开。（摩罗《为了看看阳光，我来到世上》）

解析：看到美好的事物，人们往往会目不转睛，不愿错过，突出"简直"，正是把这种情绪淋漓尽致地表达出来。

例句 23：忽然间，船打了一个横，<u>竟然</u>进了人家的院子，人家的厅堂！（韩静霆《周庄烟雨中》）

解析："竟然"，反映的是出乎意料，没有想到。小船一横，便已登堂入室，确实让人猝不及防。

例句 24：与山川大地相比，我们的生命，<u>何尝</u>不是一朵稍纵即逝的烟花呢？（吴克诚《烟花》）

解析：相比陈述句，反问句往往来得更有力量。如果把"何尝不是"改为"就是"，语气肯定会削弱不少。

例句 25：我们不禁相顾愕然，如此满山遍野的桐花，她<u>居然</u>问我们"哪有花？"（张晓风《不知有花》）

解析：惊讶于山里人对美景的熟视无睹，加强"居然"二字的力度，可以更好地反映出作者当时的心情。

（三）疑问代词

疑问代词，除了对时间、地点、人物或数量、方式、原因等进行提问或质疑，同时还有加重语气的作用。

例句 26：<u>何</u>以为美？（蒋勋《何以为美》）

解析：这是疑问代词前置，语序也可以是"以何为美"；但无论怎样变化，"何"都是语气重音。

例句 27：我猜测，究竟是<u>谁</u>不断地、恶意地，用这句诅咒般的话来提醒我？（周

涛《岁月的墙》）

解析：那些恶毒的"诅咒"，可以暂不理会，找出躲在背后的"谁"，才是最重要的。

例句 28：有道是："学成文武艺，货与帝王家"，这普天之下，哪里不是王土？（单士兵《千古的醉意》）

解析："普天之下，莫非王土"。如果不被朝廷重用，纵有一身武艺，又能到"哪里"去施展呢？

例句 29：曾经猜测，能写出这样一首歌的，会是怎样的人儿呢？（闻小语《康定情歌》）

解析：突出"怎样"，让猜测延展开来，令人沉浸其中，浮想联翩。

例句 30：那一刻，我还有什么不明白的呢？我一直听到的，都是生命行走的声音啊。（廖华歌《倾听生命的脚步》）

解析：是的，原先听到的各种声音，都是杨树桩发出的对生命的呼唤，那一刻，作者除了恍然大悟，是不是对自己的愚钝，还有几分懊恼呢？

（四）拟声词

拟声词，通过模拟外界的各种声响，营造出活灵活现的语言效果。

例句 31：雨滴先是嘀嗒、嘀嗒，宛若钢琴演奏前的两声试音，清脆、饱满。（双木《雨落山乡》）

解析："滴哒"又是一声"滴哒"，瞬间就把人带进山雨欲来的情境中。

例句 32：穿过寂静狭窄的小巷，风中隐约有人低语。"嘘，脚步轻一点，再轻一点"。（徐鲁《但丁的玫瑰》）

解析：这里的"嘘"，完全再现了生活中的场景，声音虽然压低，但却足以引起人们的注意。

例句 33：我被一个响亮的童声惊动了，心里"咯噔"一下。（张丽钧《抬头看云》）

解析：在有声语言中，拟声词的表现力是最直接的，"心里一惊"也好、"心头一震"也罢，都不如这"咯噔"一下。

例句 34：车身轻轻摇晃着，车轮在黑暗中发出单调的"哐、哐"的声响。（李紫枝《奔跑的火车》）

解析：在夜行的火车上，那"哐、哐"的声响，不知陪伴过多少无眠的人。语气重音产生的代入感，才是语言的魅力所在。

例句 35：以后的日子，我们常常怀念那样的冬夜，怀念锅里的鱼儿"咕噜咕噜"的歌声。（查一路《在冬夜里歌唱的鱼》）

解析：冬夜的炉火，一锅炖着的鱼，听着那"咕噜咕噜"的声音，似乎满屋都是鱼香，还有家人被映红的脸庞。

语气重音，无论是副词、疑问代词，还是拟声词，传递的始终是一种情绪和态度，它是句子里最高等级的重音，为句子赋予了温度和色彩。

纵观三类重音，语法重音为句子搭起"基本结构"，语义重音让句子"言之有物"，语气重音使句子"有血有肉"。它们各司其职，各显其能，使整个句子形神兼具、入耳入心。

第三节　重音实践

日常讲话，我们的声音在哪里加重，在哪里提高，几乎是不假思索的事情。但在朗诵中，在文字转化为声音的过程中，重音的选择和表现却需要长期的训练和培养。

一、重音的选择

一个句子里面，往往多个重音并存，我们要分出主次，做出取舍。根据不同的类型，重音的优先权从低到高，依次是语法重音、语义重音、语气重音。一旦出现位置冲突，语法重音总是最先让步。

（一）以偏压正

按照语法重音的规则，定中结构"偏不压正"，修饰部分往往弱读，但遇到语义重音，情况就会发生变化。

例句 1：住在<u>别人</u>的村子里，心情难免有些寂寞和压抑。（朝潮《静静的村庄》）

解析：在这个句子里，强调"别人"是为了突出作者漂泊在外、寄宿他乡的情形，"村子"作为语法重音，需要做出让步。

例句 2：后来，<u>大</u>的战乱来了，人们背井离乡、流离失所，破衣烂衫地四处漂泊。（司马中原《心中的绿洲》）

解析：声音在"大"字上发力，表现出那个兵荒马乱的年代，小的战乱也是接连不断，而"战乱"本身，就不用再去强调了。

例句 3：除了太守本人的生花妙笔，其中蕴含的醉意，才是它<u>真正</u>的生命力。（单士兵《千古的醉意》）

解析：一篇文章，千古传诵，不仅在于文字的优美，更在于文字所承载的精神内核。加大"真正"的分量，才能更好地表达出这一层含义。

例句 4：只有柴可夫斯基，他抒的是<u>我</u>的情，他勾勒的是<u>我</u>的梦。（王蒙《如歌的行板》）

解析：相比较贝多芬、莫扎特这些伟大的音乐家，柴可夫斯基更能走进作者的心里，唤起只属于作者本人的情感共鸣。

例句 5：高海拔的日子已呈现在我的面前。它是<u>辽阔</u>的日子，它是<u>险峻</u>的日子，它

是冰冷的日子，它几乎是我一个人的日子。（李钢《高海拔地带》）

解析：这是多个定语，修饰同一个中心词。除了高海拔的"日子"重读，其余的"日子"都要退居其次，把位置让给"辽阔""险峻""冰冷"和"一个人"这些语义重音。

（二）语气优先

语气重音，在句子中享有最高优先权。如果句子里包含语气重音，通常情况下它就是整个句子里的最强音。

例句 6：是的，我还能够感动，这是一件多好的事啊。（闻小语《寂静之声》）

解析：副词"多"，在程度上对形容词"好"进行修饰，"多"读得越重，反映出的情感也就越强烈。

例句 7：母亲用毛巾围住锅沿儿，让蒸汽闷在锅里，不一会儿，满屋都是鱼香了。（查一路《在冬夜里歌唱的鱼》）

解析：为了表现热气腾腾、鱼香扑鼻的氛围，"满"字不仅要读得重，还要读得满，声音拉长，满心是爱。

例句 8：可是，再多的荣誉也无法填补离家的空虚，填补不了，他太想家了！（谭延桐《家，就是人间的天堂》）

解析：再次重复"填补不了"，情绪得到进一步强化，这时的"太"字，与其说是"读"出来，不如说是"叹"出来。

例句 9：让我们不开口，永不开口吧！我们的对视与微笑，就是永生了。（老舍《她那样看过我》）

解析：连说两遍"不开口"，再加上这个"永"字，让人闻之动容。在这个句子里面，语气重音未必调门最高，却是用情最深。

例句 10：那样的一个冬天，我心里沉沉地装着一个人，然后在人群里寻找，我的内心，我的时光，已经是丰盈的了。（许冬林《寻你，然后不见》）

解析：只有心里装着一个人，生命才会变得丰盈，至于能否找到他，已不重要。把"已经"重重地读出来，整个句子，一下子就有了深长的意蕴。

（三）前后呼应

如果句子包含着对应关系，其对应部分就是句子的主要重音。在这种情况下，任何重音都要退居其次。

例句 11：仰望一弯新月，他怀念的依然还是那沉浮与共的旧人。（胥智慧《苏堤春雨》）

解析：一新、一旧，这样的比照无疑增添了文字的感染力，落实到声音上，"新"和"旧"要从语流中突显出来，才能达到遥相呼应的艺术效果。

例句 12：酢浆草分给两岸的，是同样的红；鸟翼点染两岸的，是同样的白；而秋

来蒹葭露冷，它带给我们的，是同样的**苍凉**。（张晓风《两岸》）

解析："酢浆草""鸟翼""蒹葭"，如同一组渐次展开的电影镜头，按照季节的变换，相继呈现出河岸的"红""白"，以及白露为霜的"苍凉"。

例句 13：半个世纪以来，阿炳<u>个人</u>的命运，在婉转幽咽的曲调中，已化作皓月当空的<u>大</u>爱，唤起全<u>人类共同</u>的悲悯。（葛水平《二泉映月》）

解析：这个句子，如果从主干分析，"命运""大爱""悲悯"应该是主要重音。但因为对应关系的存在，因此"个人""大""共同"才是整句重音的最佳选择。

例句 14：他亲自设计修建的"林公渠"，<u>至今</u>还发挥着作用；他积极推广的"林公井"——又称坎儿井，现在<u>依旧</u>造福百姓。（杨晓雷《生命的瀑布》）

解析：这些句子都包含着对应关系，相对应的部分不仅有名词、形容词，还有像"至今"和"依旧"这样前后呼应的副词。

例句 15：忽然觉得，人、海、云、月，相距虽<u>远</u>，却因为这纤尘不染的清辉，这无声无息的纯粹的蓝，彼此间竟是如此的<u>亲近</u>。（韦娅《人随月色净》）

解析：有些对应关系，经常会藏在句子里面，相距虽"远"，竟也"亲近"。找到它们，就等于抓住了句子的结构。

二、重音的表现

朗诵的文本，即便有了重音标注，但不同的人读出来，差异却是巨大的。这就要说到声音的执行力，即重音表现的问题。

实际上，为了体现重音，声音的三个变量：音高、音长、音强，要同时参与进来，才能更好地发挥重音的作用。

（一）重音递进

句子的重音从低到高，从弱到强，步步加重，节节攀升。

例句 16：一千三百年的风霜雪雨，最终把它变成了<u>根</u>，变成了<u>树</u>，变成了<u>精</u>。（王剑冰《藤》）

解析：从"根"到"树"再到"精"，声音的分量越来越重，调门也在不断提高。

例句 17：少了那些各怀心事的探望、那些借题发挥的吟咏，一棵树，会活得更<u>真实</u>，更<u>自由</u>，更<u>健壮</u>。（晨义《叶子时期的梅》）

解析：重音的递进，也意味着消耗的增加。我们可以把"真实""自由""健壮"单独拿出来读，体会气力的逐步加大。

例句 18：二十多年的时间里，薛瓦勒就这样不停地<u>寻找石头</u>，<u>搬运石头</u>，<u>堆积石头</u>。（陆勇强《当一块石头有了愿望》）

解析：重音不断加码，就要及时补充气息。练习重音递进的同时，也是体会气息运行的开始。

例句 19：读老舍的小说<u>始而</u>发笑，<u>继而</u>感人，<u>终而</u>悲愤，<u>悲愤</u>才是老舍的底色。（胡竹峰《老舍的底色》）

解析：声音沿着"始而""继而""终而"渐渐抬高，及至"悲愤"，无论音高还是音强都要有一个跃升，要读得铿锵有力、掷地有声。

例句 20：当时，欧阳修自号"<u>醉翁</u>"，便将这亭子命名为"<u>醉翁亭</u>"，也因此，留下了那篇脍炙人口的"<u>醉翁亭记</u>"。（单士兵《千古的醉意》）

解析：这组重音递进，要注意做好细分。"醉翁""醉翁亭""醉翁亭记"，它们的差异主要体现在最后一个字上，即"翁""亭""记"。

（二）重音叠加

句子里不同的重音类型，如果处于相同的位置，就形成了重音叠加，这时，重音力度会大大加强。

例句 21：我们在云层之上告别，像两个路遇的<u>仙人</u>。（李钢《高海拔地带》）

解析："仙人"，既是偏不压正的语法重音，也是内容特殊的语义重音。如果句子改为像两个路遇的"游人"，重音表现就会平淡很多。

例句 22：许多梦，人们想不通，就会去圆梦、解梦，并希望借此预知福祸。不过，<u>我</u>是不信这些的，我只相信自己的梦。（不卑《小睡》）

解析："我"，作为主语，是语法重音；与"人们"形成比较，又是语义重音。二者叠加，这个"我"不仅读得又重又长，还得拐个弯儿。

例句 23：到现在，我也不知道外婆的名字，但是我知道外婆的乳名，叫"<u>菊儿</u>"。（李汉荣《菊儿》）

解析："菊儿"作为宾语，又加上引号，本身就应重读，再加上这个名字对于作者特殊的意义，所以，一声"菊儿"，情深意切。

例句 24：我身边的同行人开心地笑着。她不知道我在想什么，我也不知道<u>她</u>在想什么。（玄武《月光破碎》）

解析："她"是我身边的同行人，思想上却渐行渐远。除了语法重音，这个"她"，还是别有深意的语义重音，要读出其中的韵味，就得加大气力。

例句 25：扒开厚厚的积雪，他用衣袖轻轻擦去上面的冰屑，"<u>中国</u>"两个大字，便在蓝天和白云的映照下，闪耀出光辉。（王晓廉《界碑》）

解析：戍边卫士历尽艰辛，登上山顶。当他们扒开积雪，擦去冰屑，露出"中国"两个鲜红的大字时，普通的声音加强，是不足以表现出那份庄严、那份喜悦和自豪的。

（三）弱读和停顿

重音，并非一味重读，有时通过弱读、停顿等一些特殊的处理方式，同样能达到突出和强调的效果。

例句 26：他们一起品尝生活的酸甜苦辣，他们共同承担人生的风风雨雨，相依相伴，不弃不<u>离</u>！(佚名《筷子爱情》)

解析："不离"作为句子尾声，不扬反抑。比起步步登高，这种反衬效果在情感的表现上更为深沉、内敛。

例句 27：我想知道，一块有了愿望的石头能走<u>多</u>远？（陆勇强《当一块石头有了愿望》）

解析：坚持，源于信念，对于"多"远的探究，成就了一项伟大工程，这轻声的发问，似乎是在思索，又似乎是在回忆。

例句 28：那时的你，如我们见到的许多疲惫的影子，那时，你<u>老</u>了。（郁葱《那时，你老了》）

解析：无论是因为年老体衰，还是对生命的叹惋，你"老"了，都要用弱声表现，不可读得太重、太冲。

例句 29：一个偶然的机会，我从深圳来到了遥远的伊犁。那里，曾是林则徐的/<u>流放</u>之地。（杨晓雷《生命的瀑布》）

解析："流放"，作为一个现代人相对陌生的词汇，同时又是林则徐的人生低谷，除了声音的强调，还增加了一次停顿。

例句 30：传说中，牡丹是被武则天一怒之下/<u>贬</u>到洛阳的，谁知这里的水土却更为适合牡丹的生长。（张抗抗《牡丹的拒绝》）

解析：牡丹不是被送到洛阳的，更不是被请到洛阳的，而是被"贬"到洛阳的。"贬"之前稍作停顿，语义重音得到进一步加强。

重音，是声音创作的基本指标，也是朗诵者一项长期的修养。重音，让句子有了形状，有了意义，有了韵味。从重音的选择到重音的表现，重音在句子中发挥的作用，没有最好，只有更好。

第四章 断 句

断句，泛指文字的间歇设定，古有句读，今有标点，书面上常以提示符的形式出现，帮助读者正确理解文意。

第一节 断句基础

第四章第一节
例句朗诵音频

朗读一篇古文，要严格按照标出的"句读"，才能读通、读懂、读出韵味。

例句1：环滁皆山也。其西南诸峰，林壑尤美，望之蔚然而深秀者，琅琊也。山行六七里，渐闻水声潺潺，而泻出于两峰之间者，酿泉也。（欧阳修《醉翁亭记》）

解析：这个段落包括三个句子，皆以虚词"也"收尾。句子里面的逗号既不能增也不能减，一句一歇，整个段落读下来朗朗上口，神清气爽。

但是，现代文字的诵读，仅靠书面标点是远远不够的。

例句2：那一刻，我感到火车不只是缩短空间的交通工具，它还让我更真切地看到了时间的奔跑。（李萦枝《奔跑的火车》）

解析：跟着标点读，这句话会读得很吃力。在下面的"例句3"中，我们用"/"作为标识，增加了两处停顿。

例句3：那一刻，我感到火车/不只是缩短空间的交通工具，它还让我更真切地/看到了时间的奔跑。（李萦枝《奔跑的火车》）

解析：重新读过，气息不再那么紧张，句子的意思也变得更加清晰。显然，这两处停顿是必要的。

例句4：灞桥，是中国文学史上最柔软的地方。（初国卿、吴昕孺《灞桥》）

解析：作为文章的开头，短短一句话，分量可不轻，如果一语带过，难以给人留下深刻的印象。

例句5：灞桥，是中国文学史上/最柔软的地方。（初国卿、吴昕孺《灞桥》）

解析："最"字前面加上一处停顿，延展了句子幅度，增强了内容的表现力，开宗明义，力压全篇。

例句6：在这里，生以秦腔相迎，逝以秦腔相送，人生，整个就是一出秦腔大戏。（贾平凹《秦腔》）

解析：这句话顺着读下来，气息上虽说够用，但感觉上总觉平淡，显得韵味不足。

例句7：在这里，生/以秦腔相迎，逝/以秦腔相送，人生，整个就是一出/秦腔大戏。（贾平凹《秦腔》）

解析："生"和"逝"上下呼应，对仗工整；"秦腔大戏"如同横批，掷地有声。三次停顿，不仅结构划分得清清楚楚，更营造出一种铿锵有力的节奏感。

可见，对于现代文，只按标点来读，难免出现结构不清、意义不明、气息不足、表现不够等问题。而这些添加到声音里的、书面上看不见的停顿，就是朗诵的断句。

断句，属于朗诵的前期创作，即开口之前的文案工作，它直接影响到朗诵中的气息和节奏。

一、断句和气息的关系

（一）断句时补充气息

在朗诵中，句子里的停顿处往往也是补充气息的位置，所以断句又有"气口"的说法。

例句8：没有谁事先约定，也没有谁大声召唤，一切/都是那么自然而然的。（许问诚《晾晒生命》）

解析：在"都"字之前，偷一口气，后面的内容读起来才会游刃有余。

例句9：我/为曾在那里念过书的/凤凰县文昌阁小学，写过一首歌词。（黄永玉《乡梦不曾休》）

解析：这样的长句子，如果中间没有气息补充，读起来不仅吃力，而且句意的表达也不清楚。

例句10：我伸手摸了摸，字/是用小学生的涂改液写上去的。（鲍尔吉·原野《墓碑后面的字》）

解析："字"的后面内容较多，没有气息补充，读到句尾会力不从心。

（二）有时，断句只是声音的停顿，没有补充气息

例句11：海的远处，有几笔淡墨画成的岛屿，那就是/芝罘岛。（冰心《童年》）

解析：此处断句是为了强调"芝罘岛"，同时给句子收尾，这里的气息足够撑到最后，没有必要再做补充。

例句12：从东往西，是十二座/长满苔藓的界碑；从西往东，也是十二座/长满苔藓的界碑。（王晓廉《界碑》）

解析："长满苔藓"，是对界碑的修饰，前面略作停顿即可，气息不作任何补充。

例句 13：朱自清先生说的好，"酣眠固不可少，小睡/也是别有风味的"。(不卑《小睡》)

解析："小睡"前补足气息，声音加重。与前面的"酣眠"形成呼应。随后的断句因为已有气息储备，所以只做声音停顿。

（三）句子里的断句，有的补充气息，有的只是停顿

例句 14：过了一段时间，我惊奇地发现，这截杨树桩/让我生活的环境/发生了一些变化。(廖华歌《倾听生命的脚步》)

解析："杨树桩"后面的内容较多，有必要补充气息；"发生了"只做停顿，气息一直延伸到句尾。朗诵中，要避免频繁换气，否则会形成气息短促的现象。

例句 15：大概是老了，蓦然惊觉/从前不喜欢的东西/慢慢/都回来了。(雪小禅《窗外的京剧》)

解析："蓦然惊觉"的事情，不可能一语带过，这里需要补充气息；"东西"和"慢慢"都要做出停顿，但只在"慢慢"后面气息稍作补充。

例句 16：低头寻觅，地上/没有落花飘零的踪影，更不见我当日/流连驻足的行迹。(晨义《叶子时期的梅》)

解析：在"地上""更不见我"之前，都有气息补充；句中的两处断句，只做声音停顿。

在朗诵中，断句和气息"息息相关"又"难以察觉"，作为朗诵者，每处停顿都要做好气息安排，才能使声音表达既流畅又清晰，并富有节奏感。

二、断句和节奏的关系

断句对节奏的影响具体反映在声音的停连上。从听感上讲，断句越多，顿挫感越强；断句越少，流畅度越高。

（一）陈述句的节奏

对以传递信息为主的陈述句，断句是"能省则省"。

例句 17：所有的生命，都在尽可能地舒展自己，那是一种全身心的敞开，坚定、毫不迟疑。(钱红丽《四月挂在墙上》)

解析：这个句子，依照标点一口气读下来，信息完整，气息得当，所以不必再添加任何断句。

例句 18：在滁州的两年里，欧阳太守一直奉行着"宽简不扰"的政策，大力发展生产，百姓安居乐业。(单士兵《千古的醉意》)

解析：如果气息安排合理，"欧阳太守"后面的断句完全可以省略，句子听起来会更加流畅，更有整体感。

例句 19：从小，我就喜欢凝望天空的云朵，正像清代诗人袁枚说的那样："爱替青天管闲事，今朝几朵白云生？"（王充闾《青天一缕霞》）

解析：多余的断句，会造成信息的零散，干扰接收的完整性。所以，这个句子没有增加任何停顿，一通到底。

当然，对于陈述句，断句也不是越少越好，一些必要的停顿是无法省略的。

例句 20：人世间无数的传奇中，唐璜/实在是不同寻常。（张佳玮《唐璜》）

解析："唐璜"是句子的主语，更是文章的标题。如果这里不做停顿，一蹴而就，不但显得唐突，句子的承载力也会大打折扣。

例句 21：三十八年前，我穿着蓝布长衫，乘着一条木帆船，闯进了苏州城外的/一条小巷。（陆文夫《梦中的天地》）

解析：这句话若是一读到底，听起来难免仓促；句尾增加了一处停顿，即突出"一条小巷"，也使整句话有了结束感。

例句 22：如果说，长城占据了辽阔的空间，那么，都江堰/却实实在在地/占据了邈远的时间。（余秋雨《都江堰》）

解析："都江堰"作为主语，单列出来，句子结构更加清晰；"占据了"之前做出停顿，又加强了"空间"和"时间"的比照。两处断句少了任何一个，整个句子的表达都差强人意。

（二）描述句的节奏

对于描述句，断句的作用更是不可或缺。放慢的节奏拉开了句子的幅度，也给听众留出更大的想象空间。

例句 23：一座背影，向隅而立。嶙峋的脊梁/透过衣衫/微微弓起。（夏易《忘情》）

解析："脊梁"和"衣衫"后面，增加两处停顿，"向隅而立"的背影更加真实地展现在我们眼前。

例句 24：看我一眼，她低着头轻快地走过去，把一点微笑/留在她身后的空气中，像太阳落山/留下满天的云霞。（老舍《她那么看过我》）

解析：仿佛带着香气，弥散在空气中，又像落日余晖，浸染天边晚霞。她把微笑留在这个世界上，让人沉醉，让人怀想。

例句 25：布达拉宫，它的建筑呈台式/一层层往上升，它的光/也是一层层上升，要把垂直压下来的黑暗/顶住，顶住。（李汉荣《夜幕里的布达拉宫》）

解析：用语言来描摹景物，从来就不是一件轻松的事。句子的停顿不仅要兼顾到内容和逻辑，还要体现出方位和层次。

例句 26：我看见老人转过身，头/一点一点，嘴/一张一张，看样子/就要弯下腰来，同这小小的生命对话了。（马丹卡《古树下，一道苍老的背影》）

解析：对动程的描述，要按时间的线性发展，放慢脚步、有条不紊；"头""嘴""看样子"，这些地方的停顿必不可少，如果一味追求语言的流畅，整个描述只能是走马观花。

（三）情状句的节奏

情状句，主观色彩浓厚，但凡有助于情感的渲染，任何增加的停顿都是必要的。

例句 27：就是这点幻想不能一时实现，他们也并不着急，因为有这样慈善的冬天，干啥/还希望别的呢？（老舍《济南的冬天》）

解析：问句，本身就有很强的对象感，"干啥"后面的停顿更是加强了这种指向性；听者面对提问，必须要进行思考，并做出回答。

例句 28：徐有贞仰头看着那松，慢吞吞说道："木在门内，是个'闲'字，你们/不喜欢吗？"（箫春雷《松间》）

解析："你们"稍作停顿，不仅表现出徐有贞讲话慢吞吞的样子，那种疑问的语气也进一步得到了提升。

例句 29：榜纸那么大，那么长，然而/就是没有他的名字。唉！竟单单容不下/他那只有两个字的名字/"张继"。（张晓风《不朽的失眠》）

解析："然而"后面停顿，加大了转折的力度；"他那""张继"再加两处断句，落榜的失望、难过、羞惭，这些苦涩难咽的情绪，都被充分地反映出来。

不同于气息的隐蔽性，断句和节奏的关系显而易见。通过对句子增加这些停顿，使结构更加清晰，层次更加分明。

第二节　断句分类

第四章第二节
例句朗诵音频

朗诵的断句，是指句子之内、标点之外，目的性的声音停顿。它们对于朗诵的创作不可或缺。除了补充气息的基本任务，在信息传递、内容表现、情感渲染、气息分配等方面，断句都发挥着重要作用。

按照不同的作用，朗诵断句分为三类：结构断句、表现断句、平衡断句。

一、结构断句

句子，是在语法规则下，各种句子成分的排列组合。不同的组合方式，形成了千姿百态的句子结构。清晰、准确地反映出这些结构，是断句的基本任务。

例句 1：我/从小就了解到/什么是"大"。（毕飞宇《大地》）

解析：这个句子，是常见的主谓宾结构。在"我""了解到"之后停顿一下，使整个句子听起来脉络清晰、语义饱满。

例句 2：他耕种的姿势/或许可笑，腰/弓着，整个上身/几乎与土地平行。（夏立君《陶公祠的菊花》）

解析：三处断句，凸显出三个小句子的主语"姿势""腰""上身"，每个句子既相对独立，又彼此呼应。断句的添加，让整个句子的主体结构一目了然。

例句 3：那就从/夏天嘹亮的蝉声开始吧，一直写到/冬日炉膛懒懒的火苗。（朱成玉《时针上的海水，分针上的火焰》）

解析："从"和"到"，两个介词延展开来，串起整个句子。增加的停顿既突出了句子的结构特征，又强化了内容的凝聚力。

例句 4：一张宣纸，不只是出自工匠手中的"物"，更是活鲜鲜的生命，是树皮、秸秆/经过层层磨练，转世的精魂。（汤世杰《纸寿千岁》）

解析："树皮、秸秆"后稍加停顿，增加了它们在句子内部的权重，使整句的表达层次更加分明、意义更加清楚。

例句 5：这声音很奇怪，你不能听，一听/它就没了，不听/它又来了。（毕飞宇《大地》）

解析："一听"怎样？"不听"又怎样？增加的两处断句，形成了强烈的比对效果，句子的结构特征一下子突显出来。

可见，结构断句在强化信息的准确性、提高听众的接受度、预防歧义的产生、消除理解的偏差等方面，发挥着必不可少的作用。

二、表现断句

朗诵中，声音一旦出现停顿，就会引起人们的注意。朗诵者正是利用这一现象，通过表现断句，达到了强调的目的。

例句 6：小睡，是一桩/美事。（不卑《小睡》）

解析："酣眠固不可少，小睡也是别有风味的"，对于小睡，要特别强调这个"美"字，所以这里不仅重读，还要加上表现断句。

例句 7：据说，当年绊倒薛瓦勒的，就是/这块石头。（佚名《当一块石头有了愿望》）

解析：这块石头，有别于城堡里的任何一块石头。当年，正是它启发了薛瓦勒。为了突出这层含义，在"就是"之后做出停顿。

例句 8：如此不动声色地面对沧桑，该是/大师级的修炼吧。（韩静霆《周庄烟雨中》）

解析：所谓"大师"，起码在境界上要高于常人吧。对于周庄，只有这样的修炼，才能不把岁月挂在脸上。全句的重点放在对"大师"的表现上。

例句 9："欧阳修呀，欧阳修，你还能/回得来吗？"（单士兵《千古的醉意》）

解析：官场多年，宦海沉浮，欧阳修这一去，有生之年能否"回"得来，是最让人担心的事情。添加的表现断句，不仅突显了语意，也加重了语气。

例句 10：箫声远远飘来，若隐若现，却一下子让我/颤栗不已。（楚楚《箫》）

解析：表现断句，被表现的部分一定要紧随其后，效果才能最大化。假设在"让我"前面停顿，那么"颤栗"的程度就会减弱很多。

以上例句说明，表现断句不仅是为了气息的补充，它更是一种主动的、富有表现力的声音停顿。

三、平衡断句

有时，为了气息分配的均衡、句子结构的稳定，在不产生歧义的前提下，朗诵时会有增加结构断句或改变断句位置的现象，这就是平衡断句。

例句 11：头一次看见骆驼，是我五岁那年，它们驮负着军队的辎重，缓缓地走过/乡间的土路。（司马中原《心中的绿洲》）

解析：在"走过"后面做出断句，不是为了补充气息，也不是为了表现"乡间的土路"，这里的停顿只是为了加重句尾的分量，压住句子平衡，听起来更有结束感。

例句 12：我后悔当初/没有在梅的枝子上留下刻痕，我忽略了我/并不认识它的叶子。（晨义《叶子时期的梅》）

解析：如果按照结构断句，应该在"我后悔""我忽略了"的后面停顿。但为了气息的平衡，两处断句一起后移，表达上没有产生歧义，气息分配却更加合理。

例句 13：它帮助人们/避开外界的嘈杂和纷扰，守护着内心的喜悦/和悲凉。（王蒙《如歌的行板》）

解析："人们"后面的停顿，是结构断句，划分出句子成分；"喜悦"后面的停顿，是平衡断句，加强句子的结束感，如果不是为了句子平衡，这处断句是可以省略的。

例句 14：出了门，便是一条巷子，至少要拐过三道弯，拐过三条/宽宽细细的巷子，才能拐到/人流叮当的马路上。（王克楠《巷子里的阳光》）

解析：从句子结构看，在"拐过"和"拐到"处停顿，更为合理。而断句放在"三条"的后面，是在不影响语义的同时，兼顾了气息的分配。

例句 15：这个人，还可能是我们大家的/一个面孔模糊的远房表亲。（黎晗《夜里戴草帽的人们》）

解析：在"可能是"后面停顿，更符合句子结构；同样是考虑到气息平衡，断句位置放到"大家的"后面，结构断句就变成了平衡断句。

平衡断句，是综合句子结构、气息、节奏等方面的折中方案。对于平衡断句的设定，我们要仔细揣摩、反复推敲。

四、重合断句

朗诵中，有些停顿既是结构断句，也是表现断句，还是平衡断句，这就是我们所说的"重合断句"

例句 16：然而，一些鸟落到了树上，大大小小，五颜六色。霎时间，我仿佛看见了/满树的花朵！（吴忌《鸟是树的花朵》）

解析：句尾增加的这处断句，既符合句子结构，又突出了花朵"满树"的程度，这样的重合断句"一石两鸟"。

例句 17：而火车与站台，这两个不同的实体一旦连接起来，我的心里，就会浮起/雾一样的情绪。（李萦枝《奔跑的火车》）

解析："浮起"后面停顿，划分出谓语和宾语，属于结构断句；同时，这个停顿也突出了"雾"的形象，强化了比喻效果，因此，它也是表现断句。

例句 18：年年桐花盛开的季节，我总想起那妇人，走过绵延起伏的花海，而不知/有花。（张晓风《不知有花》）

解析："不知"后面停顿，压住了整句的平衡，使文字结尾不显突兀。"有花"前面停顿，强化了作者的语气，表现出对"花"熟视无睹的诧异。同一处停顿，既起到了平衡作用，又提升了强调效果。

例句 19：青铧山寺快到了，是啊，快到了，但师虔知道，他已经晚来了/一百多年。（冯文柯《云端之上》）

解析："晚来了"后面的断句，既符合句子结构，也压住了句子平衡，同时还强调了"一百多年"，表现出师虔不同于常人的时间概念。一处停顿，三重功效。

例句 20：在这里，石头可以表现出一切/与坚硬和粗糙截然相反的/种种特性。（夏易《忘情》）

解析：第一处，"石头/表现出/特性"，主语的断句被省略，谓语的断句移到"一切"后面，变成了平衡断句；第二处，"相反的"后面停顿，既符合句子结构，又突出"种种特性"，还兼顾到句子平衡。

一处停顿，多重功效。朗诵中的重合断句相比单一目的的停顿，在面对"当断与否"的情况时，具有更大的必要性。

综上所述，无论是结构断句、表现断句还是平衡断句，它们都是从被动的生理限制转化为主动的创作手段。分清断句种类，了解断句作用，才能更好地发挥它们的作用。

第三节　断句实践

第四章第三节
例句朗诵音频

断句，是朗诵创作的重要手段，同样它又是一柄双刃剑。断句本身就是对语流的破坏，断还是不断，常常引发争议。实际上，影响断句的因素有很多，深入认识和了解它们，有助于提高我们的断句能力。

一、基调的影响

文章基调对断句有着直接的影响。通常，主题凝重、情感深厚的作品，比内容轻松、色彩明快的文字需要更多的停顿。

例句1：我/从小就了解到/什么是"大"。（毕飞宇《大地》）

解析：这篇文章借用作者童年的视角，记述了农耕时代农人的勤劳和艰辛。文字苍凉苦涩，意境邈远。开篇短短的一句话，通过两处停顿，缓缓拉开了文章的序幕。

例句2：一个偶然的机会，我从深圳/来到了遥远的伊犁。那里，曾是林则徐的/流放之地。（杨晓雷《生命的瀑布》）

解析：作者的笔触穿越时空，再现了林则徐在新疆的奋斗历程。开篇断句增强了基调的厚重感，带我们走进那段艰苦卓绝的岁月。

例句3：那个夜晚/没有太多的光亮。我借着桌子上微弱的灯光，看到了/这匹马。（朱成玉《一匹马的灵魂》）

解析：这是一篇充满伤痛的文字。作者在深夜微弱的灯光下，为那些被奴役的生命，为那些苦难的灵魂发出悲鸣。声音的停顿，语流的凝滞，都反映出作品沉郁的基调。

例句4：《诗经·关雎》中的那位君子，就是因为心事太多，以至"辗转反侧"。既然翻来覆去睡不着，就只好数羊。（不卑《小睡》）

解析：同样是夜不能寐，但在《小睡》这篇文字里，基调诙谐幽默；俏皮的语气，顺畅的语流，把那位君子的辗转反侧体现得滑稽可笑。

例句5：一朵牵牛花，把它看到的秘密，告诉了另一朵牵牛花。很快，整面篱墙上的牵牛花就都知道了。它们把一个个粉嘟嘟的小喇叭举上头顶，向整个村庄宣布：秋天来了。（乔洪涛《听秋》）

解析：拟人化的牵牛花，粉嘟嘟的小喇叭，文章一开始就充满着欢乐的气氛；活泼的语流反映出喜悦、愉快的基调，这里无须任何停顿，可以依照标点一口气读完。

二、语气的影响

同一篇文章，同一个基调，语气不同，断句不同。陈述句的"淡"、描述句的"慢"、情状句的"炫"，都在断与不断中体现出来。

《人随月色净》是一篇文笔优美、描写细腻的散文，下面我们从中选取三个不同语气的句子来做对比分析。

例句6：傍晚时分，坐上充满怀旧情调的缆车，沿着山坡扶摇而上，不一会儿，人/就到了山顶。（韦娅《人随月色净》）

解析：这是陈述句。"坐上""扶摇而上""到了"，几个动作按照时间顺序展开。在整个句子中，只需要在"人"字后面添加结构断句，无须其他停顿。

例句7：静静地，什么也不说，那月/似是有声，海/却是无语，人/竟痴痴地/不肯前行了。（韦娅《人随月色净》）

解析：这是描述句。慢下来、静下来，时间似乎都已停滞，这一刻，作者对"月""海""人"分别加以描摹，我们读到此处，同样要放慢节奏，心静如水。

例句8：哦！这份心境，这片光华，教人如何舍得惊扰，又教人如何/忍心/抛下？

（韦娅《人随月色净》）

　　解析：这是情状句。面对良辰美景，作者有感而发，这是全篇情绪的高潮，也是文章的尾声；在问句的基础上，"如何""忍心"，接连两处停顿，强烈地叩击着听众的心灵。

　　相比较陈述句和描述句，情状句的感情色彩更加丰富，断句的设定也更为复杂。

　　例句 9："菊儿——"没有回应，外婆走了。这世上有一个名字，我再也叫不答应了。（李汉荣《菊儿》）

　　解析："外婆走了"，悲痛在一瞬间袭来，排山倒海。如果读成"这世上/有一个名字，我/再也叫不答应了。"过多的停顿，拖沓的节奏，反而会让情绪变冷，语言失色。

　　例句 10：他像没有听到似的，取出那块石头炫耀着说："你们谁/见过这样美丽的石头？"（佚名《当一块石头有了愿望》）

　　解析：捡到石头的邮差，向大家炫耀着他的宝贝。断句放在"你们"后面，还是放在"谁"的后面？显然，后者的情绪更有张力。对于情状句的停顿，感染力才是关键所在。

三、语义的影响

　　断与不断，词语本身的含义也是重要因素。这些摆在明面上的字词，反而容易被我们忽略。

　　例句 11：低头寻觅，地上/没有落花飘零的踪影，更不见我当日/流连驻足的行迹。（晨义《叶子时期的梅》）

　　解析：既然是"低头寻觅"，我们的节奏就要慢下来，看看"地上"，想想"当日"，这样的停顿才能表现出仔细搜寻的过程。

　　例句 12：她小心翼翼地/把粥/倒进一只花瓷碗，一边晃着脑袋，一边吹着气，吹到自己呼吸都困难了，粥/也就凉了。（胡双庆《母爱如粥》）

　　解析："小心翼翼"，形容动作谨慎，不敢大意。我们通过停顿，表现出文字的本义，让母亲的形象更真实、更贴切。

　　例句 13：回到家，我急忙打开城市的地图，惊讶地发现，这城市的每一个街区，甚至每一条马路，都能看到/村庄的名字。（刘贤冰《城市是乡村的纪念碑》）

　　解析：为了印证自己的想法，作者赶回家，急忙打开地图。看到"急忙"这个字眼儿，我们还能读得四平八稳吗？

　　例句 14：忽然，一声呼喊，孩子的母亲三步两步冲了过来，一把抱起孩子，瞬间/就离开了转角。（马卡丹《古树下，一道苍老的背影》）

　　解析："忽然"，表示事发突然。"三步两步""冲"，这些词汇都容不得我们多做停顿，否则一瞬间的事情就变成了拖泥带水的慢动作。

　　例句 15：遥望成疤、痴如雕塑。曾经一场接一场的雨水落下来，密密麻麻的水草/就捧出一朵朵/微笑的花儿。（蒋建伟《一朵一朵白云的河》）

　　解析："一场接一场"，就是要体现出连贯、不间断的感觉；"曾经一场接一场的雨水落下来",语流顺势而下,中间不要有任何停顿。

四、语境的影响

断句,虽然是句内停顿,却无法跳出"大环境"的影响,其中既包括时间、地点、场合等外部语境,也包括句子位置、上下文关系等内部语境。

例句 16:那天/骑车走在路上,突然发现/前面一辆出租车的后玻璃/装饰得十分考究。(张丽钧《抬头看云》)

解析:文章,多以陈述句开篇。开篇的第一句话,除了传递重要的信息,还有引导和铺垫的作用。因此,在"那天""发现""玻璃"后面,我们分别增加了三处断句。

例句 17:我抬起头,金色的斜阳透过窗台,正映照着一株/娇艳的/玫瑰。(徐鲁《但丁的玫瑰》)

解析:作为全文的尾声,这句话里的"一株""娇艳的"都要停顿,才能压住整篇平衡,形成一个结束感。

例句 18:我/时常有一种冲动,希望能在这空旷里/添上点什么。我喜欢让一切事物/从无到有,这/令人激动。(吴忌《鸟是树的花朵》)

解析:这两个句子,主语都是"我"。第一个"我",增加结构断句。第二个"我",就不要再做停顿了。这样不仅使语流更加顺畅,也避免了节奏的呆板。

例句 19:荒地之间,遇到坟茔,我想/不应抽身而走,坐一会儿/也好。这就像在荒野里行走,见到对面来人,总要打个招呼一样。(鲍尔吉·原野《墓碑后面的字》)

解析:前后两个句子,前句为主,后句为辅。前句增加的停顿,描写作者的思想活动。后句作为补充说明,弱化处理,不做任何停顿。

例句 20:一次次倒地,一次次撑起,藤/留下坚毅、痛苦、挣扎的过程。一千三百年的风霜雪雨,最终/把它变成了根,变成了树,变成了精。

很多人同这棵藤照相合影,但总是找不到合适的角度,它真的不同于一棵树、一丛花。(王剑冰《藤》)

解析:上下段落,文字由浓转淡。前面是作者对藤的赞叹,具有强烈的主观感受,顿挫有力、节奏铿锵;后面场景跳转,以旁观者角度,写游人与藤合影,状态和缓,语流舒展。

可见,在"断与不断"这个问题上,只有把句子放在文章中,才能避免孤立和片面,做出最合理的选择。

五、韵律的影响

朗诵,以声为媒,除了传达文字之美,还要表现音韵之美。很多看似平常的文字,正是通过巧妙的断句,变得朗朗上口,韵味十足。

例句 21:这眼中闪射的爱情,燃起一团小小的、顽强的火苗,风/也吹不熄它,雨/

也打不灭它。(老舍《她那么看过我》)

解析:"风""雨"各自停顿一下,既突出了句子的对仗关系,也体现出声音的对称之美。

例句 22:这条山脉有多长?他/也说不清楚,只知道/两匹军马轮换着骑,来回/要走上一个多月,而且,还是在天气最好的夏季。(王晓廉《界碑》)

解析:"他""只知道""来回""而且",四个简短的停顿,形成错落有致的节拍,此起彼伏,缺一不可。

例句 23:山乡的雨,无论是霏霏细雨/还是倾盆大雨,全在意料之中。先是风/不停地吹,随后是雨滴/一星半点地磨蹭着,早晚等到/放羊的孩子回了家,耕田的老牛落了犁,摘菜的村姑进了屋,雨/才先缓后急,心安理得地/落下来。(双木《雨落山乡》)

解析:声音的规律性变化,带来听觉上的愉悦,就像这个段落里的每一个断句,如果通通省略,一篇美文,就被读成了天气预报。

例句 24:然后,我们就落满了一月二月和三月,一口一口/亲吻着草花们的额头,水露们的翅膀,鸟雀们的尖叫,你们看,多么美呀!(蒋建伟《一朵一朵白云的河》)

解析:"我们就落满了一月二月和三月",一通到底;"一口一口""额头""翅膀""尖叫"依次停顿,最后的赞叹把情绪拉满。整个句子一波三折,引人入胜。

例句 25:郁达夫在他13岁那年,考取了杭州的学堂,因此/他要离开小镇上/那个刚刚认识的/漂亮姑娘。(许知远《水样的春愁》)

解析:找到文字里隐藏的韵脚了吗?把"学堂""小镇上""姑娘"通过断句凸现出来,原本平平淡淡的陈述句立刻有了韵味,柔情顿生。

朗诵,是把平面的文字变成立体的语言。语言是活的,断句也是活的,但这种"活"不是没有规律,更不是没有道理。

对朗诵者而言,除了理论学习,还要不断实践,反复揣摩。断句是一种能力,更是一种修养。

第五章　气息基础

众所周知，人体发声需要气流来推动，所以对朗诵而言，表面上是声音的抑扬顿挫，背后却是气息的起承转合。盘点前面的内容，朗诵的两大基本技能——断句和重音，无一不是为气息而生。前者为气息添加气口，后者为气息增加比重。

对于朗诵者来说，声音背后的气息到底有多重要？六字以蔽之：无气息，不朗诵。

第一节　朗诵的呼吸

第五章第一节
例句朗诵音频

气息，或者说朗诵的呼吸，与我们日常的自然呼吸是完全不同的两种模式。日常呼吸属于生理现象，是一种不经大脑思考的本能反应；朗诵气息则需要意识上的参与，是具有目的性的呼吸。

朗诵者面对文字，首先要做好气息上的准备。从这个角度讲，早在声音之前，朗诵创作就已经开始了。那么，从日常呼吸到朗诵气息，具体发生了怎样的变化？概括起来四句话：松散变凝聚，无心变有意，呼吸不对称，气流不均匀。

一、松散变凝聚

所谓发声，即声带产生振动，气流必须要达到一定的强度。朗诵中，为了保证结实、稳定、高质量的声音输出，对气息强度的要求远高于日常呼吸的标准。

下面以"新派朗诵"四个字为例，我们从默读、泛读再到朗读，实际体会一下。

新：读音由"x"和"in"组成。发"x"音时，气流经过齿间，轻快无声；随后气流推动声带，并与口腔、鼻腔前部产生联合共鸣，发出"in"音；最后，舌尖抵住上腭，口型归音压在韵尾"n"上，并保持住舌位。

派：读音由"p"和"ai"组成。"p"是爆破音，双唇闭合，略微紧绷，形成一定阻力；气流冲开时要干脆有力，不能拖泥带水；发"ai"音时，口腔迅速打开，气流不要受到任何阻碍，声音响亮干净。

朗：读音由"l"和"ang"组成。"l"是舌边音，双唇微启，牙关打开，气流从舌的两侧通过，冲破舌尖抵住上腭形成的阻力；"ang"是后鼻韵母，口腔先要打开发"a"音，随后气流转入鼻腔，发"ng"音。整个音节的拼读要求韵腹到底，韵尾归音到位，动程完整。

诵：读音由"s"和"ong"组成。"s"是摩擦音，气流通过齿间发出轻微的"嘶"声，声带没有振动；"ong"也是后鼻韵母，和"ang"相比，嘴唇合起来，口腔内部打开，形成枣核状；诵是去声，读出时要气流充沛，短促有力。

"新派朗诵"四个字音，从默读、泛读再到朗读，气流强度不断加大，气息控制也越来越难。

首先，"x"穿过齿间的摩擦，"p"冲破双唇的封锁，都需要气流的快速运行；同时，"ang"和"ong"两个后鼻韵母，气流必须有足够的推力，才能完成口鼻腔联合共鸣，特别是"朗"这个上声字，其"出字""立字""归音"，每一个环节都离不开气流稳定的支撑；最终，气流凝聚起来，形成一股结实、稳定、收放自如的力量，这背后"气息支点"发挥着关键作用。

气息支点，生理名称叫"横膈膜"，它是一层肌肉筋膜组织，横在胸腔和腹腔之间，平时通过收张，也就是一起一伏帮助肺部进行呼吸。横膈膜行为低调，不引人注意，我们只有在咳嗽的时候才会意识到它的作用，那就是——撑住呼吸。

气息支点作为朗诵气息的重要概念，后面会进行深入细致的论述。

二、无心变有意

朗诵过程中，思想活动贯穿始终，最直接的体现就是对气息的设计和规划。气息在哪里停顿？在哪里补充？日常呼吸可以不假思索，朗诵呼吸却要深思熟虑。

例句1：斜阳/把老人与古树/镀上一层亮色。（马卡丹《古树下，一道苍老的背影》）

解析：这是一个简单句，如果一通到底，丝毫没有表现力，为此我们添加了两处断句，即先把"斜阳"单列，拉开句子幅度，再把"镀上一层亮色"隔离出来，留出足够的渲染空间。

例句2：记得在古城读书时，窗外那鹧鸪的鸣叫，是来自不远处的湖滨/以及附近的小树林。（张秀亚《春天的声音》）

解析：陈述句的主要任务是传递信息，频繁断句只会破坏句子的流畅度和整体性。在"记得""窗外"后面，不要迟疑，平铺直叙，一带而过；"以及"是连词，前面增加断句，可以把"湖滨"和"小树林"区分开来，同时压住整个句子的平衡。

例句3：这眼中闪射的爱情，燃起一团小小的、顽强的火苗，风/也吹不熄它，雨/

也打不灭它。(老舍《她那么看过我》)

解析：句子里的"风"和"雨"处分别添加断句，目的有两个，一是主语单列，凸显出句子结构；二是强化对仗关系，形成韵律之美。

例句4：住在城里的人，对于节气的层层递进，感觉/是比较麻木的。(钱红丽《四月挂在墙上》)

解析："层层递进"之后，逗号只是声音停顿，直到读完"感觉"，才做气息补充。用标点前的气息覆盖标点后的内容，在不产生歧义的前提下，达到"气尽其用"，这样的设计叫"气息并入"。

一篇朗诵作品，包含着各式各样的句子，句子里的每一次呼吸都是经过反复揣摩的，这与平时漫不经心，甚至是随心所欲的自然呼吸有着本质区别。

三、呼吸不对称

气息，一旦进入朗诵模式，形态上就会发生根本变化。日常呼吸，一呼一吸时间相等，循环往复；朗诵呼吸，快吸慢呼，每次呼吸深浅不一。

例句5：箫/对于我，是一种忧郁中的忧郁。(楚楚《箫》)

解析："箫/对于我"，中间稍作停顿，随后深吸一口气，缓缓读出"是一种忧郁中的忧郁"。两次呼吸，前浅后深。

例句6：青枝交错，碧叶婆娑，这才是梅/最年轻/最富有的时光。(晨义《叶子时期的梅》)

解析："青枝交错，碧叶婆娑"，前句描摹为重，气息拉长，语速放缓；"这才是……"，后句说明为主，气息收紧，语速加快。后面两处断句只做声音停顿，整句气息前深后浅。

例句7：鸟，一拨一拨儿地飞来，又一拨一拨儿地飞走。(钱红丽《四月挂在墙上》)

解析："鸟"，一个字，浅浅的一口气；后面"一波""又一波"，形成递进，连续补气。整句呈升势，气息由浅变深，声音由弱变强。

例句8：我生在那里、站在那里、枯死在那里。(陈丹燕《来世，我愿意做托斯卡纳的一棵树》)

解析：句子之前，深吸一口气；句子里面，只做声音停顿；三个"那里"，连接紧密，整个句子，一鼓作气。

"快吸""慢呼"，是朗诵气息的基本形态。每次呼吸，无论深浅，都被视为一次"气息动程"，句子就是由这些气息动程串联起来的。

气息动程是朗诵气息的另一个重要概念，在后面的章节我们会做专门讲解。

四、气流不均匀

气流，从肺部呼出，担负着推动声音的重任。不同于日常呼吸，朗诵中的气流，或轻或重、时急时缓，很少是一成不变的。

例句 9：雪，让每个人的心，都充满了<u>孩子</u>般的欢乐。（刘湛秋《雪》）

解析：重音，往往需要重读，重读就要消耗更多的气流。在这句话里面，"孩子"是强调部分，气流上不去，重音就出不来。

例句 10：只因为这世上有河，因此/就一定会有两岸，就一定会有两岸的杨柳堤。（张晓风《两岸》）

解析：因果关系的句子通常是"因轻果重"。从"只因为"到"就一定"，再到"就一定"，随着情绪层层递进，声音渐渐提高，气息不断加大，气流越来越强。

例句 11："落日？天天都是这样！"老尼双眉低垂，无动于衷。（张晓风《不知有花》）

解析：句子里的引用部分，尤其是人物对话，在气流的运行中与陈述部分一定要形成差异。通常，前者气流加强，后者气流减弱。

例句 12：最近，我常常问自己这样一个问题——我还能够寂静下来吗？（闻小语《寂静之声》）

解析：问句，多呈升调，需要更强的气流支撑。"我还能够寂静下来吗？"这来自心底的发问，如果还像"最近"那样心平气和，就会显得漫不经心，无动于衷。

在朗诵中，气流时刻都在发生着变化。那些一成不变、一通到底的气流，无异于和尚念经。句子不同，结构不同，气流正是依照这些结构，或舒缓、或湍急、或凝滞、或奔涌，推动着声音勾画出句子准确的轮廓。

第二节　气息支点

第五章第二节
例句朗诵音频

如前所述，与日常讲话不同，朗诵对气息质量有着更高的要求。气息不仅要求稳定有力，还要求灵活善变，这一切都是建立在气息支点的基础上。

一、气息支点的概念

气息支点，是发声时气息的支撑点和立足点。具体来讲，气息支点就是支撑气息运行的各部分肌肉组织，在意念中的力的凝聚点。在声乐创作中，它是胸腔点；在朗诵创作中，它是横膈膜。

对于气息支点的概念，朗诵者需要从两方面加深理解。一、气息支点是各种力的集合点。人体发声时，除了横膈膜以外，腰肌、腹肌等与呼吸相关的各部分肌肉组织都会调动起来，共同协作，形成合力。二、气息支点是意念中的点。我们需要借助想象，在心中建立一个目标点，这个点越具象、越精确，就越有利于体内各种力量的汇聚以及灵活地控制和运用。

二、气息支点的作用

对于朗诵者，气息支点通常是指横膈膜。横膈膜是胸腔和腹腔之间一层圆盘状的肌肉筋膜组织。平时，横膈膜随着呼吸上升或下降，很少引人注意，但在咳嗽时，绷紧的横膈膜会让你明确感受到它的存在。因此，通过咳嗽找到横膈膜，是最简单有效的方式。

在此基础上，下面我们通过"嘿""呵""哈"三个特定音节来具体感知一下横膈膜的作用。

（一）发出实声，即声带充分振动

"嘿"是"h"与"ei"的拼读。声母"h"的发音，嘴巴要预先打开，唇齿不能产生阻力；当气流达到一定强度，发韵母"ei"的音，此刻声带振动，并与口腔、鼻腔产生共鸣。

"呵"是"h"与"e"的拼读。同样要预先打开口腔，在发"h"音时，气流不断加大，并保持口型不变，直到声带发生振动，并与口腔、喉腔产生共鸣。

"哈"是"h"与"a"的拼读。先发"h"音，气流加大，同时迅速张大嘴巴，发"a"音，此刻呼吸道尽量扩张，并与口腔、胸腔产生共鸣。

"嘿""呵""哈"三个音节，都以声母"h"开头，但在发出实声时，对气流强度的要求越来越高。

（二）延长实声，即支点持续用力

"嘿"在发出实声的基础上，有意延长韵母"ei"的发音，控制气流均匀稳定地输出，同时保持口型不变。

"呵"在声带振动的同时，拉长韵母"e"的发声，声音要求不能抖动，不能断续。在整个拼读过程中，口型都要保持一致。

"哈"音发出时，嘴巴张开，在韵母"a"上保持住气息强度；声音放开，做到饱满有力，并尽量延长。

上述三个特定音节，在各自发出实声的基础上，对气流的持续性和稳定性都提出了更高要求。

（三）变化音高，即支点上下移动

在实际发声中，我们注意到，"嘿""呵""哈"三个音节的主要共鸣腔，从"鼻腔""口腔"再到"喉腔""胸腔"，呈一路走低的趋势，与此同时，气息支点也呈降势，由高转低。

为了加深认识，我们对"嘿""呵""哈"分别用低、中、高三个音调，发出三组具体的实声。低调，是声音降到无法再低的位置；中调，是自我感觉最适当的声音位置；高调，是声音提到无法再高的位置。

通过实践，我们体会到，气息支点虽然只是意念中的那个"点"，却在控制气息运行、提高气息质量方面发挥着实实在在的作用。

三、气息支点的训练

气息，是声音背后的推手；气息支点是控制气息的关键。根据声音的三个变量——音强、音长、音高，我们对气息支点进行针对性的、系统性的训练。

（一）气息支点的强度训练（音强）

1. 词组训练

举例：恭恭敬敬，高高低低，迫不得已，继往开来，无奇不有。

解析：以上词组，"敬"的韵母"ing"，"已""继""奇"的韵母"i"，都属于汉语四呼中的齐齿呼，即发音时，上下齿对齐，气流从齿缝穿过，并与口腔、鼻腔产生共鸣。相比其他类型的音节，齐齿呼的发音需要更强的气流，才能推动共鸣腔，发出响亮、有力的声音。因此，齐齿呼的发音对气息支点的强度提出了更高的要求。

2. 句子训练

例句1：停下手中的活计，听一听这<u>秋</u>吧。这是一个声音的仓库，更是一个<u>生命</u>的仓库。（乔洪涛《听秋》）

解析："秋"，对应文章主题"听秋"，"生命"则是对主题"秋"的升华，因此在这一句中，"秋"和"生命"是需要加强气息强度的位置。在整句话的朗诵中，气息支点要一直处于紧张状态，而"秋""生命"需要气息支点更加紧张、更加用力地顶起来，以增强气息强度。

例句2：布达拉宫，它的建筑呈<u>台式</u>一层层往上<u>升</u>，它的光也是一层层上升，要把垂直压下来的黑暗/顶住，<u>顶住</u>。（李汉荣《夜幕里的布达拉宫》）

解析：这句话中需要对"台式""升"和第二个"顶住"进行强调。"台式""升"是通过声音对建筑特色的形状描摹；第二个"顶住"是对布达拉宫内蕴藏的精神特质的书写与强调，气息支点更要撑住，以加强对于更大气息量的控制。

例句3：在一个异常真实的梦境里，我发现自己/已经到了四十岁。"<u>四十岁</u>？"我在梦里急得喊了起来，"<u>怎么可能一下子变得那么老</u>？"（周涛《岁月的墙》）

解析："四十岁""怎么可能一下子/变得那么老"，引号中的部分是作者在实际的"三十岁"与梦境的"四十岁"的对比中，表达了对于时间流逝与生命衰老的强烈畏惧。朗诵时，需用气息支点顶上去，通过气息的强化给出足够强的语气。

例句4：他们的神情沉稳而安静。紧贴在他们身体一侧的腰鼓，呆呆的，似乎/从来不曾响过。但是：<u>看</u>！——一捶起来就<u>发狠了</u>，<u>忘情了</u>，<u>没命了</u>！（刘成章《安塞腰鼓》）

解析：通过突然的爆发力——"看"，会在瞬间抓住听众，在静与动的转换中产生极强画面感；"发狠"—"忘情"—"没命"，击鼓的气势不断增强，朗诵时需用气息支点顶住与位移，层层叠加气息的强度。

（二）气息支点的稳定训练（音长）

1. 词组训练

举例：平平安安，花花世界，依依不舍，风度翩翩，慌慌张张。

解析：以上词组均出现"一声"音节的重叠现象，"安安""花花""依依""翩翩""慌慌""张张"，在这种情况下，既要保证音节的动程完整，又要保证音节的调值不变，稳住气息支点至关重要。

2. 句子训练

例句 5：璀璨的星群中，蜿蜒的车流是五彩的云带，铺过来，漫过去，缓缓地，热烈而执着。（韦娅《人随月色静》）

解析：前半句的陈述部分相对紧凑；后面"铺过来，漫过去，缓缓地"语速放慢，呈现出车流的动态，气息缓缓释放，稳住支点，句子拉长，语流延伸。

例句 6：徐有贞仰头看着那松，慢吞吞说道："木在门内，是个闲字，你们不喜欢吗？"（箫春雷《松间》）

解析：这句话以"闲"为意，着意强调徐有贞对松树的禅意解读。在朗诵时，要将引号内徐有贞所说内容悠起来，气息稳住，并保持声音平直稳定、语气舒缓悠然。

例句 7：只要影子稍稍一动，脚下便踩出一鞋底儿的鹅黄嫩绿、桃红李白。（蒋建伟《一朵一朵白云的河》）

解析："鹅黄嫩绿，桃红李白"，这是春季里土地美好的生命色彩。在朗诵时，需用气息支点稳稳托住每一个音节，并通过舒缓的语气保持每个字都拉开距离，以呈现出更为清晰的画面。

例句 8：我/为曾在那里念过书的/凤凰县文昌阁小学/写过一首歌词，用外国古老的名歌曲子配在一起，于是/孩子们就唱起来了。（黄永玉《乡梦不曾休》）

解析：这是一个承接复句。"我写过歌词，并配上曲子"是前句的主干，里面的补充内容要避免表现；连接词"于是"前虽有标点，但仅为停顿，运用气息并入保持句子结构的紧凑。整句话绵延悠长，需要气息支点稳稳撑住。

（三）气息支点的升降训练（音高）

1. 词组训练

举例：华盛顿，怎么样，不在乎，北京大学，义不容辞。

解析：词组内部音节的轻重变化构成了普通话的轻重格式。例如，"华盛顿"是"中中重"格式，"怎么样"是"中轻重"格式，"不在乎"是"中重轻"格式，"北京大学"

是"中轻中重"格式,"义不容辞"是"重中中重"格式。这些音节的轻重变化,包括声调的起落,通过气息支点的升降都可以在声音上反映出来。

2. 句子训练

例句 9:一千三百年的风霜雪雨,最终把它变成了根,变成了树,变成了精。(王剑冰《藤》)

解析:根—树—精,音高持续攀升,气息支点同步抬高;同时,气流强度也不断加大,在撑住音节、稳住音节的前提下,层层递进,最终冲顶。

例句 10:真正中国式的爱情,或许就是这样:日常、坚守、不打破。不要打破,不许打破,不能打破。(王春鸣《未破当年一块泥》)

解析:"不要""不许""不能",随着气息支点不断提升,三次告诫的声音一次比一次高,语气一次比一次重。

例句 11:我对着满山遍野的菊花喊:"菊儿—菊儿—菊儿—"空空的山野,到处都在回响着/外婆的名字。(李汉荣《菊儿》)

解析:三声"菊儿"蕴含着作者对外婆的深深思念。在稳住气息的前提下,声音由低向高,呼唤由近向远,不断推进,拉开;与此同时,注意音高变化呈递进方式,而不是跨越,更不是跳跃,要避免声音出现突兀感,导致情感渲染的失真。

例句 12:看吧,由澄清的河水慢慢往上看吧,空中,半空中,天上,自上而下全是那么清亮,那么蓝汪汪的,整个的是块空灵的蓝水晶。(老舍《济南的冬天》)

解析:"河水""空中""半空中""天上""自上而下",通过音高的变化再现文字中的方位移动,牵着听众的视线从地上到天上,再从天上到地上,声音升降的同时,景色也随之展开。

以上我们通过"咳嗽"和"嘿""呵""哈"三个音节,了解了横膈膜在声音支撑和声音控制上的作用,又从音强、音长、音高三个方面进行了气息支点的专项训练。通过这些训练,我们深刻体会到,朗诵中只有牢牢把握住气息支点,才能更好地呈现出结实、稳定、通畅、灵活的声音面貌,继而展现出丰富的语言层次,以及细腻的语气色彩。

第三节　气息动程

第五章第三节
例句朗诵音频

一、气息动程的概念

气息动程,简言之就是朗诵中一呼一吸的动态过程。气息从吸入到呼出,包括中间的停顿,会被视为一次气息动程。气息动程关系到时间的长短和气息的深浅。

从书面上看,句子是由词和短语组成的;但在朗诵者眼中,句子是由气息动程构成的。一个句子,往往包括一个或多个气息动程,它们首尾相连,最终形成一个完整的气息循环。

气息动程是朗诵气息里的非常重要的概念，它让我们从气息的角度重新审视文字，并以此划分、解析、贯穿整个句子。如果说，句子是一篇文章的基本单元，那气息动程就是句子的基本单元。

按照气息动程的数量，我们将句子分为以下两种情况：

（一）一个句子一个气息动程

例句1：拜伦，只活了36岁。（张佳玮《唐璜》）

解析：这句话是一个结构较为简单的陈述句，朗诵时一个气息动程就足以完整清楚地表达句意。

例句2：我们总是聚少离多，如两岸。（张晓风《两岸》）

解析：这句话表达作者的遗憾和叹息，仿佛叹了一口气似的，中间无须再补充气息了，一个动程足够完成传情达意。

（二）一个句子多个气息动程

前面的例句虽然都有停顿出现，但它们的结构与内容相对简单，只需一个气息动程即可完成。而更多的情况是，句子需要多个气息动程接力完成。

1. 按照标点划分气息动程

有的句子虽然结构复杂，但书面标点完全符合气息运行的需要。这样的句子，气息动程只按标点划分即可。

例句3：（1）夏天的黄昏，（2）在古老的驿道上，（3）罗密欧骑着马匆匆走过。（陈丹燕《来世，我愿意做托斯卡纳的一棵树》）

解析：这句话根据句中两个"逗号"，划分为三个气息动程。前面两个气息动程是句子的状语成分，分别表示时间与地点，不用耗费太多气息；第三个动程是句子的主体部分，需要加强气息完成刻画。

例句4：（1）经兰州、嘉峪关、玉门关、星星峡，（2）过哈密、阜康、乌鲁木齐，（3）林则徐足足走了四个月才到伊犁。（杨晓雷《生命的瀑布》）

解析：这句话同样包括三个气息动程。前面是两个状语从句，无须费力，并保持句子的紧凑；第三个气息动程作为句子重点，需加大气息，着力表现林则徐的艰难旅程。

2. 打破标点划分气息动程

很多时候，书面标点无法准确、全面地反映气息运行的实际情况，需要我们结合句子的结构和内容，遵循气息规律，打破标点，灵活划分气息动程。

例句5：（1）大家洗菜的洗菜，洗衣的洗衣，生活，（2）就在这阳光挪动的脚步里，（3）周而复始地重复着。（王克楠《巷子里的阳光》）

解析："洗菜""洗衣"后面的逗号，都只是停顿，不做气息补充，因此，它们同属于一个气息动程；后面两个气息动程则与标点的划分完全一致。

例句 6：（1）亲爱的孩子，我小小的知音，你相信吗，（2）在这个喧闹的世界上，有许多事情（3）真的并不比看云更重要。（张丽钧《抬头看云》）

解析：为了加强句子的连接性，"孩子""知音"后面都不做气息补充，组成第一个气息动程；同样，"世界上"也只是停顿，直到在"真的"之前，完成第二个气息动程；随后，添加断句，补充气息，展开第三个气息动程。

二、气息动程的类型

气息动程是一个动态的过程。从动态的角度看，气息有深有浅；从过程的角度看，时间有长有短。

（一）按时间长短分类

气息的过程，是指一呼一吸所用的时间。因为朗诵"快吸慢呼"的特点，这个过程也可以理解为气息持续呼出的时间。

例句 7：（1）在这里，（2）我曾被雪崩掩埋，（3）曾是被冻僵的牛羊，（4）曾是一粒草的种子被风卷走，不知去向。（李钢《高海拔地带》）

解析：这个句子里包含四个气息动程。动程里面的字数越来越多，气息延续的时间就越来越长。

例句 8：（1）懵懵懂懂撞进一户农家敞开的院坝，（2）坐在半扇磨盘上，（3）我向主人随口打听屋后的山名。（冯文柯《云端之上》）

解析：这个句子按照标点划分，一共有三个气息动程。前后两个动程相对较"长"，中间的动程相对较"短"。

（二）按气息深浅分类

气息的动态可以理解为气息运行的幅度，或气息吞吐量的大小，形成的"深"或"浅"。

例句 9：（1）很久没有回家了！——（2）那个炊烟袅袅的小村子。（刘贤冰《城市是乡村的纪念碑》）

解析：句子包含两个气息动程。第一个动程是感叹句，情感饱满，气息量较大，动程深厚；第二个动程是简单陈述，语气相对平淡，气息使用较少，动程轻浅。

例句 10：（1）生活中充满了失望和希望，（2）失望在先，希望在后，（3）有希望就不是（4）悲。（毕飞宇《青衣》）

解析：这句话是文章的收篇，一共包含四个气息动程。随着情感越来越重，气息也越来越深，特别是最后的动程，一口气只为一个字，气息深厚，力压全篇。

（三）综合分类

气息动程的"长短"或"深浅"，只是相对的、简单的分类。在朗诵中，我们需要综合运用，灵活掌握。

（1）浅短：气息轻浅，时间较短。
（2）浅长：气息轻浅，时间较长。
（3）深短：气息深厚，时间较短。
（4）深长：气息深厚，时间较长。

例句 11：（1）"回家多好啊！"（2）这是美国哲学家威廉·詹姆斯临终时所说的（3）最后一句话。（谭延桐《家，就是人间的天堂》）

解析：这句话包含三个气息动程。第一个气息动程是感叹句，情感厚重，字数较少，为"深短"；第二个气息动程是陈述语气，情感平淡，字数较多，为"浅长"；第三个气息动程依然是陈述，不需要刻意强调，且字数较少，为"浅短"。

例句 12：（1）其实，（2）禅一直都在山下，（3）只有禅师远在云端之上，（4）以冬为夏，（5）以夏为冬。（冯文柯《云端之上》）

解析：这是文章的最后一句话，充满了禅意。句子包含五个气息动程，而最能突出"禅意"的，是后面两个动程，一个"深短"，一个"深长"。

三、句子的初始动程

句子开头的第一个气息动程，称为初始动程，气息由此开始运行。初始动程的划分和设定是气息设计的关键环节。

（一）浅短的初始动程

例句 13：（1）我相信，（2）火车以别离的方式来到我的梦中（3）不是偶然的。（李紫枝《奔跑的火车》）

解析：句子的第一个气息动程只是引子，后面才是作者要陈述的重要语义，因此气息一带而过，不可重读。

例句 14：（1）住在城里的人，（2）对于节气的层层递进，感觉（3）是比较麻木的。（钱红丽《四月挂在墙上》）

解析：句子开头的主语部分，字数较少，也无须强调，所以采用浅短动程，不必用力。

（二）浅长的初始动程

例句 15：（1）在他的 D 大调小提琴协奏曲中，（2）既有同样的美丽和隐忍，（3）又有一种才华的光芒在闪耀。（王蒙《如歌的行板》）

解析：句子开头是一个典型的状语从句。从句虽长，毕竟只是铺垫和修饰部分，在力度上不能压过主句，因此，设定为浅长的气息动程。

例句16：（1）粉墙乌瓦和小桥流水构成的周庄，（2）船的梭织成的周庄，（3）是一种禅境，是物化了的精神田园。（韩静霆《周庄烟雨中》）

解析：前两个动程都是对"周庄"的定语修饰，呈并列结构，属于陈述语气，初始动程设为浅长。

（三）深短的初始动程

例句17：（1）我累了，躺在雪坡上，（2）如同躺在悠远的记忆里，（3）如同死而复生。（李钢《高海拔地》）

解析：开头就是一声感叹，气息用量较大；"我累了"只有三个字，持续的时间不长，"躺在雪坡上"顺势带出，无须用力。采用深短的气息设定，既满足了情感表达的需求，又做到了"气尽其用"。

例句18：（1）看！——（2）一锤起来，就发狠了，（3）忘情了，（4）没命了！（刘成章《安塞腰鼓》）

解析：初始动程只有一个字，但是情感饱满，语气强烈。为了表现场面的震撼，也为了激发听众的注意，一口气倾注于一个字，气息深短，极具冲击力。

（四）深长的初始动程

例句19：（1）"长安一片月，万户捣衣声"，（2）翻身再上前楼，看到的（3）/却是另一番景象。（陆文夫《梦中的天地》）

解析：句子的初始动程是两句古诗，美轮美奂，充满意蕴，与之相应的气息也要求深远悠长，绵延舒展。

例句20：（1）这该是多少根藤的纠缠啊！（2）主人说，这只是一棵藤。（王剑冰《藤》）

解析：初始动程如果是感叹语气，轻浅的气息是无力支撑的，再加上较多的字数，气息设定必须是"既深且长"。

在朗诵中，每个句子都是由气息动程衔接而成的。在朗诵者眼中，气息动程不外乎深长、深短、浅长、浅短这四种类型。如何划分、如何设定、如何严格地执行气息动程，是提高我们朗诵水平的关键。

第六章　气息运用

有别于日常讲话，在朗诵中，我们的气息不再是无意识的生理活动，而是一种具有目的性的，经过预先规划和设计，并且整个过程都受到严格控制的创作活动。

基于上一章"气息动程"这个重要概念，我们将句子的气息运行过程划分为气息补充、气息分配、气息循环三个部分。其中，气息的补充与分配也就是吸气和呼气，包括停顿，共同构成了一个完整的气息动程；多个气息动程相互衔接、不断推进，最终形成了一个句子完整的气息循环。

第一节　气息补充

气息动程介于一吸一呼之间，本着"量出为入、气尽其用"的原则，每次吸气，我们都要根据不同的气息动程进行规划。气息补充具体分为换、偷、抢、顿这四种类型。

第六章第一节
例句朗诵音频

一、换气

换气，是最接近自然呼吸的气息补充，动程深缓，时值较长。

面对一些较长的动程，或句子结构中主要的衔接点，朗诵者可以通过自然、从容、舒缓地换气，充分补充气量。换气时，不用顾忌气息吸入的声音。（换气用"//"表示）

（一）在句子结构的主要衔接点换气

1. 在突出语意、表达重点时

例句1：当年，那些经过家乡的骆驼，//已经深深地影响了/我的一生。（司马中原

《心中的绿洲》）

解析：通过对骆驼认知的不断深化，作者书写出一种坚韧的民族精神。句中语意重点在于突出"已经深深地影响"，且第二个"逗号"恰好是主语与谓语的衔接点，因此这里采用换气方式，以充沛的气息突出语意，表达重点。

2. 在句子主干前

例句2：捧起一块石头，轻轻敲击，//我仿佛听见远古火山的声音，时间/隆隆的回响。（李汉荣《山中访友》）

解析：文中第二个"逗号"，前为时间状语从句，后为句子主干，是句子结构的主要衔接点，可在此处换气。

3. 在"分号"连接处

例句3：城市的街灯，拉长了他们的身影；//头上的草帽，遮住了/他们的表情。（黎晗《夜里戴草帽的人们》）

解析：结构上，"分号"是两个并列分句的衔接点，朗诵者可以将"分号"前后的内容适当拉开一点空间，并在这个空间里从从容容、有条不紊地换气。

（二）在较长的气息动程前换气

例句4：在这里，我曾被雪崩掩埋，曾是被冻僵的牛羊，//曾是一粒草的种子被风卷走，不知去向。（李钢《高海拔地带》）

解析：句中的"曾被—曾是—曾是"层层递进；最后一个"曾是"气息动程最长，字节最多，同时情感也达到了整句的最高点，因此，朗诵者在这里要采用换气，加大储备。

综上，气息补充，需要结合句子结构、句意表达等多方面因素综合考量。其中，换气是较为松弛、从容的方式，气息的补充量也是最充沛的。

二、偷气

偷气，过程轻浅，不露痕迹，多用于短浅动程或句子紧密衔接处。在朗诵中，偷气的使用频率非常高，特别是在强调贯穿的句子里，快速、少量、无声的气息补充，可有效降低断句对语流的破坏，提高句子的连贯性和完整度。（偷气用"/""表示）

例句5：很久没有回家了——/"那个炊烟袅袅的小村子。（刘贤冰《城市是乡村的纪念碑》）

解析："很久没有回家了"是这句话的重点，"破折号"后面的内容只是对前面"家"的补充性陈述，仅用"偷气"一蹴而就。如用换气，就会显得多而不当，破坏了整句的平衡，无法有效突出句子的重点内容。

例句6：我一边走，/"一边想着与这日子的缘分。（李钢《高海拔地带》）

解析："一边走，一边想"，生理活动和心理活动同步进行，此处运用偷气，既为后面的句子补充了气息,又保持了它们之间的密切联系;"一边……一边"的句型特点,也决定了其紧凑的结构和后面紧跟的气息。

例句 7:每一次,/"我看到梵高在疯人院里的自画像,//就想起这件事。(白连步《想念梵高》)

解析:作为状语从句,"每一次,我看到梵高在疯人院里的自画像"要读得紧凑,否则就会影响句子的主次关系以及语义的准确传递。因此,在"每一次"后面采用偷气,既补充了气息,又保证了从句的完整性。

例句 8:当年,/"在"五四"新文化运动的影响下,//萧红冲破了封建枷锁,离家出走,//成为中国北方/一位勇敢的娜拉。(王充闾《青天一缕霞》)

解析:同样作为状语从句,"当年,在'五四'新文化运动的影响下",也需要读得连贯、紧凑;"当年"后面采用偷气,一带而过,从而把更多的空间和比重留给后面的"离家出走、成为娜拉"等主要句子内容。

三、抢气

抢气,过程急促,气息深入,并随之发出吸气声,形成一些深短或深长的气息动程。抢气,往往用来表现强烈的语气,常见于情状句中。

抢气虽然有很强的感染力,但要慎用,否则容易渲染过度,影响了朗诵自然的表达。(抢气用"/>"表示)

(一)强烈的转折关系

在文字带有强烈的转折关系时,常常可以通过抢气来刻画情节的冲突或前后的对比,进而表达出作者的情绪。

例句 9:泥土啊,你什么都知道,/> 可你什么也不告诉我。(晨义《叶子时期的梅》)

解析:这句话包含着强烈的转折关系。"泥土什么都知道,但就是不告诉我",作者那种近在眼前,却遍寻不着的急切心情,唯有抢气才能表现出来。

(二)强烈的情绪表达

遇到情感强烈的句子,特别是情状句时,朗诵者可以通过抢气赋予声音以色彩和温度。有些句子虽然表面看似平淡,但里面蕴含的深意却需要朗诵者有所察觉并加以挖掘。在特定的位置,比如语气副词之前,运用抢气,可为文字增色添彩。

例句 10:在一个异常真实的梦境里,我发现自己/> 已经到了四十岁。(周涛《岁月的墙》)

解析:"发现自己"后虽然没有标点,但为了表现出"一瞬间衰老的噩梦"所带来的惊恐与难以置信的情绪,可以通过增加断句,运用抢气,加大情感的表现力。

例句 11:忽然间,船打了一个横,/> 竟然进了人家的院子,人家的厅堂。(韩静霆

《周庄烟雨中》）

解析："竟然"作为语气副词，反映出作者的惊讶和出乎意料，带着浓烈的情绪色彩，因此这里运用抢气加以体现。相比之下，句首的"忽然"虽然也是语气副词，但在程度上不及"竟然"来得强烈，因此要相对弱化，避免整个句子渲染过度。

例句12：只因为这世上有河，因此就一定会有两岸，/>就一定会有两岸的杨柳堤。（张晓风《两岸》）

解析："就一定会有……就一定会有"，这不是简单的重复，而是情感从铺垫到喷薄而出，不断递进，随着气息动程逐步加深、加强，这里的抢气运用可谓恰如其分。

四、顿气

顿气，是气息运行中出现的停顿。在停顿时，气息不做任何补充，是一个静止片段。顿气包含在气息动程中，或许是一处标点，或许是一个断句。（顿气用"/-"表示）

例句13：不仅是风，就连落下来的雨/-也仿佛有了变化。（廖华歌《倾听生命的脚步》）

解析："雨"后添加断句，会使句意更加清晰。因为前面已经做了换气，所以这里只是顿气，既不会产生较大间隔、破坏语流，也让句子的整体结构更加紧凑、完整。

例句14：小睡因为轻浅，也容易生出一些/-奇异的梦。（不卑《小睡》）

解析：在"奇异的梦"之前顿气，既可以增强句子的平衡感与结束感，同时也提高了情感的表现力。顿气用得好，不但语意表达更加鲜明，还能突出声音的节奏感，使句子听起来错落有致。

例句15：住在城里的人，对于节气的层层递进，感觉/-是比较麻木的。（钱红丽《四月挂在墙上》）

解析：顿气与句子的节奏息息相关。除了突出重要语义，形成声音的韵律感，还能压住句子平衡，产生明显的结束感。

五、综合运用

例句16：1140年前，//师虔轻快的脚步，或许/"就在这里/停了下来。（冯文柯《云端之上》）

解析：在"1140年"后换气，为主语"师虔轻快的脚步"准备好足够的气息；"或许"并入到上一个气息动程，然后轻偷一口气，撑到句子结束；"这里"后面增设断句，运用顿气，强调方位感和增强句子平衡，并最终形成结束感。

例句17：有时候我会想，/"男子、女子、/"一朵云、一座城，/"世间的一切，/>倘若都是如此的"溜溜"，/"该有多好！（闻小语《康定情歌》）

解析：从气息动程的角度分析，"男子、女子""一朵云、一座城"分别并成一个气息动程；"倘若"为语气重音，使用抢气突出其情感力度。（"世间的一切"前，可以顿气，也可以偷气，可以根据朗诵者气息量的大小决定使用何种补充方式）

例句 18：其实,/-在很久以前,/″我并不喜欢牡丹,/＞总觉她象征着富贵,/″脱不了世俗之气。（张抗抗《牡丹的拒绝》）

解析：句首的时间状语从句力求紧凑，"其实"后面用顿气即可；"我并不喜欢牡丹"不是句子的重点，用偷气带过；"总觉得"前抢气，用以加强语气；最后再次偷气，把后续内容顺延下来。

例句 19：这该是多少根藤的纠缠啊！/-主人说//这只是一棵藤。/＞"一棵藤,/″怎么可能？"（王剑冰《藤》）

解析：通过顿气，将句子主语"主人"和句子开头的疑问"这该是多少根藤的纠缠啊"并入同一个气息动程，这样做不仅语气通畅，结构也更为紧凑；当再次追问"一棵藤"时，使用抢气可以更好地反映出作者强烈的、无法置信的情绪色彩。

综上所述，"换""偷""抢""顿"是气息补充的四种方式，这对于朗诵初学者来说，或许是一种约束，但经过潜心学习、反复实践，会逐渐对气息补充得心应手，达到"从心所欲不逾矩"的自然状态。

第二节　气息分配

第六章第二节
例句朗诵音频

朗诵中，气息遵循"快吸慢呼"的基本原则。气息补充要快速高效，气息分配要精打细算。根据气息支点的高低变化，以及气息动程的深浅长短，我们把气息分配分为"顺""推""顶""叹"四种类型。

一、气息顺带

在朗诵过程中，"气息顺带"属于比较轻松、省力的气息分配方式。声音被气流自然带出，气量消耗较小，气息支点由高转低，从紧到松。

通常句子的次要内容，包括补充部分、插入部分以及常用的连接词，都可以借助气息顺带读出。例如"虽然、但是、最近、可是、然而、也许、同时、小时候、我相信"等，这类字词或短语一般不会担负句子的主要任务，所以也就无须占用过多的气息资源。（气息顺带用"↘"表示）

（一）句首的初始动程

每个句子的初始动程，特别是浅短的初始动程，往往采用气息顺带的方式。朗诵时，借助体内存气，声音弱起，语流顺势而出。气息顺带可以有效缓解紧张情绪，这也是句子最常见的打开方式，即"低起首、软开头"。

例句 1：↘最近，我常常问自己这样一个问题——我还能够寂静下来吗？（闻小语《寂静之声》）

解析："最近"是初始动程，语气平淡，用松弛状态下的气息自然带出，切忌用力。

（二）句中的气息并入

除了句首，句中的过渡或插入性成分也可以利用气息顺带并入到前面的气息动程中。

例句 2：没有丈夫的日子，吴藻还像以前一样生活，↘可渐渐地，她感到了孤单和无助。（车水《芳心比天高》）

解析："可渐渐地"是过渡，是吴藻生活状态从"像以前一样"到"孤单和无助"的过渡性陈述，无须用力表现，借助上一动程的余气自然带出即可。

例句 3：当我们穿起厚厚的棉衣，树木落光了叶子！↘你看吧，这就是冬天了！（吴忌《鸟是树的花朵》）

解析："你看吧"是插入语，自然口语化地表达，不用刻意表现，气息支点从高到低滑落，气息顺势而出。

（三）句子的综合运用

例句 4：↘小时候，我住在山东烟台一栋靠海的房子里，↘每天/过着自由自在、无忧无虑的生活。（冰心《童年》）

解析："小时候"与"每天"都是关于时间的陈述内容，无须发力。"小时候"是浅短的初始动程，"每天"可以并入到前面的气息动程，这两处气息顺带让整个句子松弛流畅，听起来亲切、自然。

气息顺带是气息分配的常用类型，气息顺带运用得当，不仅可以充分利用宝贵的气息资源，同时也能有效避免语流的僵硬和笨重，并在朗诵创作的紧张状态下争取到难得的缓冲地带。

二、气息平推

气息平推，要求气息支点稳住，不升不降；气息动程拉长，不急不慢。不同于气息顺带的松弛感，气息平推需有一种保持感，在相对平稳的状态下，持续推动语流的运行。

气息平推多用于传达信息的陈述句，或字节较多的从句。气息运行时，一要避免后继无力，语势下滑；二要避免用力过猛，表现刻意。（气息平推用"→"表示）

例句 5：故乡，→是祖国在观念和情感上最具体的表现。（黄永玉《乡梦不曾休》）

解析：对于故乡，后面句子的说明采用了一个深长的动程，以提高句子的整体性、贯穿感，这需要我们用充沛饱满的气息，稳定有力地向前推进，其间不能松懈，更不能停顿。

例句 6：→从地球的最北端出发，→借助一阵吹向南方的风，→这些成群结队的旅行者，→飞过冰川、山林、堤坝、运河。（赵涵漠《鸟儿消失了，去哪里寻找春天》）

解析：这是典型的陈述句，连着四个平推，以位置的推移勾勒出鸟儿完整的飞行路程。朗诵时，分句间一定要捏紧，一鼓作气完成，同时绷紧支点、气息平稳地执行到句尾，以保持整个句意的贯穿。

例句 7：不知过了多久，→母亲撮起嘴，吹散蒸汽，揭起了锅盖儿。（查一路《冬夜里歌唱的鱼》）

解析：对母亲一连串动作的描述，需要气息稳定的支撑和推进，才能按照时序，有条不紊地、不间断地呈现出来；"撮起嘴"和"吹散蒸汽"后面的逗号，只做声音停顿，气息可偷可顿。

例句 8：波德莱尔说，→他生下来，他画画，他死了。（白连步《想念梵高》）

解析：句子于冷静陈述中蕴藏悲伤之情，朗诵时需把握好分寸，不要过度渲染。因此，以平推方式把梵高的一生罗列出来，看似平静，实则深情。

三、气息顶托

气息顶托，即气息支点顶住，慢慢抬高，语调随之攀升，语气逐渐加重。从顺带、平推再到顶托，气息支点的紧张度越来越高，气息在句子中的强调和表现作用也越来越大。

气息顶托，动程深长，一般用于句子主干，或句中需要重点突出的内容和情感。（气息顶托用"↗"表示）

例句 9：只有柴可夫斯基，他抒的/是我的情，↗他勾勒的/是我的梦。（王蒙《如歌的行板》）

解析：递进关系复句，气息支点前低后高、前轻后重，"我的梦"在语调和气息强度两个变量同时提升，更能表达出对于柴可夫斯基的音乐，作者强烈的感受。

例句 10：在高原的每一处，我睡我醒，↗犹如我死我生。（李钢《高海拔地带》）

解析：比起"我睡我醒"，无论是意义还是情绪，"我死我生"在情感上都需要更强有力的气息支撑；特别是"我生"二字，气息支点要不遗余力地顶上去，依托气息强度控制音高，以强化情感的表现力。

例句 11：↘或许与常人不同，→他们的灵魂单纯、细腻、干净，↗但又是那样敏感、脆弱、↗不堪一击。（汤竹青《致终将逝去的生命》）

解析：只要句子出现转折，气息支点必然发生变化，通过气息顶托，音高上了一个台阶；"敏感、脆弱、不堪一击"，更是要读得"一步比一步高，一声比一声重"，进一步刻画出作者对那些生命逝去的疼惜。

例句 12：你愿这样握着我的手，↗走向人生的长途吗？你敢这样握着我的手，↗穿过蔑视的人群吗？（曾卓《有赠》）

解析：这句话表达的是对爱情的考验，也是对命运的抗争。作者通过连续的追问，情感步步提升，语势层层递进。朗诵时，我们要充分运用气息顶托，增强气息强度，表达出句子的情感高潮。

四、气息叹出

叹出，顾名思义，仿佛叹出一口气。叹出和顺带，虽然气息支点都是由高向低，自然下滑，但叹出的气息动程更深，气息消耗量更大。朗诵中，叹出很有实用性，它不仅让语气显得真实生动，富于表现力，还能缓解平推和顶托的紧张状态。（气息叹出用"↓"表示）

例句 13：↓泥土啊，你什么都知道，可你什么也不告诉我。（晨义《叶子时期的梅》）

解析：句子第一个气息动程"泥土啊，你什么都知道"是一个深长的初始动程，带着强烈的语气，朗诵时气流加大，一叹到底。

例句 14：↓"箫"，我轻轻读它的时候，倒像叹了一口气。（楚楚《箫》）

解析："箫"，一个深短的初始动程，是作者情感的寄托，就像句中写道"叹了一口气"，我们在朗诵时，也要实实在在地把"箫"这个字轻轻叹出来，而不是读出来，叹的同时还要注意将气息放尽，不存不留。

例句 15：↓哦，秋天来了。我直起腰，把耳朵转向四野。（乔洪涛《听秋》）

解析：作者在文中发出感叹："哦！秋天来了"，同样，我们也要运用气息叹出与作者同呼吸、共此情。

例句 16：回去，↓好一片白茫茫的辽阔山河啊！（许冬林《寻你，然后不见》）

解析：这句话字数较多，情感饱满，是一个深长的气息动程。朗诵时，运用气息叹出的方式，气息支点从高向低，带动气流一冲到底，抒发出尽兴而归的洒脱与豁达。

五、综合运用

顺、推、顶、叹是气息分配的四种类型，在具体实践中，朗诵者要根据文章的结构和情绪，有机组合，灵活运用。

例句 17：↘回国之后，→雷蒙达讲述了许多旅途中的见闻，↗并特别提到了/这件事。（佚名《一生一次的绽放》）

解析：句子开头是时间状语，一个浅短的初始动程，气息顺带而过；之后转为平推，在叙述过程中以平稳的气息持续推进；最后"特别提到"是语义的强调，用气息顶推，撑起气息支点，强化叙事语气。

例句 18：↘你会说，→那时的痛、缺憾、↗甚至背弃，↓都多么的好。（郁葱《那时，你老了》）

解析："你会说"是浅短的初始动程，气息顺带即可；之后以气息平推，陈述作者的经历，并以气息顶推强化"甚至背弃"的伤痛；最后以气息叹出的方式，把"都多么的好"那种释怀、那种领悟，彻彻底底表达出来。

例句 19：→说她灿烂？↗说她明媚？↓不，↘都不够，→这些词汇都不足以形容西

藏的阳光。(汪建中《西藏的阳光》)

解析：以气息平推，推出第一个反问；以气息顶托，强化第二个反问；之后的"不"字一口气，以气息叹出的方式表达更为强烈的"否定"语气；然后以气息顺带，带出"不"的补充语义——都不够；最后以气息平推，持续发力，赞美西藏的阳光。

例句20：→榜纸那么大，那么长，↘然而↗就是没有他的名字，↓唉！→竟单单容不下↗他那只有两个字的名字，↗"张继"。(张晓风《不朽的失眠》)

解析："榜纸那么大，那么长"，用气息平推，对一千二百年前的那张"榜纸"，加以描述；之后过渡性的连接词"然而"，气息一带而过；"就是没有他的名字"，以气息顶托，反映出名落孙山的憾然；"唉"，气息叹出，强化前一动程的语气表达；最后"他那只有两个字的名字，'张继'"，运用顶托进一步渲染语气，强化表现力度。

综上可知，句子里的每一个气息动程，都是气息补充与气息分配的有机结合。通过灵活运用顺、推、顶、叹，我们在朗诵中对气息的把握和利用将提升到一个全新的高度。

第三节　气息循环

第六章第三节
例句朗诵音频

在朗诵者的眼中，句子是构成一篇文章的基本单元，而气息动程又是构成一个句子的基本单元。句子，通常由多个气息动程连接而成，这个连接的过程就是气息循环。

例句1：那时候，是五月。(张晓风《不知有花》)

解析：对于字数不多、结构简单且无须渲染的句子，可以一口气读完。在这种情况下，一个气息动程就是一次气息循环。

例句2：(1)拾阶而上，(2)看到斑驳的旧墙，湿绿的青苔，不禁感叹(3)京剧也老了。(雪小禅《窗外的京剧》)

解析：句子里包含三个气息动程。第一个是浅短动程，气息顺带；第二个是深长动程，气息平推；第三个是深短动程，气息叹出。三个动程串联起来，形成一个完整的气息循环。

例句3：(1)每年秋天，(2)百分之九十八的白鹤，(3)都选择从西伯利亚飞到中国的东北部，(4)历经九个国家，(5)共计五千公里，最终(6)抵达鄱阳湖过冬。(赵涵漠《鸟儿消失了，去哪里寻找春天》)

解析：句子里包含多个气息动程，除了第一个浅短动程采用气息顺带外，其余的都是浅长动程，均用气息平推。其中，"最终"并入到上一个气息动程，增强句子的贯穿性；"过冬"，气息用尽，声音落地。

上面三个例句，或长或短，结构各异，但作为完整的句子，无论包含多少个气息动程，它们都只算是一次气息循环。

气息循环是整句意识在气息上的体现。句子的完整性、独立性，都与气息循环密切相关。下面我们从动程衔接、气息并入、口鼻吸气、气息落地等四个方面，对气息循环进行系统性的分析。

一、动程衔接

气息循环由各个气息动程组成，因此，动程的衔接对整个气息循环的完成质量至关重要。

（一）动程的紧跟

例句 4：（1）我来到文昌阁小学，（2）走进二年级的课堂，（3）坐在自己的座位上。（黄永玉《乡梦不曾休》）

解析：三个动程，首尾相接，朗诵时以气息平推的方式连成一线；"小学""课堂"尾音略微挑起，以接续后句，直到最后一个动程，气息落地，形成整句的结束感。

（二）动程的延伸

例句 5：（1）有时候我会想，（2）男子、女子、（3）一朵云、一座城，（4）世间的一切，（5）倘若都是如此的"溜溜"，（6）该有多好！（闻小语《康定情歌》）

解析：这个句子虽然动程较多，但都是因"想"而起，尽量延伸这个"想"字，就像抓住了龙头，后面的动程紧随其后，连成一体。

（三）动程的递进

例句 6：（1）一张宣纸，（2）不只是出自工匠手中的"物"，（3）更是活鲜鲜的生命，（4）是树皮、秸秆经过层层磨炼，（5）转世的精魂。（汤世杰《纸寿千岁》）

解析："不只是""更是""是"，作者以层层递进的方式，阐述了对宣纸的深刻认知。朗诵中，气息动程随之步步高升，避免平铺直叙，更不能相互脱节。

（四）动程的错落

例句 7：（1）静静地，什么也不说，（2）那月似是有声，（3）海却是无语，（4）人竟痴痴地不肯前行了。（韦娅《人随月色净》）

解析："月""海""人"，三个描述对象，通过三个高低不同的气息动程，错落有致地呈现出来，共同完成了一幅静美的画面。

二、气息并入

气息并入，就是用前面气息动程的余气，合并后面气息动程的内容。气息并入，一方面提高了气息的利用率，一方面加强了句子的紧凑性。

气息并入往往打破标点的限制,是气息动程的灵活运用。它在气息补充上体现为顿气,在气息分配上体现为顺带。

例句 8:它一定知晓我的心事,一定用了它的语言向我提示,只是/″我没有通晓物语的聪明,否则,/″我就不必再费周折。(晨义《叶子时期的梅》)

解析:"只是""否则"作为句中的连接词,容易形成信息碎片,所以在不产生歧义的前提下,可并入前面的气息动程。

例句 9:孩子的母亲,一个穿着入时的女子,笑着跟在后头,目光/″追随着孩子的脚步。(马卡丹《古树下,一道苍老的背影》)

解析:除连接词外,句中一些短小分句的主语也可以采用气息并入,把"目光"并入前面的动程,"追随着孩子的脚步"可以读得更有表现力。

例句 10:我一回头,//身后的草全开花了,一大片,//好像是谁说了一个笑话,把一滩的草都惹笑了。(刘亮程《对一朵花微笑》)

解析:"一大片",作为补充性的修饰内容,我们可以无视前面的逗号,采用气息并入,这样做不仅提高了句子的连贯性,而且也强化了后面的内容。

例句 11:这些自然界中的东西,到了冬天,//似乎都在揭示生命的终点,就是/″枯索与荒芜。(钱红丽《枯索与荒芜》)

解析:句中有两处运用了气息并入。"到了冬天"是对时间的修饰;"就是"连接后面的内容。把它们并入到前面的气息动程,整个句子变得更为紧凑,重点内容更加突出。

三、口鼻吸气

气息动程之间需要朗诵者快速补充气息,特别是在偷气位置,不能单纯依靠鼻腔吸气,而应口鼻并用,同时吸气。

朗诵中,嘴唇和牙关要经常保持轻启或半开的状态,这样做,除了时刻做好补充气息的准备,还能及时应对各种口型的变化。

例句 12:细细的风,//从头顶的树叶间筛下来、/″筛下来。(蒋建伟《一朵一朵白云的河》)

解析:第一个"筛下来"中的"来"的韵母"ai",与第二个"筛下来"中的"筛"形成自然过渡,这种音节与音节的紧密衔接,必须依靠口鼻联合吸气。

例句 13:我//为曾在那里念过书的/″凤凰县文昌阁小学/″写过一首歌词,//用外国古老的名歌曲子配在一起,于是//孩子们就唱起来了。(黄永玉《乡梦不曾休》)

解析:"凤凰县""写过"这两处气息动程,需要连续偷气才能一通到底。偷气,要求轻快无声,不被察觉,只有通过口鼻联合吸气,才能达到这样的标准。

例句 14:当我看到一小朵悬空不动的浮云,//就会想到那个懂事得很早的小女孩儿,/″没有母爱,/″没有伙伴儿,每天/″孤寂地坐在祖父的后花园里。(王充闾《青天一缕霞》)

解析:"没有……没有……孤寂",三个动程关系紧密,需要不断偷气,向前推进。

运用口鼻吸气,可以有效减少语流的断裂感,增强句子的凝聚力。

例句 15:与病痛周旋 30 多年,//人们会说他"坚强,/"有钢铁一般的意志",//可如果通读他的文字,就会发现,//真正能够让他直面痛苦,/让他在生活的荆棘中,/"顽强生长和绽放的力量,//是来自/-对母亲的承诺。(纳兰泽芸《荆棘上的花朵》)

解析:整个句子内容多、分量重,通读下来,如果没有紧凑的偷气、高效的换气,很容易把句子读散、读破。因此,朗诵中,特别是在需要频繁补充气息的时候,掌握口鼻吸气尤为重要。

四、气息落地

气息落地,是指气息到了句尾,特别是到了最后一个音节,要完全用尽,不存气、不剩气。气息落地,句子才有了明确的结束感,朗诵者才能及时缓解一下紧张状态,做到"一句一歇"。

例句 16:我想知道,//一块有了愿望的石头/能走多远?(陆勇强《当一块石头有了愿望》)

解析:这是文章的收篇,"石头"后面顿气而不偷气,到"能走多远"的最后一个音节"远",让气息自然落地,这样的气息安排,可以更好地体现出结束感,并产生一种意犹未尽的效果。

例句 17:20 岁那年,//史铁生失去了双腿,/"成了一个找不到工作,/"找不到出路,几乎/"什么都找不到的/-"废人"。(纳兰泽芸《荆棘上的花朵》)

解析:句子的重点,恰好也是句子的结尾,把最后的气息全都压在"废人"两个字上,读起来掷地有声,让人心灵震撼。

例句 18:我知道他其实很想做官,/"从小就有猛志:"少时壮且厉,/"抚剑独行游,/"谁言行游近,/"张掖到幽州。"不过,//他的确不适合做官。(夏立君《陶公祠的菊花》)

解析:句子从"他很想做官"开始,气息一直处于紧张的状态;到"不过"话锋一转,短短几个字给出了结论"不适合做官"。这样的转折效果,句尾的气息越轻淡,形成的反差就越强烈。

例句 19:这情绪不仅流露在雕像的脸上,还从它的颈项、肩膀、手臂、手指尖流出,从它的躯干、它的大腿、小腿、脚、脚趾流出。(夏易《忘情》)

解析:句子通过雕像的身体,自上而下描写了情绪的流淌;在"手指尖流出"处声音轻微上挑,在"脚趾流出"处气息自然落地,一幅完整的素描便跃然眼前。

气息循环,让我们从气息的角度认识到句子的运行过程,同时,对于朗诵的整句意识也有了更深层的理解。

从气息支点的培养,到气息动程的建立,通过"换、偷、抢、顿"与"顺、推、顶、叹",我们将每个句子都纳入气息循环的创作理念中,并最终达到"情生气动,以气带声"的自然境界。

第七章　声音塑造

朗诵，被称为声音的艺术。前面几章介绍了有关朗诵的基本知识，本章我们才开始触及声音本身，这充分说明了朗诵创作的严肃性——在开口之前，如果没有对文字的认真分析、对气息的精心设计，则朗诵发出来的声音必定是盲目的。

声音，作为信息和情感的载体，是朗诵创作的最终呈现。声音包括两项基本指标：音色和音准。声音塑造主要体现在美化音色和强化音准这两方面。在塑造声音之前，我们首先要有电声意识。

第一节　电声意识

一、电声的概念

现代朗诵，几乎都是电声创作。那么，什么是"电声"呢？简言之，电声就是通过电子设备采集、处理、传输、播放的声音。相比过去没有电子设备辅助的"空气传播"，"电声"无疑是科技进步带来的一场声音革命。

二、电声的优势

（一）无须高声喊

在过去没有麦克风、扩音器的年代，舞台上的"大嗓门儿"常被人们津津乐道。但电声技术出现以后，这种情况就改变了。表演者，包括朗诵者，可以毫不费力地把声音传递给每一个人；一些慷慨激昂的情绪，也不必通过大喊大叫的方式表达。

例句1：在西藏的阳光下，我就想喊，想吼，或者是狂呼乱叫，声音越大越好。（汪建中《西藏的阳光》）

解析：面对话筒，无论是"喊"还是"吼"，都不能真的"狂呼乱叫"。电声可以无限放大一个人的音量，在这种情况下我们恰恰需要克制。

例句 2：君不见，黄河之水天上来，奔流到海不复回。君不见，高堂明镜悲白发，朝如青丝暮成雪。（李白《将进酒》）

解析：很多人一看到"天上来"，便情不自禁，拔高调门，然而，这里的"不复回"才是句子的重点。电声时代，我们在情感上的表达不但要有力，更要准确。

（二）声音细节多

电声，具备敏锐的采集能力和清晰的再现能力。因此，电声创作的朗诵作品可以运用更加丰富的声音细节，呈现出更多细腻的感情色彩。

例句 3：坐下，不经意间，我看到水泥制的石碑后面还有一行字，妈妈我想……（鲍尔吉·原野《墓碑后面的字》）。

解析："妈妈我想"后面带着省略号，读时要轻声慢语，描摹出作者仔细辨读的过程。这样的场景如果不依靠电声，全都用实打实的声音，是很难表现出来的。

例句 4：只因为这世上有河，因此就一定会有两岸，/>就一定会有两岸的杨柳堤。（张晓风《两岸》）

解析：为了表现出情感的热切，"就一定会"这里采用抢气设计。所谓"抢气"，就是把气息补充的声音也作为表现力反映出来。通过吸气声来渲染情感，同样离不开电声的加持。

例句 5：榜纸那么大、那么长，然而就是没有他的名字，唉！竟单单容不下他那只有两个字的名字"张继"。（张晓风《不朽的失眠》）

解析：一声"唉"，透出无尽的失落和遗憾。话筒前的叹息，是真的叹出来一口气，而不是用硬邦邦的声音模仿叹气。这样的一声轻叹，谁能不生出戚戚之情？

例句 6：锅中的水，沸腾起来了。"咕噜 咕噜"，鱼儿开始在水中歌唱，由一个声部转入另一个声部。（查一路《在冬夜里歌唱的鱼》）

解析："咕噜 咕噜"，借助麦克风表现出来的拟声，生动、传神，有着无可比拟的声音刻画力。

例句 7：当史铁生的第一篇作品发表，当他的第一篇作品获奖，他多么希望他的母亲还活着，看到儿子用纸和笔，找到了生存的道路和希望。他坐在安静的树林里，闭上眼睛，默默地想念着母亲。（纳兰泽芸《荆棘上的花朵》）

解析：前面一句一句冷静地陈述，当读到"想念着母亲"时，情感上再也控制不住对母亲的思念，霎时间的哽咽胜过泪雨倾盆。哽咽的声音同样也是电声的一种表现手段。

（三）拉近距离感

电声出现之前，距离感是无法逾越的物理鸿沟。现场演出，第一排和最后一排的体验截然不同。置身于这样的环境中，任何表演都不得不端起架子，摆出"一对众"的态势。

电声的出现，让一切阻隔消于无形，朗诵者与听众可以"一对一"地沟通，"面对面"地交流。这样一来，声音居高临下的状态显然不合适了，更多的时候，自然贴近、娓娓道来才是朗诵者正确的表达方式。

例句 8：当我们穿起厚厚的棉衣，树木落光了叶子，你看吧，这就是冬天了。（吴忌《鸟是树的花朵》）

解析：平平实实的一句陈述，插入了"你看吧"这个简短的口语，就好像两个朋友在聊天。也只有通过电声，才能读出这样松弛自然的感觉。

例句 9：许多梦，人们想不通，就会去圆梦、解梦，并希望借此预知福祸。不过，我是不信这些的，我只相信自己的梦。（不卑《小睡》）

解析："不过，我是不信这些的"，文字里藏着调侃、戏谑、幽默的意味，通过话筒能把这些微妙的语气反映出来。

例句 10：他们都说，听到了风吹来的声音。你听到了吗？你听，是风在吹，是风在吹。（期待花开《听风在吹》）

解析：电声，在拉近朗诵者与听众距离的同时，也让朗诵的文字选材有了更大的自由度。像这样的爱情诗歌，呢喃或耳语似的朗诵似乎更为合适。

（四）音色多元化

在现实世界中，每个人都有自己独特的嗓音，清澈、浑厚、甜润、喑哑、轻柔、低沉，各具特色。在电声出现之前，对所谓好声音，似乎只有一把评定的尺子。而电声的出现，犹如打开了空气传播对声音的封印，每个人都能通过话筒找到自己最美的声音；同时，随着社会的进步、不同文化的碰撞，也让人们对好声音有了更广泛、更多元的定义。面对话筒，朗诵者应根据自己的声音条件，进行有侧重性的训练。只要坚持不懈，电声，一定会赋予朗诵者独具魅力的声音形象。

三、电声的训练

相比空气传播，电声带来的最大改变就是让声音放下了架子。在发声方式上，朗诵者不用再像以前那样，每个字音都需要用气息硬撑起来，电声朗诵的语流可以做到像在生活中那样自然顺畅。但这并不意味着只要采用电声，朗诵的声音就能随心所欲地发挥。相反，一个合格的电声朗诵者，是需要通过严格、系统、长期的训练才能达成的，甚至已经具备较高声音素养的朗诵者，面对电声训练，也要从零开始。

（一）实时返听

对于自己从电子设备里传出来的声音，很多人都会有陌生感，这是因为骨传导和空气传播的介质不同造成的差异。

电声训练，第一步是熟悉自己的电声。朗诵者只要拿起文稿，面对话筒，就一定要戴上耳机，在封闭的环境里实时监听自己的声音。刚开始时，耳机里面的反馈似乎太过清晰，甚至连咽口水的声音都被放大了；过了一段时间之后，就会渐渐适应这种高灵敏度的环境，同时会让自己进入话筒的声音变得越来越干净。

电声训练时，一定要选用封闭式、监听型耳机。封闭式耳机，一是可以阻隔外界的噪声，二是回馈的声音不会传进话筒。而监听型耳机虽然对声音的反映比较直白，但却真实可靠，没有多余的修饰和渲染，所以又被称为参考型耳机。

（二）拒绝混响

不同于声乐表演，朗诵创作的电声一定要避免添加任何混响效果。这主要有两方面的原因：第一，朗诵是语言类艺术，重在内容和情感的表达，而非单纯的音响效果；第二，设备添加的混响会干扰朗诵者自身对声音的把握和修饰，包括吐字归音的控制以及共鸣腔的运用。

另外，如果过于依赖混响对声音的美化，一旦设备出现问题，或场地发生变化，朗诵者将无法应变。因此，杜绝混响，专注于自身声音素质的提高，才是电声训练的关键。

（三）善用话筒

为什么面对同样的话筒，有人可以呈现出更好的声音效果？这就涉及话筒的使用技巧问题。对此，我们从下面三个方面进行分析。

1. 话筒种类

对朗诵者而言，麦克风不仅是声音采集的设备、电声创作的工具，更是一个身体延伸的器官。认识它、熟悉它，并发挥它的最佳效能，是朗诵者必修的功课。

目前，麦克风大体分为电容麦、动圈麦、驻极体麦三类。由于驻极体麦克风的音质较差，因此我们主要关注的是电容麦和动圈麦。

（1）电容麦

电容麦灵敏度很高，可以采集到更多的声音细节。因此，电容麦对周围环境有着较高的要求，除了嘈杂的环境，甚至连朗诵者粗重的呼吸以及翻动稿件的声音都要尽量避免。

电容麦的解析力高，音色明亮，特别适合声音相对暗沉的男声。

（2）动圈麦

相比电容麦，动圈麦的灵敏度要低一些，因此对环境的要求也没有那么苛刻。在舞台或比较嘈杂的现场，动圈麦往往是演出者的首选。

动圈麦的音色沉实、厚重，对一些尖亮、偏薄的女声能起到很好的调和作用。

2. 话筒距离

控制好与话筒之间的距离，是电声创作者的重要技能。

（1）根据话筒类型调整

因为灵敏度不同，在使用电容麦和动圈麦时要保持不同的距离。

一般来说，朗诵者与电容麦之间应至少保持一尺的距离，而与动圈麦的距离可以拉近到一个拳头左右，有时候表演者的嘴唇甚至可以贴到动圈麦话筒上，这是因为动圈麦的灵敏度较低，贴得越近，体现的声音细节就越丰富，而且不容易出现"噗麦"现象。

（2）根据文字情感调整

除了不同话筒的区别，朗诵者还可以根据文字的情感表达灵活调整与话筒的距离。

例句 11："回家，多好啊！"这是美国哲学家威廉·詹姆斯临终时所说的最后一句话。（谭延桐《家，就是人间天堂》）

例句 12：秋日里，我从遥远的大山带回一截干枯的杨树桩，顺手把它插到了院子的土堆上。（廖华歌《倾听生命的脚步》）

解析：上述两个例句，其情感的基调显然不同。例句1"回家，多好啊！"这浓浓的思乡之情，这发自内心的感叹，适合贴近话筒倾吐出来。例句2"秋日里""大山""顺手"，这些词汇呈现出的明快调子适合与话筒拉开一点距离，表现出辽阔、旷远的意境。

（3）根据句子类型调整

句子根据不同的语气，分为陈述句、描述句、情状句。不同语气的句子前后相接，朗诵者与话筒的距离也要适时调整。

例句 13：锅中的水，沸腾起来了。"咕噜、咕噜"，鱼儿开始在水中歌唱，由一个声部转入另一个声部。（查一路《在冬夜里歌唱的鱼》）

解析：前面的句子陈述"水沸腾起来了"，这是一个具体事件，声音客观，应与话筒保持适当距离；后面的句子属于描述语气，特别是拟声词"咕噜"的加入，需要贴近话筒，烘托出现场气氛。

例句 14：这该是多少根藤的纠缠啊！主人说这只是一棵藤。一棵藤，怎么可能？但它确实是一棵藤，一棵独立的藤。（王剑冰《藤》）

解析：第一个情状句，表现作者强烈的感叹，因此应距离话筒稍远一点，避免音量过大；后面的"主人说"是陈述句，则话筒归位；"一棵藤，怎么可能？"，这句状态饱满的情状句再次拉开话筒距离；最后是总结性的陈述句，话筒重回正常距离。

（4）根据句子内部调整

同样，对于句子内部的语气变化，也是通过话筒距离的调整，准确、及时地反映出来。

例句 15：在汴京的大殿前，他兀立良久，对着周遭静默的雕梁玉砌，喃喃自语："欧阳修呀，欧阳修，你还能回得来吗？"（单士兵《千古的醉意》）

解析：这句话里面包括第三视角的陈述，也包括人物对话的情状。在陈述部分，话筒拉开，反映出内容的客观性；在情状部分，话筒贴近，表现出"喃喃自语"的生动性。

例句 16：他像没有听到似的，取出那块石头，炫耀着说："你们谁见过这样美丽的石头？"（陆勇强《当一块石头有了愿望》）

解析：同样由陈述语和情状语组成的句子，后面人物的对话部分，其声音状态明显高于前面的陈述部分。表现当众炫耀的语气时，话筒距离可以拉远一点；同时，音强和音高也要相应做出提升。

通过对话筒距离的动态调整，声音在句子之间、句子内部产生了丰富的变化。后面的课程中，我们将通过"跳转"学习，加深理解这些声音的变化。

3. 话筒指向

麦克风对电声创作的重要性不言而喻。除了认识话筒的属性、把握话筒的距离，"话筒指向"也是朗诵者提高电声质量不可忽视的关键因素。

优化声音指向，主要从两方面入手，一是找到话筒最佳的"受面"角度，二是强化自身的共鸣焦点。

（1）话筒"受面"

每个话筒的内部都有一块感受声音振动的薄膜，这就是话筒的"受面"，也是话筒最重要的核心部件。声音对准"受面"时，话筒接收到的信号最强，细节也最丰富；声音偏离"受面"时，话筒的采集效果，无论是音量还是清晰度都会大打折扣。所以，录制人声的话筒一般采用"心形指向"，就是为了保证采集声音时话筒的"受面"能够找到最佳的接收角度。

通过监听耳机，我们很容易找到话筒的"受面"，但在朗诵过程中，能够做到始终与"受面"保持最佳角度，则还需要长期的训练。

（2）共鸣焦点

声音是有方向性的。声音指向不是指嘴巴的朝向，而是指共鸣焦点对准的方向。在下一节美化音色的训练中，共鸣焦点是一个非常重要的概念。当共鸣焦点与话筒的最佳受面形成笔直一线时，就是我们最理想的声音指向。

综上，电声创作中，话筒是死的，人是活的。选择适合自己的话筒，灵活控制话筒距离，保持最佳的话筒指向，这对于电声创作者来说都是应该具备的专业素养。

第二节　美化音色

音色，是不同物体发出的声音特色。借用我们对颜色的主观感觉，音色也可以理解为声音的颜色。

每个人发出的声音，也就是"嗓音"，都有自己的特色，低沉、嘹亮、圆润、暗哑、

第七章第二节
例句朗诵音频

厚实、尖细，各不相同。嗓音是先天性的，特别是音调，成年后几乎不再改变。但是音色，包括声音的质感、通畅性、稳定性等，这些因素通过后天训练都能得到很大的改善。

一、音色的硬指标

（一）结实

在语流中，声音讲究虚实相济，避免字字用力，然而在音色训练中，每个音节都务必以"实声"呈现。实声，就是结实的声音，即声带充分振动发出的声音。

朗诵中，句子的主干、重音部分多为实声，特别是一些具有特殊意义、情感饱满的内容，更需要实声的支撑和强调。

例句1：我到过许多地方，可是梦中的天地只有苏州的小巷。（陆文夫《梦中的天地》）

解析："梦中"和"小巷"均为句子重音。前者以偏压正，强调范围，是语义重音；后者突出宾语，体现结构，是语法重音。语流中，这两个词汇都要用实声凸显出来。

例句2：这看似简单的回忆，蕴涵了怎样的惊心动魄。两个少年人被一种极度的喜悦和紧张刺激着，而作为阅读者的我，也是感同身受。（许知远《水样的春愁》）

解析：两个句子的重点都在结尾处，并形成一定的呼应效果。"惊心动魄"，声音要有表现力；"感同身受"，表达要有沉浸感；作为主语的"我"，同样不能忽视。这些位置都离不开实声的强化。

（二）稳定

声音除了要结实、有力，稳定性也是重要因素。试想，一个断断续续、哆哆嗦嗦的声音，不仅听起来让人难受，甚至语气都会出现问题。

稳定，要求声音在实际表达中不抖、不飘。声音的稳定离不开坚定的气息支点，以及持续稳定的气流输出。

例句3：歌词有两句是："无论走到哪里，都把你想望。"（黄永玉《乡梦不曾休》）

解析：句中引用部分相比前面的陈述，语速要相对慢下来，这就需要声音的控制力，稳稳地把握住语流的延展。

例句4：看吧，由澄清的河水慢慢往上看吧，空中，半空中，天上，自上而下全是那么清亮，那么蓝汪汪的，整个的是块空灵的蓝水晶。（老舍《济南的冬天》）

解析：从"澄清的河水"开始，到"空中""半空中"，一直到"天上"，随着视角的逐步抬高，声音也要不断攀升，在这种情况下，保持住声音的稳定性就更为重要。

（三）通畅

朗诵时，声音要始终保持"通"的状态。这一点很容易被忽视，也最容易出问题。气息经过呼吸道到达吐字器官前，中间不能受到任何阻碍，特别是喉咙要尽量打开，避免对气流产生挤压；为了保证声音的通畅，身体要挺直，且有适度的紧张感，不能歪斜，更不能懒散；同时还要注意与话筒的角度，头部最好呈微微上扬的姿势，避免压住下巴。

例句 5：午夜的寂静，常常使我的听觉像风中的一只蝙蝠，无声地飞到远处的荒野。（李紫枝《奔跑的火车》）

解析：午"夜"和荒"野"，在发"ye"音时，容易出现压喉现象；"蝙"蝠的"bian"音，如果不注意，也会造成声音的挤压。

例句 6：人世间无数的传奇中，唐璜实在是不同寻常。（张佳玮《唐璜》）

解析：唐"璜"、寻"常"，都是韵母"ang"的音节，发音时，牙关尽量打开，通过加大口腔内部的空间，使声音听起来更加饱满、通畅。

例句 7：陶渊明，曾在这里种过菊，种了好大的一片。（夏立君《陶公祠的菊花》）

解析："菊"读 jū，是撮口呼音节，下巴上扬，避免下压；"好大"的"好"字读 hǎo，是上声音节，在发"o"的韵腹音时，同样要注意声音不能受到挤压。

（四）舒展

声音舒展，实际上指的是发声位置的问题。每个人音调不同，发声位置就不同。在正确的位置，无论是高音区还是低音区，声音都能做到上下兼顾；反之就会出现高音上不去、低音下不来的窘况。

面对话筒，找到适合自己的发声位置，并不是一件容易的事情。电声创作者需要经过不断的实践和反复的摸索，才能在控制声音和美化音色之间找到个人最佳的平衡点。

二、强化共鸣焦点

声带，是人体唯一的发声器官。声带本身产生的"基音"非常微弱，如果没有共鸣腔的放大，我们甚至无法进行语言的交流。

人体内部有很多共鸣腔，理论上讲，只要是参与声带振动的身体空间，都可以称为共鸣腔，例如胸腔、喉腔、口腔、鼻腔等。

声音，是由多个共鸣腔联合放大的结果。对于每个音节，共鸣腔共同协作，最终声音交汇在一起的那个点，我们称之为共鸣焦点。

共鸣焦点和气息支点是两个不同的概念，前者是声音的聚集点，后者是气息的支撑点。不同的音节，共鸣焦点的位置也不同，声母、韵母、声调不同，都会改变共鸣焦点的位置。

共鸣焦点音节训练：

同声异韵：呼喊、弥漫、艰巨、习性、咀嚼、坎坷、黑海、思索。

异声同韵：退回、高潮、英明、婉言、殷勤、共同、稀奇、落寞。

同音异调：妈、麻、马、骂、师、实、史、示、渊、圆、远、愿、枪、墙、抢、呛。

树立共鸣焦点的概念并在意识上强化它，有助于我们面对话筒时提高声音的凝聚力，加强声音的指向性。

三、拓展共鸣腔

共鸣腔是放大器，也是过滤器，在声音放大的同时，不但能滤掉声音的杂质，还能产生丰富的泛音。人体就像一部乐器，充分开发和利用自身的腔体，是美化音色的重要因素。

（一）口腔

口腔的空间越大，共鸣的效果就越好，音色的立体感就越强。打开口腔不是张大嘴巴，而是口腔内部的扩张。不同于固定的鼻腔，口腔是灵活多变的腔体，也是难以控制的腔体，特别是内部的舌位，很容易导致音准问题。

口腔训练，可以概括为"提、打、挺、松"四个字，即：

（1）"提颧肌"，抬高口腔的前部（上唇贴紧齿面）。
（2）"打牙关"，提升口腔的中部（打开后槽牙）。
（3）"挺软腭"，加大口腔的后部（有意识地顶起软腭）。
（4）"松下巴"，延伸口腔的底部（向下打开下巴）。

这些动作要同时进行，才能使口腔的空间最大化。

口腔音节训练：

提颧肌：奇迹，惊喜，难题，利益。
打牙关：行走，颤抖，水沟，源头。
挺软腭：隆起，从容，洪水，空洞。
松下巴：玩耍，喷洒，拍打，喇叭。

（二）咽腔

与口腔相比，咽腔具有更大的拓展性，同时也具有很强的隐蔽性。

找到咽腔，有一个简单易行的办法，即：喝上一大口水，不能鼓起腮部，也不能咽下去，这时的水就都被藏进了咽腔。

咽腔，是电声创作中最具开发价值的腔体。经过长期的专项训练，咽腔对一个人的音色甚至能起到点石成金的作用。

对于咽腔共鸣，可以通过一些上声字的字腹训练加以体会和提高。

咽腔音节训练：

大海，摇摆，风采，好歹；
温暖，呼喊，东莞，深浅；
衰老，青岛，围剿，寻找。

（三）下呼吸道

以喉咙为界，呼吸道分为上下两部分。上呼吸道包括吐字器官、口腔、鼻腔；喉咙以下就是下呼吸道。

下呼吸道通常被视为气息通道，但实际上，呼吸的气流经过时，下呼吸道同样能产生共振，成为一个巨大的管状共鸣腔。不仅如此，通过气管的扩张以及降低横膈膜的位置，这个共鸣腔同样具备扩展能力，为我们带来更加深厚的音色。

下呼吸道音节训练：

祖国，生活，忘我，包括；

诉说，执着，许多，过错；

空中，隆冬，匆匆，通红。

第三节　提高音准

第七章第三节
例句朗诵音频

声音塑造，指的是在电声环境下对发声和发音两方面进行的训练。发声训练，目的是美化音色；发音训练，目的是提高音准。

音准，是指"音节"的准确度。对于汉语普通话来说，一个汉字的读音就是一个音节。音节包括声母、韵母和声调。其中，声母 23 个、韵母 39 个，它们拼成 400 多个基本音节，再加上声调变化，共形成 1300 多个标准音节。

一、认识声、韵、调

一般来说，汉字音节由声、韵、调三个部分组成：处于音节开头的辅音叫声母，声母后面的成分叫韵母，贯穿整个音节的音高变化叫声调。汉字发音，讲究的是声、韵拼读的准确性。根据发音过程，音节分成字头、字腹、字尾三部分。字头要弹射有力，字腹要拉开立起，字尾要干净利落。

汉语一共有 23 个声母，除了 y、w 两个零声母外，其他 21 个声母都为辅音。辅音，是气流在口腔中受到各种阻碍所产生的声音，发音过程包含成阻、持阻、除阻三个阶段。辅音声母包含双唇音（b、p、m）、唇齿音（f）、舌尖前音（z、c、s）、舌尖中音（d、t、n、l）、舌尖后音（zh、ch、sh、r）、舌面音（j、q、x）、舌根音（g、k、h）。

普通话中共有 39 个韵母。韵母，由韵头（介音）、韵腹（主要元音）、韵尾三部分组成。韵母按结构，可分为单韵母、复韵母、鼻韵母；按开头元音发音的口形，可分为开口呼、齐齿呼、合口呼、撮口呼，简称"四呼"。

开口呼：不以 i、u、ü 作为韵头的韵母。包括 a、o、e、ê、er、ei、ai、ao、ou、

an、en、ang、eng。例如：喇嘛，可乐，大咖，婆婆，孩童，儿郎，好汉，沟坎，更加，黑海。

齐齿呼：韵母 i 或以 i 作为韵头的韵母。包括 i、ia、ie、iao、iou、in、ian、ing、iang。例如：艰险，叮咛，批评，琉璃，借鉴，教养，殷切，崖壁。

合口呼：韵母 u 或以 u 作为韵头的韵母。包括 u、ua、uo、uai、uei、uan、uen、ong、uang、ueng。例如：富贵，呼唤，无论，轱辘，富翁，粗狂，隆冬，快运。

撮口呼：韵母ü或以ü作为韵头的韵母。包括ü、üe、üan、ün、iong。例如：掠取，玄虚，冤狱，咀嚼，眩晕，窘迫。

除了声母和韵母，声调也是影响音准的重要环节。声调，是音节中具有区别意义的音高变化。汉语共有四个声调，分别为阴平（调值 55）、阳平（调值 35）、上声（调值 214）、去声（调值 51）。不同方言区，其声调数量不同，且相同声调与普通话调值也多有差别，在训练时需要特别注意。

二、吐字归音

吐字归音，既是汉字音节的拼读过程，也是提高音准的关键，分为吐字、归音两个环节：

吐字：包括声母和韵头两个部分。声母的发音要求位置清晰；韵头（i、u、ü）的发音要求口型准确。

归音：即韵尾部分，要求韵尾 i、u、n、ng 的口型到位、发音短促。

韵尾归音方法：

（1）韵尾 i——口型为齐齿呼，嘴唇咧开，牙齿并拢。

（2）韵尾 u——口型为合口呼，嘴唇合拢，口腔内撑起呈枣核状，可以在韵尾借助"wa"音训练合口。例如：摇 wa 摇，扣 wa 扣，以此类推。

（3）韵尾 n——重要的是舌面前部与齿龈闭合到位，不能只做一个运势而不闭合。可以在韵尾借助"na"训练舌面闭合。例如：赶 na 赶，肯 na 肯，音 na 音，以此类推。

（4）韵尾 ng——重点关注舌根与软腭闭合的过程。舌面放松，舌尖抵住下齿根，舌根去找软腭。

三、专项训练

提高音准，绕口令是长期以来行之有效的训练方法。

（一）边音&鼻音

绕口令练习：男男女女夸小妞，夸那小妞有能耐。念书务农不畏难，走南闯北也在行。小妞有能耐，全靠好心的倪奶奶。倪奶奶胜亲娘，不虐待，不溺爱，叮咛只为早成才，成了才，暖心怀。

（二）平舌音&翘舌音

绕口令练习：四是四，十是十，十四是十四，四十是四十；别把四十说细习，别把十四说席细；要想说好四和十，全靠舌头和牙齿。要想说对四，舌头碰牙齿；要想说对十，舌头别伸直。认真学，常练习，十四、四十、四十四。

（三）前鼻韵&后鼻韵

绕口令练习：老彭拿着一个盆，路过老陈住的棚，盆碰棚，棚碰盆，棚倒盆碎棚压盆。老陈要赔老彭的盆，老彭不要老陈来赔盆。老陈陪着老彭去补盆，老彭帮着老陈来修棚。

（四）韵母 e、o、ou、uo

绕口令练习：哥挎瓜筐过宽沟，赶快过沟看怪狗，哥看怪狗瓜筐扣，瓜滚筐空哥怪狗。

太阳从西往东落，听我唱个颠倒歌。天上打雷没声响，地上石头滚上坡。江中骆驼会下蛋，山上鲤鱼搭成窝。腊月苦热直流汗，六月爆冷打哆嗦。姐在房中头梳手，门外口袋把驴驮。

总之，每个人的声音面貌，无论是音色还是音准，经过专业的训练都能获得很大的提升；特别是在电声环境下，人人都有机会重塑自己的声音形象。

声音塑造是硬功夫，也是慢功夫，只要我们潜心练习，持之以恒，相信一定会跨越声音这道门槛，进入朗诵创作的广阔天地。

（从本章开始，所有的朗诵实践均要求在电声环境下进行）

第八章 语 流

　　语流，是按照语法规则连接起来的、具有语言意义的一串音节。它是有声语言的基本运行状态，也是勾勒句子轮廓的声音线条。

　　电声，解开了朗诵创作声音的封印，使语流获得了前所未有的自由度。经过前面朗诵气息和声音塑造的学习，接下来的语流培养是朗诵进阶的必由之路。

　　语流提高是一个循序渐进的过程，从顺畅的语流，到变化的语流，再到准确的语流，每一步都对朗诵者声音的控制能力提出了更高的要求。

第一节　顺畅的语流

第八章第一节
例句朗诵音频

　　语言，是流动的。追求语流的顺畅是语言的本能。

　　在声音塑造中，我们强调每个音节的完整性，要求读出"枣核儿"状。但在语流中，我们却要削弱这种音节的"颗粒感"，减少音节之间的"硬碰硬"，这是语言运用的实际需要，也是语言进化的必然结果。

　　语流中的音节，为了加强衔接，提高语流的顺畅性，会出现发音上的变化，这就是"语流音变"。语流音变主要表现在"音"的变化与"调"的变化两个方面。

一、变音

（一）儿化音

　　汉字后面加一个"儿"字，就构成了普通话的儿化音。儿化音应用很广，除了"er、ê"，几乎所有的韵母都可以儿化。儿化音可以使语流产生轻盈、圆润、顺滑之感；有时，儿化音还可以改变词性和词义。

　　例如：盖（动词）—盖儿（名词）；破烂（形容词）—破烂儿（名词）。

很多时候，后缀"儿"字不能自成音节，需要同前面的音节合在一起，使前一音节的韵母成为卷舌韵母；但有些儿化音也可以拆开，重新成为两个音节，如"花儿"既可以读成一个音节"huar"，也可以读成两个音节"hua er"。

例句1：曾经猜测，能写出这样一首歌的，会是怎样的人儿呢？（闻小语《康定情歌》）

解析："人儿"，此处读双音节，既有情感的亲切，又显出文字的正式和庄重。

例句2：这白衣的安琪儿，抱着花儿，扬着翅儿，向着我微微地笑。（冰心《笑》）

解析："安琪儿""花儿""翅儿"，均读双音节，以增强儿化韵在韵脚上的呼应，同时表现出文字的唯美和优雅。

例句3：最妙的是下点儿小雪呀。看吧，山上的矮松越发的青黑，树尖儿上顶着一髻儿白花，好像日本看护妇。山尖儿全白了，给蓝天镶上一道银边儿。（老舍《济南的冬天》）

解析：老舍先生的文字幽默、风趣，具有显著的北京方言的特征。"下点儿""树尖儿""一髻儿""银边儿"，全部采用儿化音，读起来朗朗上口，妙趣横生。

（二）"啊"音

作为语气助词，"啊"通常放在句尾。根据前面的音节，"啊"有好几种音变：

（1）韵尾是"a、o、e、ê、i、ü"时，其后的"啊"读ya。

（2）韵尾是"u"时，其后的"啊"读wa。

（3）韵尾是"n"时，其后的"啊"读na。

这样一来，"唱歌啊""跳舞啊""弹琴啊"就会读成："唱歌呀""跳舞哇""弹琴呐"。

（三）口语音

相比书面语，一些汉字的口语发音读起来更省力，听起来更顺耳，这就是口语音。

例如：谁（shuí），读（shéi）。

这（zhè）读（zhèi），既是口语音，也是"这一"的合音。

那（nà）读（nèi），既是口语音，也是"那一"的合音。

露（lù）读（lòu），如"露馅儿了"。

剥（bō）读（bāo），如"剥花生皮儿"。

薄（bó）读（báo），如"薄薄的一层"。

血（xuè）读（xiě），如"流血了"。

儿化音和口语音，读起来生动活泼，听起来自然随和，但它们也容易让文字显得不够正式和庄重，使用中要考虑到这一点。

例句4：关于那棵树，最初是我的邻居加根太太告诉我的。（罗伯特·凯弗《你见过那棵树吗》）

解析：这篇译文用朴素的语言讲述了日常生活中的一件小事。关于"那"棵树，用

"nei"音，会显得自然松弛，与文字的风格更加贴合。

例句 5：他像没有听到似的，取出那块石头，炫耀着说："你们谁见过这样美丽的石头？"（陆勇强《当一块石头有了愿望》）

解析：句子里直接引用人物对话"你们谁"，读的时候"谁"发 shei 音，听起来更加真实生动；如果读"shui"，就会有些书面语的刻板。

二、变调

变调，即汉字声调发生变化。

（一）轻声

在语流中，一些音节的声调发生弱化现象，变得又短又轻，这就是轻声。轻声是应用最为广泛的变调，它能有效削弱语流中音节的颗粒感。

音节在发轻声时，音长较短，音强较弱，同时一些音节的意义或词性还会发生变化。例如：

兄弟（xiōng di，指"弟弟"）—兄弟（xiōng dì，指"哥哥和弟弟"）

地道（di dao，指"够标准的"）—地道（dì dào，指"地下坑道"）

地方（dì fang，指"具体的地儿"）—地方（dì fāng，指"中央与地方"）

（1）语流中的虚词，往往都采用轻声处理。例如：

① "吧、吗、呢、啊、哪、啦、呀、哇"等语气词，常轻读，如"走吧！去吗？怎么啦？说呀！好哇！"。

② "的、地、得、着、了、过、们"等助词，常轻读，如"我的、他的、坏得很、它们、跳着"。

（2）名词或代词的后缀，例如"子、头、么"等，常轻读，如"石头、儿子、什么"。

（3）表示趋向的动词，常轻读，如"进来、出去、上来、过来"。

（4）方位词或词素，常轻读，如"里面、外面、楼上、屋里"。

（5）某些量词：个、头、条等，常轻读。如：三个人、五头牛、两条毛巾

（6）叠音名词及动词的最末一个音节以及夹在重叠动词中间的"一"或"不"等，常轻读。如"爸爸、姐姐、看看、走走、去不去、看一看"。

（7）一些约定俗成的双音节词中的第二个音节，常轻读，如"太阳、告诉、打听、窗户、玻璃、萝卜、大夫、编辑、闺女、扫帚、晃荡、阔气、扎实、凉快、规矩、清楚、朋友、唠叨"。

例句 6：他蹲下身子，捡起石头，看着看着竟有些爱不释手了。（陆勇强《当一块石头有了愿望》）

解析：身"子"、石"头"、看"着"、爱不释手"了"，这些虚词都用轻声处理，整个句子听起来衔接紧密，自然流畅。

轻声没有固定的调值。在阴平、阳平和去声后的轻声,可以归纳为降调,例如"房子""痛快""听着""出去";在上声后的轻声可以理解为升调,例如"好的""里边""你呢"。

作为汉语中特殊的变调现象,轻声对于汉字的四个声调具有很好的调剂作用,有助于语流的虚实变化。

(二)轻重格式

轻重格式,是双音节词和多音节词中,各个音节约定俗成的强弱区别。

和句子里随处可见的轻声不同,轻重格式只是一个小区间里的语流音变,它是封闭的、固化的,以相对稳定的形态存在于语流中。轻重格式虽然称为词重音,但并不属于朗诵重音的范畴。

根据声音强度,轻重格式依次分为"轻、中、重"三个等级。

1. 双音节词

中重格式:如"演变、阅读、尼龙、假如"。
重中格式:如"标准、动作、况且、记者"。
重轻格式:如"唠叨、风筝、痛快、扁担"。

2. 三音节词

中中重格式:如"科学家、基督教、黄梅戏、收音机"。
中重轻格式:如"胡萝卜、牛脾气、硬骨头、卖关子"。
中轻重格式:如"无线电、生意经、吃不消、大不了"。

3. 四音节词

中重中重格式:如"日积月累、心平气和、年富力强、奇风异俗"。
中轻中重格式:如"新派朗诵、清华大学、整整齐齐、嘻嘻哈哈"。
重中中重格式:如"义不容辞、美不胜收、诸如此类、一扫而空"。

(三)上声变调

上声,即三声音节,除了单独发音或处于句尾的位置外,与其他任何音节相连都会出现变调现象。上声的变调有两种情况:

(1)上声在上声前,即两个上声,前一个上声要变成阳平的调值。例如:手(shóu)表、古(gú)典、美(méi)好、理(lí)想、广(guáng)场。

(2)上声在非上声前,要变成半上,即只读上声的前一半,后一半消失,其调值由214变为21。例如:首先的"首"字、祖国的"祖"字、广大的"广"字、许愿的"许"字、比较的"比"字。

（四）"一、不"变调

"一、不"的变调，也有两种情况：

（1）后接"去声"音节，要读阳平。例如：一（yí）去不返、不（bú）坏。

（2）后接"非去声"音节，要读去声。例如：一（yì）起、一（yì）捧、不（bù）好、不（bù）来。

（五）叠音变调

汉语中两个同声同义的音节合在一起，就形成了叠音。叠音变调包括以下几种情况：

（1）叠音名词及动词词末以及夹在重叠动词中间的"一"或"不"等，常轻读。例如：爸爸（bà ba）、姐姐（jiě jie）、看看（kàn kan）、走走（zǒu zou）、去不去（qù bu qù）、看一看（kàn yi kàn）。

（2）作为形容词后缀出现的叠音，普遍存在着变调现象。例如：慢腾腾（màn tēng tēng）、亮堂堂（liàng tāng tāng），都是阳平变阴平；闹哄哄（nào hōng hōng），是去声变阴平。

（3）一些双叠音形容词，往往是第一对叠音，前面保持原调值，后面变为轻声；第二对叠音统一转成阴平。例如：漂漂亮亮（piào piao liāng liāng）、热热闹闹（rè re nāo nāo）、舒舒服服（shū shu fū fū）、结结实实（jiē jie shī shī）。

（4）叠音加儿化的形容词，不但变调，而且会变音（儿化），这在汉语音变中是比较特殊的现象。例如：好好儿（hǎo hāor）、慢慢儿（màn mānr）、远远儿（yuǎn yuānr）。

综上，从变音到变调，我们对语流中的音变现象做了大致归纳。一开始接触语流音变会感到杂乱无章，其实各种音变都是为了适应语流的顺畅性而自然形成的。语流音变是语言长期进化的结果，值得我们耐下心来慢慢掌握。

第二节 变化的语流

第八章第二节
例句朗诵音频

语流，在运行顺畅的基础上，还要求灵活多变。变化的语流对我们的声音控制力提出了更高的要求。

语流的变化体现在语流中每个音节的音高、音强、音长的变化上。其中，音高的变化形成了语调的抑扬平曲；音强的变化带来了声音的轻重虚实；音长的变化决定了语速的快慢急徐。

一、音高变化

音高，是音节的高度，不仅用来区分音节内部的四声，也控制着整个句子的语调。

例句 1：从东往西，是十二座长满苔藓的界碑；从西往东，也是十二座长满苔藓的界碑。（王晓廉《界碑》）

解析："从东往西"，到"从西往东"，音高的提升把句子结构分成两层，以分号为界，呈现出句子的递进形态。

例句 2：当时，欧阳修自号"醉翁"，便将这亭子命名为"醉翁亭"，也因此，留下了那篇脍炙人口的"醉翁亭记"。（单士兵《千古的醉意》）

解析："醉翁""醉翁亭""醉翁亭记"，通过音高的不断加强，这三个语义重音步步提升，整个句子一路走高，呈现出清晰的声音线条。

例句 3：这时而新芽，时而满弓，时而淡绿，时而浅蓝的月亮呀，它挂在乡村的树梢上，纯洁得让人心疼。（蒋建伟《一朵一朵白云的河》）

解析：修辞中的排比，在音高变化上有着相对固定的规律。三联排比，要读出攀升之势；四联排比，要读得错落有致。例句中的四个"时而"，就采用四联排比的处理方式，音高有起有落，语流充满弹性。

例句 4：老人半弯的腰仿佛一下子凝固了，就那样一动不动。（马卡丹《古树下，一道苍老的背影》）

解析：区分句子里面的主从关系或轻重部分，音高往往是最直接的体现；"就那样一动不动"，作为补充说明，音高应该不升反降，避免抢戏。

例句 5：看吧，由澄清的河水慢慢往上看吧，空中、半空中、天上，自上而下，全是那么清亮，那么蓝汪汪的，整个的是块空灵的蓝水晶。（老舍《济南的冬天》）

解析：作者的视角从河水开始，慢慢抬高，由空中、半空中、一直看到天上，再自上而下，落回地面，这样生动细腻的描写，要在音高变化上及时、准确地反映出来。

二、音强变化

音强，是音节的声音强度。它的强弱变化，形成了语流的轻重对比。

例句 6：小楼实际上是两座，分前楼与后楼。楼的两侧用厢房连在一起，形成了一个"口"字。（陆文夫《梦中的天地》）

解析："口"是对小楼形状的整体性、形象性的概述，因此，这个音节的分量要明显重于语流中的其他音节，以此加强听者对小楼形状的"画面感"。

例句 7：这看似简单的回忆，蕴涵了怎样的惊心动魄。（许知远《水样的春愁》）

解析："惊心动魄"压在句尾，也是句子的最强音，这四个音节都要加大力气，有强调的目的，也有表现的用意。

例句 8：年年春来时，在温柔得令人心疼的三月，我们忍不住伸出手臂，在河底秘密地挽起。（张晓风《两岸》）

解析：整句的高潮在"秘密地挽起"，这里的音强明显比句首"年年春来时"要重得多；通过增强气流，加大共鸣，不用提高声调，我们依然可以把"挽起"表现得力度十足。

例句 9：扒开厚厚的积雪，他用衣袖轻轻擦去上面的冰屑，"中国"两个大字，便在蓝天和白云的映照下，闪耀出光辉。（王晓廉《界碑》）

解析：这个句子里，"厚厚"的积雪要重读，来强调积雪的厚度；"轻轻"擦去要轻读，来表现动作的轻柔；"中国"两个大字要不遗余力，将那一刻的激动和震撼用声音迸发出来。

例句 10：我们太爱那条河，太爱太爱，以致竟然把自己站成了岸。（张晓风《两岸》）

解析：句中出现了三个"太爱"，音量在不断加强，情感在不断加码，最终爱到难以割舍，以至于把自己站成了"岸"；句尾的"岸"是三个"太爱"的叠加，是重中之重。

三、音长变化

音长，是音节的时长，它决定着声音的急缓，影响着语速的快慢。

例句 11："你"被黄土永远埋在这里，这是大人们都早已知道，但谁也无可奈何的事情。（鲍尔吉·原野《墓碑后面的字》）

解析："'你'被黄土永远埋在这里"，这是一个多么残酷的现实，特别是这个"你"，不是一个冷冰冰的代词，而是孩子离世的母亲；面对文字中满含深情的内容，我们要把语速放慢，让听者沉浸其中，感同身受，切忌无知无觉，一带而过。

例句 12：这块水晶里，包着红屋顶、黄草山，像地毯上的小团花的灰色树影。这就是冬天的济南。（老舍《济南的冬天》）

解析："红屋顶""黄草山""灰色树影"罗列而出，语速紧凑；及至"这就是冬天的济南"，声音放缓，既稳稳收住了全篇，又加深了意境的延展。

例句 13：忽然，一声呼喊，孩子的母亲三步两步冲了过来，一把抱起孩子，瞬间就离开了转角。（马卡丹《古树下，一道苍老的背影》）

解析："忽然""一声""三步两步""冲""一把""瞬间"，这一连串的音节，加上急促的语速，带来生动的画面感，形成强烈的冲击力。

例句 14：这让我想起孔子的"曲肱而枕之，乐亦在其中矣"，意思是拿自己的胳膊肘当枕头，一样可以酣然入梦。（不卑《小睡》）

解析：引用孔子的话语时，要庄重而缓慢；随后的解读相对紧凑利落。语流的一松一紧，体现出句子的张弛变化。

例句 15：一些单桨的小船，装着鱼虾、蔬菜、瓜果，慢悠悠地随波逐流，只要临河的窗口有人召唤，他们便箭一般地射到窗下，一番交易之后，小船又慢慢地顺水漂远。（陆文夫《梦中的天地》）

解析：这个例句，形象地描写出那些小船在没有生意的时候，"慢悠悠地随波逐流"；当发现有人召唤，"便箭一般地射到窗下"，一番交易之后，"又慢慢地顺水漂远"。句子的语速时快时慢、时急时缓，一组动态的画面跃然眼前。

四、综合训练

例句 16:家,这个不是天堂,却胜似天堂的地方,让人魂牵梦绕!(谭延桐《家,就是人间天堂》)

解析:"胜似",音高要提起来;"魂牵梦绕",音强要加大,音长要拉开。对"家"所有美好的想象与回忆,都在变化的语流中有温度地表达出来。

例句 17:在别人,那声音只是睡梦中模糊的波痕;在他,却一记一记,如重锤般撞击在心坎儿上。(张晓风《不朽的失眠》)

解析:"他",音高提起,与"别人"形成对比;"一记一记""重锤",音强加重,表现出撞击的力度。借助语流的变化将张继这位落魄才子的孤寂与愤懑充分体现出来,让人更加心痛。

例句 18:没有了依靠也就没有了指望,就像失去娘的孩子,自己为自己做桩,自己和自己相绕。(王剑冰《藤》)

解析:"指望",音高与音强同步强化;"就像失去娘的孩子"作为前一句的补充,音高降低,表现失去依靠的无力感,也给予声音上的缓冲,为下一步推进做好准备,"做桩"——"相绕",音高和音强再度强化,达到句子的最高点。

例句 19:站在今天的伊犁,我努力想象着一个民族的功臣,一个满头白发的老人,当年是怎样顶风冒雪,一路走来。(杨晓雷《生命的瀑布》)

解析:"功臣""老人",音高递进,重点突出林则徐的贡献和年纪;"顶风冒雪,一路走来",音强、音长同步强化,表现出林则徐旅途中的艰险和勇往直前的决心。

通过上面的例句,我们可以明显感受到音高、音长、音强的变化对语流产生的影响。善于运用声音的各个变量,语流才能灵活多变。

第三节　准确的语流

第八章第三节
例句朗诵音频

在保持语流顺畅、变化的基础上,准确性是语流培养的最高标准。语流的准确性就是以句子的结构和内容为准绳,严格把握语流的变化。

一、把握重音

重音,是语流中的凸显部分。把握重音,就等于把握住了语流的节点。

(一)句子的主次重音

句子里面往往包含多个重音。但同为重音,也有主次之分。我们知道,朗诵重音分为三类，即语法重音、语义重音、语气重音，它们的强调程度也是依次提高。

例句1：生活，渐渐成为一种来去匆匆的奔走，所以，找个安静的时间想念，竟也成了一种奢侈。（闻小语《寂静的声音》）

解析：句中，"生活""奔走""想念""奢侈"这些都是重音位置，但句子的重中之重应该放在"竟"这个语气重音上。

例句2：虽然雪的融化带来更低的温度，但老天板了一冬的脸，毕竟柔和起来。（迟子建《泥泞》）

解析：从表面上看，"温度""脸"同属语法重音；但是"脸"采用拟人的修辞手法，具有更深层的含义，因此变成了语义重音。相比"温度"，"脸"不仅要读得重，还要读得慢。

（二）句子的偏正重音

偏正结构的词组，重音通常放在中心语上，即"偏不压正"。

例句3：作为一个心灵善飞的人，庄子生动诙谐的文字、无所拘囿的思想，最终穿越历史的迷雾，为人类留下了一笔巨大的精神财富。（朱以撒《庄子，会飞翔的人》）

解析：句子里包含多个偏正词组，"人""文字""思想""迷雾""精神财富"这些位置都要相对重读。

有时，偏正词组也会出现"以偏压正"的情况。

例句4：在西藏，这座宗教和政治的最高堡垒，同样滋生了许多爱情的传奇。（李汉荣《夜幕里的布达拉宫》）

解析：虽然"爱情的传奇"是一个偏正词组，但句中的"爱情"与"宗教和政治"形成对比关系，需要格外强调，这时，作为中心语的"传奇"就要退居其次，相对弱化。

（三）句尾的词组重音

词重音，即词的轻重格式，通常是约定俗成、封闭固化的。

例句5：他耕种的姿势或许可笑，腰弓着，整个上身几乎与土地平行。（夏立君《陶公祠的菊花》）

解析："平行"是中重格词，应避免"行"在句尾下滑；而且，只有"行"顶上去，才能更好地勾勒出"耕种"的画面感。

在特殊情况下，语流中的词重音也会做出改变。

例句6：春天的可爱之处，不仅在于它的颜色，更在于它的声音。（张秀亚《春天的声音》）

解析：声音，是重中格词，但在句末位置，"音"要提起来，变为中重格式，这样，既强调了"声音"在句中的核心意义，也强化了整句的结束感。

二、把握主从结构

现代汉语的句子结构复杂多变，分清句子内部的主要部分和从属部分，是我们把握语流准确性的关键。

（一）状语从句

从句，顾名思义，就是句子里具有从属地位的分句。通常，相对于主句部分，从句部分往往弱化处理。

例句 7：那天骑车走在路上，突然发现前面一辆出租车的后玻璃装饰得十分考究。（张丽钧《抬头看云》）

解析："那天骑车走在路上"，省略了"的时候"，是一个时间状语从句，适宜"低起首、软开头"。

例句 8：雕像馆里，每个人都是蹑足、噤声，生怕惊动了这些"生命"。（夏易《忘情》）

解析："雕像馆里"，前面省略了一个"在"，是地点状语从句，因此需要弱读，不能一开始就把音高抬起来。

（二）因果关系

因果结构的句子，通常原因部分弱读，结果部分重读。

例句 9：我找不到那丛梅树了，因为我来得不是时候。（晨义《叶子时期的梅》）

解析：句子开门见山，后面再说明原因。整个句子的语流呈现出前高、后低的走势。

例句 10：它，立在仲春和仲夏之间，繁花硕果，两头儿的热闹都没赶上——它是一种寂静的绿。（许冬林《青》）

解析：例句中，以破折号为界，前面是原因，需弱读；后面是结果，需重读。整个句势前低、后高。

（三）补充说明

无论是补充信息，还是额外说明，句子里面的这些内容往往都要弱化处理。

例句 11：它是上苍给人类的，首先是给这个俄罗斯人的最珍贵的礼物。（王蒙《如歌的行板》）

解析："它是上苍给人类的……最珍贵的礼物"是这个句子的主干；"首先是给这个俄罗斯人的"属于补充信息，即插入语，需要弱读。

例句 12：是否我想的事情——一个人脑子里奇怪的想法，让草觉得好笑，在微风中笑得前仰后合？（刘亮程《对一朵花微笑》）

解析："一个人脑子里奇怪的想法"，是对"我想的事情"所做的额外说明，注意声音要降下来，不能高于"让草觉得好笑"。

三、把握标点符号

书面上的标点符号，就像乐谱中的标记，为语流的运行做出各种提示。

（一）逗号稍作停顿，顿号点到为止

例句 13：它一定知晓我的心事，一定用了它的语言向我提示，只是我没有通晓物语的聪明，否则，我就不必再费周折。（晨义《叶子时期的梅》）

解析：逗号，适用范围广，使用频率高，经常用来区分句子里的主要结构。语流遇见逗号，只做一般性的停顿。

例句 14：不屈就、不苟且、不媚俗、不妥协，也许，这就是牡丹的性子。（张抗抗《牡丹的拒绝》）

解析：顿号，对语流的顺畅性影响最小，几乎是一带而过，一气呵成。句子里出现顿号，语流就会加快，变得紧凑，具有紧张感。

（二）分号的层次感，句号的结束感

例句 15：白天，他是一个邮差和一个运送石头的苦力；晚上，他又是一个设计师和一个孤独的建筑工。（陆勇强《当一块石头有了愿望》）

解析："白天"和"晚上"，是两个相对完整、独立的层次。通过分号，把它们的距离适当拉开，则句子的整体结构更加清晰。

例句 16：1140 年前，师虔轻快的脚步，或许就在这里停了下来。（冯文柯《云端之上》）

解析：跟随着一千多年前高僧的脚步，又在"或许"和"这里"顿了两次，终于看到句号，声音落地，语流彻底"停了下来"。

（三）问号语调上扬，叹号语气加重

例句 17：你听到过春天的声音吗？（张秀亚《春天的声音》）

解析：遇到"问号"，通常都要通过语调上扬，表达"疑问"的语气。上扬的语调也容易引起听众的注意。

例句 18：雪，南国的雪啊，我们分离得太久了！（刘湛秋《雪》）

解析："太久了"三个字，情感饱满，语气深长。一旦看到叹号，朗诵者要迅速补充气息，避免"无气可叹"的窘境。

（四）引号的强调

例句 19：我常常随着他两条深深的轮椅车辙，去追问何谓"命运""生存"以及"母亲"的真正含义。（纳兰泽芸《荆棘上的花朵》）

解析：有了"引号"的提示，"命运""生存""母亲"这些关键词，都要在语流中

凸显出来。

例句 20：这时，我想起她的挚友聂绀弩的诗句："何人绘得萧红影，望断青天一缕霞"！（王充闾《青天一缕霞》）

解析：句中诗词的引用，往往需要重点表现，更何况这是全篇的结尾，紧扣文字的标题；冒号后面，音长拉开，音强加大，音高冲顶。

（五）破折号的指向，省略号的延展

例句 21：后来，我慢慢懂得了——生来就高贵的灵魂，与生活的贫穷没有什么关系。（白连步《想念梵高》）

解析："懂得了"不是结束，而是接续；"了"需要挑起，并指向破折号后面的内容"懂得了什么？"。

例句 22：它就藏在我的肋骨后面，喑哑、空洞、一刻不停地重复着："我老了，我老了……"（周涛《岁月的墙》）

解析："我老了"，这句话不是说了两遍，而是一刻不停地重复着，后面的省略号延长声音的停顿，留出想象的空间。

四、把握节奏韵律

很多文字，都有着自己独特的音韵之美。我们要善于发现它们，找到它们，并通过准确的语流表现它们。

（一）突出韵脚

例句 23："洛阳地脉花最宜，牡丹尤为天下奇。"（张抗抗《牡丹的拒绝》）
解析："宜"和"奇"押韵，要有意识地加强、突出这两个音节的韵尾。

例句 24：长长三尺余，郁郁覆青草，不知何代人，得见此松老。（冯文柯《云端之上》）
解析："草"和"老"押韵，语流中，这两个音节要适当延长，形成呼应。

很多现代文，无论作者有心还是无意，经常也会出现押韵现象。朗诵者一旦发现它们，就要通过语流的变化反映出来。

例句 25：人世间无数的传奇中，唐璜实在是不同寻常。（张佳玮《唐璜》）
解析："璜"与"常"押韵。

例句 26：地广、人稀、遍野黄沙，而那里就是骆驼的家。（司马中原《心中的绿洲》）
解析："沙"与"家"押韵。

例句 27：路过练功房，见里面的少年，不过十七八岁，光着膀子流着汗，对着镜子唱鸿门宴。（雪小禅《窗外的京剧》）。
解析："年""汗""宴"押韵。

例句 28：沿着高高的围墙，踏着细碎的石子儿，穿过古老的牌坊，那一年，我走

进了苏州的小巷,我听到了秦淮的回响。(陆文夫《梦中的天地》)

解析:"墙""坊""巷""响"押韵。

(二)读出律动

无论前呼后应,还是一唱三叹,一些文字的节拍,只有通过语流的勾勒,才能得到立体的呈现。

例句29:高兴了,唱"快板",烈性炸药一般震破天;痛苦了,唱"慢板",悲悲切切叫人怜。(贾平凹《秦腔》)

解析:"高兴了""痛苦了",对仗工整;句尾的"天"与"怜",合辙押韵。这个句子从结构的设计,到情感的冲突,以及语流的快慢变化,都表现出极强的音乐性。

例句30:这声音很奇怪,你不能听,一听它就没了,不听它又来了。泥土在开裂,庄稼在抽穗儿,流水在灌溉,这些都是声音,像呢喃,像倾诉,像交头接耳,像枕边絮语。(毕飞宇《大地》)

解析:"一听""不听"形成对仗,后面紧接着三个"在"、四个"像",语势展开,连珠炮一样的语流,赋予声音律动之美,尽显文字结构之妙。

日常生活中,语流从来都不是困扰我们的问题。然而,当我们进行朗诵创作,尝试用声音的线条勾勒一个一个的句子时,却发现举步维艰,处处受限。看似简单的一句话,要想读得顺畅、灵活、准确,实在不是一件容易的事。从句子分析,到气息设计,再到声音运行,语流几乎涵盖了前面介绍的所有知识点。

电声环境下,声音塑造只是美化音色、提高音准;语流培养才使我们真正迈开了朗诵创作的脚步。

第九章　贯　穿

　　贯穿，是语流对句子、段落乃至通篇文字的整合能力。一篇洋洋洒洒的文字，在训练有素的朗诵者口中，化繁为简，化零为整，脉络清晰，节奏分明，这就是"贯穿"发挥的作用。

　　培养贯穿能力，需要从两方面入手：一是控制声音的能力，即外部技巧；二是体现结构的能力，即内部技巧。

第一节　外部技巧

第九章第一节
例句朗诵音频

　　语流运行中，每个音节的音高、音长、音强以及音节之间的相互关系，都受到意识的控制。贯穿意识下，声音控制有两个主要目的：一是加强语流的连接性，二是增强句子的结束感。

一、加强连接性

（一）减少停顿

　　从理论上讲，任何停顿都是对语流的破坏。断句，一直秉持"当断则断，尽量不断"的原则。因此，减少无谓的停顿，是加强语流连接的重要手段。

　　例句1：这些飞行的精灵，已经无法抵御四伏的杀机。因此，当历时六年的全球白鹤保护项目最终通过时，几乎没有人觉得欣喜。(赵涵漠《鸟儿消失了，去哪里寻找春天》)

　　解析：陈述句，主要任务是信息传递，而不是情感渲染；多余的停顿，会使语流支离破碎，影响内容表达的完整性。例句中，除了书面标点，不用添加任何断句。

　　例句2：一个在枯黄的田野上劳碌半生的人，终于等来了草木青青的一年，而草木会不会等到我出人头地的一天呢？（刘亮程《对一朵花微笑》）

解析：我等到了草木青青，而草木会等到我出人头地吗？这个句子以"而"作为转折点，分成两个部分，上半部分是铺垫，下半部分是重点，铺垫部分从"一个"到"一年"，除了已有的逗号，不用再增加任何停顿。

（二）加快语速

语速加快，意味着音节之间的连接更加密切，语流更加紧凑。

例句3：筷子有很多种，竹制的、木制的、金制的、银制的，但所有的筷子都必须是成双成对，彼此平等的。（佚名《筷子爱情》）

解析：顿号，在语流中停顿的时间最短，通常不做气息补充；"竹制的、木制的、金制的、银制的"一口气读下来，干净利落，切忌拖泥带水。

例句4：诗人就像一个从来没有受过伤害的人，如此诚挚、欣喜、纵情地歌颂着大地、阳光和人欢马叫、喧腾不息的世界。（摩罗《为了看到阳光，我来到世上》）

解析：这个句子更有说明性，里面包含的三组顿号都只是声音的停顿，没有偷气或换气，按照这样的气息设计，语流的运行紧密而有序。

例句5：一块小小的站牌，让我找到了过去的村庄，找到了历史，找到了一些不应该被忘记的东西。（刘贤冰《城市是乡村的纪念碑》）

解析："找到了过去的村庄，找到了历史，找到了一些……"，接连三个"找到了"，形成排比句，以递进之势步步加快，它们的音节间隔越来越短。

例句6：他要为自己的遭遇再追加一段遭遇，音乐的遭遇；他要为自己的痛苦再提炼一种痛苦，音乐的痛苦。（葛水平《二泉映月》）

解析：音乐的遭遇、音乐的痛苦，都是对"遭遇"和"痛苦"进一步的说明和强调，因此，这两个补充部分要紧随其后，音节紧密衔接，语流快速推进。

（三）延长音节

语流中，特定音节的延展，不仅有强化的目的，还有指向性的作用，能够产生引导效果，加强语流的内在连接。

例句7：巷，是城市建筑艺术中一篇飘逸恬静的散文，一幅古朴淡雅的画卷。（柯灵《巷》）

解析："巷"，既是开篇的第一个字，又是文章标题。延长这个音节，除了突出它的重要含义，还有一种拉开序幕、渐入佳境的效果，语流自然延伸，句子浑然一体。

例句8：这让我想起已故诗人海子。他的母亲说："海子上大学，参加工作，我每次送他都哭。"（纳兰泽芸《荆棘上的花朵》）

解析："想起"的"起"，声音伸展，拉开"想"的空间；"母亲说"的"说"，音节延长，引出说话的内容。两处音节的延展形成语流的绵延，营造出一种深情舒缓、娓娓道来的语境。

（四）缩短音节

缩短音节的长度，特别是停顿位置的音节，会减轻语流的断裂感，加强句子的紧密度。

例句 9：记得在古城读书时，窗外那鹧鸪的鸣叫，是来自不远处的湖滨/以及附近的小树林。（张秀亚《春天的声音》）

解析："鸣叫""湖滨"，一个是逗号停顿，一个是结构断句。适当缩短"叫"和"滨"的音长，有利于连接后面的内容，提高句子的整体性。

例句 10：我找来杭州的地图，看着那条弯曲的富春江/如何蜿蜒地流过/那个叫富阳的小城。（许知远《水样的春愁》）

解析："看着……"包含的内容较多，仅凭一口气读下来难以为继，因此，在"富春江""流过"后面添加两处结构断句；为了减少句子的断裂感，"江""过"要读得短促一些。

（五）音调上扬

停顿位置的音节，有时会通过提升音调突出承接之势，加强语流的连接。

例句 11：提起林则徐，人们立刻会想起广东的虎门，想起中国近代史上那一场轰轰烈烈的禁烟运动。（杨晓雷《生命的瀑布》）

解析："林则徐""虎门"是两处停顿位置。注意，"徐""门"都是二声，即阳平音调，有意提升它们的上扬音调，句子会有未完待续之感，语流顺势向后延伸。

例句 12：工匠犯了难，因为他要等下雨，等雨停，要盯着天空看很久，观察天光在蓝和绿之间的变幻，还有太阳即将透出的淡淡的粉红。（蒋勋《何以为美》）

解析：同样，犯了"难"、等雨"停"都是阳平音节，这里充分利用音调的特性，在停顿时挑起来，形成延伸和接续的语势，完成句子的贯穿。

（六）气息并入

借助上一动程的气息，覆盖下一动程的内容，气息并入，在充分利用气息的同时，也强化了句子内部的连接。

例句 13：它一定知晓我的心事，一定用了它的语言向我提示，只是/我没有通晓物语的聪明，否则，/我就不必再费周折。（晨义《叶子时期的梅》）

解析："只是"和"否则"前面虽然有逗号，但这里只是声音停顿，不做气息补充，在不产生歧义的前提下，把它们并入到上一个气息动程，既加强了语流的衔接，又突出了后面的内容。

例句 14：这条山脉有多长？他也说不清楚，只知道/两匹军马轮换着骑，来回/要走上一个多月，而且，还是在天气最好的夏季。（王晓廉《界碑》）

解析："只知道""来回""而且"，全部采用气息并入；气息动程前后叠合，相互接续，语流绵延不绝，句子一通到底。

二、增强结束感

无论句子、段落还是通篇，贯穿都是对它们完整性的体现。声音营造出来的结束感是完成贯穿的关键。结束感可以通过增加停顿、放慢语速、加重读音、气息叹出等手段来实现。

（一）增加停顿

句子行将结束，往往会增加停顿，这样既保持了结构的平衡，听觉上也不显得突兀。

例句 15：那些老人坐成一行，大多低头不语，有的抽着烟袋锅儿，有的注视着远处的天空，他们就像成熟的庄稼，在晾晒着/自己的生命。（许向诚《晾晒生命》）

解析："坐成一行""低头不语""抽着烟袋锅""注视着天空"，前面一连串的描述，最后都落在"晾晒生命"的主题上；为了避免语势前重后轻，也为了强调"生命"之重，在"晾晒着"后面增加停顿。

例句 16：如果，谁要是拿走了这样一个"铅笔盒"，就等于拿走了她的心，以及在她心里面，那个小小的、却充满了无限温暖的/人间/天堂。（谭延桐《家，就是人间的天堂》）

解析：这句话既是文章结尾，又呼应了文章的标题，情感经过不断累积，最终倾吐出来；在"温暖的""人间"后面，要增加两次停顿才能托住这样深厚的情意，为全文画上一个完整的句号。

（二）放慢语速

在句尾部分，慢下来的语速可以形成明确的结束感。

例句 17：这一年，是洛阳的第九届牡丹花会。这一年的春，来得有些迟。（张抗抗《牡丹的拒绝》）

解析："牡丹花会"声音稳住，信息传递务必完整准确；"来得有些迟"语速放慢，特别是"有些迟"，通过延长音节，进一步强化句子的最终结果。

例句 18：郁达夫在他 13 岁那年，考取了杭州的学堂，因此/他要离开小镇上/那个刚刚认识的/漂亮姑娘。（许知远《水样的春愁》）

解析：增加的停顿，让句子结构更加清晰，语速也随之慢了下来，尤其是"漂亮姑娘"四个字，在句尾徐徐道来，更显得意味深长。

（三）加重读音

句尾部分的音节加重，犹如板上钉钉，夯实了句子最后一个字，强化了句子的整体感。

例句 19：一时间，我还以为是谁家的房子着了火，但马上就想到了加根太太说的那棵树。（罗伯特·凯弗《你见过那棵树吗》）

解析："那棵树"是全句的重点，特别是"树"字更有强调意义，它是整篇文章的核心，后面的内容都将围绕着它展开；句尾加重"树"的读音，既夯实了句子，也引出了全文。

例句 20：少了那些各怀心事的探望、那些借题发挥的吟咏，一棵树，会活得更真实，更自由，更健壮。（晨义《叶子时期的爱情》）

解析："更真实，更自由，更健壮"，情绪节节提高，声音步步加重，句子从低到高，由弱到强，一路呈攀升之势，直至登顶。

（四）气息叹出

气息循环，要求每个句子结束时气息都要自然耗尽。如果句尾是语气助词，最后叹出的气息，更增强了整句的结束感。

例句 21：其实，白居易不必叹惋，能在松间慢慢老去，已经是修来的/福气了。（萧春雷《松间》）

解析：在"福气了"的前面略作停顿，音长拉开，语势下降；最后的"了"字，气息叹出，声音落地，至此，句子有了明确的完结，语气得到充分的渲染。

例句 22：周庄从不把过去写在脸上，甚至不挂在心上。如此不动声色地面对沧桑，该是大师级的修炼吧！（韩静霆《周庄烟雨中》）

解析：周庄历尽沧桑，却依旧平和、淡然；句尾的语气助词"吧"，气息叹出，亲切自然，营造出一个充满感染力的尾声。

三、综合训练

贯穿意识下，声音控制具有明确的目的性。把握住每个音节，特别是停顿位置和句尾的音节，是实现贯穿的关键。

例句 23：那时候刚好下着雨，柏油路面湿冷冷的，还闪烁着青、黄、红颜色的灯火。（陈启佑《永远的蝴蝶》）

解析："下着雨""湿冷冷的"后面都是逗号，表示句子尚未结束，只是阶段性停顿，因此，"雨"的发音适当拖长，形成延续感；"的"的发音又短又轻，避免结束感；"青、黄、红"以顿号隔开，不允许有气息补充，以保持语流紧密，减少断裂感。

例句 24：读书，读到一段旧事，说的是晋朝大书法家王羲之的儿子王徽之，在一个雪夜忽来兴致，竟从山阴家中出发，披蓑泛舟过剡溪，去寻访好友戴安道。（许冬林《寻你，然后不见》）

解析：这是一个长句子，首先从"说的是"做好准备，气息补足；"王徽之"前面的一长串定语，语流不能拖沓，更不能表现，要一笔带过；"之"字挑起，接上后面的内容；"兴致""出发""剡溪"，声音都要提起来，即"致""发""溪"三个音节的韵尾上扬，直到"戴安道"，随着"道"的去声，气息用尽，声音落地。

例句 25：对着这些炸开的嫩叶，它们做出思考的神态，以为是什么可吃的果实炸开了，左转右看的，到底明白过来——这也不过是一片叶子，就都意兴阑珊地飞走了。

（钱红丽《四月挂在墙上》）

解析：按时间顺序，"对着""做出""以为""左转右看""明白过来""飞走了"，一连串的动作构成了句子的主体结构，沿着这条动作链，语流就像不断延伸的触角，一直到"飞走了"才最终松了一口气。注意，同样是"了"，前面的"炸开了"和后面的"飞走了"在音节控制上是不同的。前者轻短，韵尾挑起；后者深长，韵尾落下。

以上例句，反映出具体的音节变化对加强语流的连接性、增强句子的结束感起到的重要作用。声音层面的控制力是实现贯穿的外部技巧，也是语流应用的深化、细化。

第二节　内部技巧

第九章第二节
例句朗诵音频

朗诵以文为本。每一篇文字，从句子到段落、再到通篇，都要具备完善的结构。从这个角度讲，我们的语流，只要准确体现出文字的结构，就等于完成了贯穿。一味依靠加快语速或减少声音停顿来体现文字的完整性，只是贯穿的形，而非贯穿的神。

一、句子贯穿

整句意识，体现在气息层面叫气息循环；体现在声音层面，叫句子贯穿。就像庖丁解牛，朗诵者只有对句子的结构了如指掌、烂熟于心，贯穿才能做到胸有成竹、水到渠成。

句子，按语法结构，分为单句、复句、句群三种类型。单句，是只有一套主谓的单一结构；复句，是多个分句的关联结构；句群，是多个独立句的组合结构。

针对不同的结构，句子贯穿可以概括为三句话：单句抓主干，复句抓关联、句群抓层面。

（一）单句抓主干

单句只有一套主谓结构，抓住这条主线的脉络，其余的都是旁枝末节。主干部分要读得"粗壮"，其他部分相对弱化，则句子结构自然显现。

例句1：多情甚至滥情的郁达夫经历了沉沦的青年之后，开始了对于少年的回忆。（许知远《水样的春愁》）

解析："郁达夫……开始了对于少年的回忆"是这句话的主干，声音侧重于主干部分，即音高、音强、音长要相对突出；"多情""滥情"是修饰部分，"青年之后"是时间状语，它们不是重点，不用过多表现；"少年的回忆"与"沉沦的青年"形成对比关系，"少年"需要重读。

例句2：那些纷乱的场景，飘忽不定的人群，伸出车窗的手臂和混合着汗味儿的嘈

杂，都会引起我的伤感。(李紫枝《奔跑的火车》)

解析：句子主干是"场景……人群……手臂……嘈杂……引起我的伤感"，在语流中这些都是凸显部分，也大多是重音位置，抓住这些关键音节，整个句子就提起来了；"纷乱的""飘忽不定的""伸出车窗的""混合着汗味儿的"这些描述部分，在陈述句中需要克制，不能抢戏。

例句3：这种巷，常在江南的小城市中，犹如古代的少女，躲在僻静的深闺，轻易不肯抛头露面。(柯灵《巷》)

解析："……巷，常在……小城市中"，后面用古代少女做了拟人化的描写，读的时候心里有了这根主线，声音自然就有了轻重区别。

例句4：她梦见/年轻英俊的伊凡王子，骑着一匹巨大的灰狼，抱着美丽的公主，穿过荆棘、雪地、密林，奔向一个自由温暖的地方。(周佩红《送她一朵勿忘我》)

解析：句子主语是"她"，谓语是"梦见"，后面是"王子"一连串的动作组成的宾语；"梦见"添加结构断句，并适当延展音节，引出后续内容；"骑着""抱着""穿过""奔向"，这些环节要读得紧张、紧凑，整个过程一气呵成。

(二) 复句抓关联

复句，是由单句或分句以各种关联方式结合而成。这些内在的关联，无论是显性的还是隐含的，都要在声音上反映出来。

例句5：如果说，鹧鸪的呼唤，是春天绿色的海洋中翻腾的泡沫，那落花的叹息，就是缥缈在春晖里细弱的游丝。(张秀亚《春天的声音》)

解析：这是一个假设关系的复句，即"如果呼唤是泡沫，那叹息就是游丝"。注意："呼唤"和"叹息"形成递进关系，"泡沫"和"游丝"前后呼应。

例句6：他/是个很少有人知道名字的边防站站长，每年/都要巡查一次这十二座辖内的界碑。(王晓廉《界碑》)

解析："他是谁，又做了什么事"，这是一个承接复句；"他"语调要提起来，同时添加断句，形成清晰的脉络；"每年"，气息并入上一个动程，加强内容的衔接。

例句7：对我们终将逝去的生命，与其在科学上探究，哲学上争论，倒不如赋予它更多的美好和诗意。(汤竹青《致终将逝去的生命》)

解析：这是一个选择关系复句，"与其""倒不如"这两个音节要重点表现，在声音上形成冲突，强化句子的取舍关系。

例句8：当我看到一小朵悬空不动的浮云，就会想到那个懂事很早的小女孩儿，没有母爱，没有伙伴儿，每天孤寂地坐在祖父的后花园里。(王充闾《青天一缕霞》)

解析：这是一个条件关系复句，在"看到浮云"的前提条件下，"想到"了很多具体的事情；"当""就"是句子的节点；"没有母爱""没有伙伴儿""坐在……后花园里"，是对"小女孩儿"的补充修饰。

例句 9：纯净的心需要阳光的照耀，受伤的心更需要阳光的抚慰。（摩罗《为了看看阳光，我来到世上》）

解析：这是递进关系复句。相对于"纯净的心"，"受伤的心"要更进一步；"需要""更需要"前低后高，前轻后重，读出对比关系，读出递进与强化。

例句 10：因为芳华一绽之时，也正是红颜凋零之际，所以，看烟花我总有些不忍，总觉得像站在乌江边上，欣赏虞姬自刎。（吴克诚《烟花》）

解析：这是一个因果复句，分句中又有承接或递进之意；除了"因为""所以"这两个主要节点，"也正是""总觉得"同样需要我们在声音上的重视。抓住各个节点，句子就像提线木偶，整个都生动灵活起来。

例句 11：为了避免戳到孩子的痛处，母亲连说话都小心翼翼，极力避开"跑""跳""踩"这类字眼儿。（纳兰泽芸《荆棘上的花朵》）

解析：这是一个目的关系复句，"为了""连"串起整个句子；相比主要节点，类似"小心翼翼""极力"这些具有表现性的内容，都要相对弱化。

例句 12：我知道他其实很想做官，从小就有猛志："少时壮且厉，抚剑独行游，谁言行游近，张掖到幽州。"不过，他的确不适合做官。（夏立君《陶公祠的菊花》）

解析：这是转折关系复句，关键点是"不过"二字；前面一连串密集的语流，在转折处忽然放缓，更凸显出转折的力度；同时，"很想""猛志""的确"，这些位置也要突出表现，强化前后的反差效果。

例句 13：老舍说，人养花，花也养人，遇到好天气，一盆盆从屋里搬到院儿里，出身热汗；刮风下雨，再一盆盆搬回来，又是一身热汗。（胡竹峰《老舍的底色》）

解析：这是并列关系复句，记述老舍搬动花草的过程。从"遇到好天气"到"刮风下雨"，要读出它们的对比；从先搬出去，到再搬回来，要读出它们的承接；从"出身热汗"到"又是一身热汗"，要读出它们的递进。只有结构了然于心，贯穿才能有条不紊。

（三）句群抓层面

句群，是由多个独立的句子组成的语言单位。这些句子之间存在着各种内在关系。朗诵者需要具备敏锐的意识发现它们、体现它们，最终实现句群的贯穿。

例句 14：他在山上隐居了十年。这十年，师虞禅师和山上的树生活在一起，话肯定说得很少。偶尔几句，也是说给树听的，我们不会懂。（冯文柯《云端之上》）

解析：这个句群包含三个独立的句子，句子之间环环相扣。每个句子的句尾，也就是宾语部分，又成为下一个句子的句头，即主语部分；从"十年"到"这十年"，从"话"到"偶尔几句"，句子前后相接，营造出顶真的修辞效果。

例句 15：雕像馆里，每个人都是蹑足、噤声，生怕惊动了这些"生命"。偶尔有些絮语，也像是花间虫鸣，全然不会影响到这些静默的雕像。（夏易《忘情》）

解析：日常保持的静谧和偶尔出现的絮语，共用使用同一个地点状语，即"雕像馆里"；为了体现出这种内在的关系，两个句子需要连接得紧密一些，不能间隔过大。

例句 16：我在张家厅堂品了一阵阿婆茶。我在沈家天井，看了一阵独自绿着的一株芭蕉。我登上不知姓氏的小姐的绣楼，对着绣花的慢帐和雕花的牙床，发了好一阵的呆……（韩静霆《周庄烟雨中》）

解析："张家厅堂""沈家天井""小姐的绣楼"，一条游览线路，三个独立的景点。几个句子虽然场景不同，却像一组分镜头，集中展现了周庄的历史遗迹，抓住这个层面，看似孤立的句子就有了内在的联系。

例句 17：藏族人居住的房屋，窗子几乎都是大红色的，阳光一照，它们就像是一个个相框。站在房子外面，你会看到，它镶嵌着藏族姑娘甜美的笑脸。站到房子里面，你会看到，它把雪域高原变成了一幅幅美丽的画面。（汪建中《西藏的阳光》）

解析：把藏族人家里的窗户比喻成红色的相框；然后，从房子外面和房子里面分别欣赏相框中一幅幅美丽的画卷。三个句子，先总结、再分述，形成一个完整的总分结构。

二、段落贯穿

段落，是文章中最大的语言单位，由句子或句群组成。有时，单独的句子或句群也可以形成一个段落。书面上，段落通过换行另起，自成一段；朗诵中，段落通过贯穿整合，融为一体。

按照句子之间的相互关系，段落贯穿大致分为以下几种。

（一）连词贯穿

例句 18：人是为明天活着的，因为记忆中有朝阳、晨露。假如过去的日子都像地狱那么黑暗，明天，还有什么盼头儿？当然，记忆中也有伤痛，可希望总会把它裹上一层糖衣，像一出悲剧，苦中带着些甜。（老舍《她那么看过我》）

解析："因为记忆中"是因果关系，"假如过去"是假设关系，"可希望"是转折关系；段落里包含着多个复句，复句中这些标志性的连词恰恰也是语流运行的节点，有意识地强化这些连词，段落贯穿自然达成。

（二）中心贯穿

例句 19：翻开色谱，看青的位置，应该是从绿里衍生出来的。它包含在绿色大系里，却不等同于绿。不是二月新草的嫩绿，也不是九月远山的深绿，它立在仲春和仲夏之间，繁花硕果，两头儿的热闹都没赶上——它是一种寂静的绿。（许冬林《青》）

解析："青，属于绿，又不等同于绿"，整个段落围绕着这个核心展开，也朝着这个核心聚拢；"绿里""绿色大系""嫩绿""深绿""寂静的绿"，这些关键词重读以外，也要注意语调的承接;"它包含"音高要提起来,引出下文;"不是""也不是"要读出比较,一直到"寂静的绿",音强加重,一锤定音。

(三)时间贯穿

例句 20:据说,赵孟頫看了《我侬词》,大笑而止,再不提纳妾之事。后来,管道升离世,他写下情深意重的墓志铭,并最终做到了"生同一个衾,死同一个椁"。(王春鸣《未破当年一块泥》)

解析:不同的句子,为什么合并到一个段落里?找到这个原因,也就找到了段落贯穿的钥匙。例句中,整个事件的发展严格按照时间顺序渐次展开,从"看了"到"后来"再到"最终",脉络清晰,故事完整。

(四)动作贯穿

例句 21:有一次,他走在崎岖的山路上,不小心被一块石头绊倒了。当他爬起来,拍拍身上的土正要赶路,却发现那块石头的样子非常特别。他蹲下身子,捡起石头,看着看着竟有些爱不释手了。于是,他索性带上石头,继续赶路。(陆勇强《当一块石头有了愿望》)

解析:这个段落,由一连串描写动作的句子组成。"走在""绊倒""爬起来""拍拍""发现""蹲下""捡起""看着""带上",这些词汇不仅仅是动作的描写,更连成了一组动态的画面,把整个段落紧紧地贯穿起来。

(五)并列贯穿

例句 22:沈从文听说老舍自尽,非常难过,摘下眼镜擦着泪。日本作家井上靖发表文章悼念,感叹其宁为玉碎。二十年后,汪曾祺写老舍投湖,依然是伤心不已,难以释怀。(胡竹峰《老舍的底色》)

解析:对于老舍先生的离世,沈从文、井上靖和汪曾祺都是深感悲痛,落泪、发文悼念、难以释怀,这些各自表达出来的伤痛排列在一起,组成了他们对老舍先生的不舍之情。

(六)场景贯穿

例句 23:暮色渐深,远处的灯火开始热闹起来,像是谁在北山脚下撒了满地的星。璀璨的星群中,蜿蜒的车流是五彩的云带,铺过来,漫过去,缓缓地,热烈而执着。月光下,隔着海峡,可以遥望到远处的九龙。那儿的灯河凝滞着,仿佛在微颤中等候迟归的伊人,不安而且激动。(韦娅《人随月色净》)

解析:在固定的地点,以变动的视角将"灯火""车流""九龙""灯河"等一系列景象合成一幅完整的画面；四个描述句分别拉开句子幅度，充分刻画；"暮色渐深""璀璨的星群""月光下""那儿的灯河"，这四个场景要读得错落有致，如镜头转换，既有差异化，又有统一性。

（七）总分贯穿

例句 24：我站得高高的，可以看见很远的地方。我看到变成孤儿的拉斐尔，正在渡过一个蓝色的小湖。他要到罗马去画画儿，他神色忧郁地回望着自己的故乡。在一个阳台上，蒙娜丽莎正对着达·芬奇微笑，笑容里掩藏着这个女人细腻的心思。年轻的米开朗琪罗从翡冷翠老城的一扇木门里走了出来，一脸愁苦。他的天才，不知压死了多少代画家，可他觉得自己却是最不幸的人。而圣马可修道院里，安哲利柯正对着墙壁，近乎痴迷地画着那幅世界上最美的天使报喜。（陈丹燕《我愿意做托斯卡纳的一棵树》）

解析：段落以"我"的视角，分别描绘了自己"看"到的景象：拉斐尔渡过小湖，回望故乡；蒙娜丽莎对着达·芬奇微笑；米开朗琪罗从一扇木门里走出来；安哲利柯正对着墙壁画画。段落虽然包含着大量内容，但结构是清晰的；依照结构，有条不紊，段落贯穿，水到渠成。

（八）情节贯穿

例句 25：几十年荒疏，一时兴起，连用什么笔什么纸，都没了主意。请教朋友，得到的答复是：要写就用宣纸，会别有一种感觉。我细问究竟，朋友说：你试试就知道了。（汤世杰《纸寿千岁》）

解析：从"一时兴起"到"请教朋友"，从"得到答复"到"细问究竟"，整个段落一波三折，通过情节的发展连成一线。

（九）句式贯穿

例句 26："两个黄鹂鸣翠柳"，江南二月，哪棵柳树上没有黄鹂清脆的歌声？"寒鹊争梅花争艳"，冬雪初霁，哪棵梅树上没有喜鹊翻飞的身影？树上无花，鸟儿落上去就成了花。树上有花，鸟儿落上去，更是锦上添花。（吴忌《鸟是树的花朵》）

解析：段落里包含两对句子，前面是对偶句，后面是对比句。朗诵时，要读出对偶句的对仗，对比句的递进，体现出段落的内部节奏；语流张弛有度，声音错落有致，贯穿，也就顺理成章了。

从单句、复句，再到句群、段落，随着文字内容越来越多，贯穿幅度也越来越大。仅仅依靠声音层面的控制，贯穿难免受到局限。只有提高对文字结构的把握，才能让我们放眼全局，句子连成线，段落拧成股，通篇抱成团。

第三节　通篇贯穿

把握全篇，是贯穿的终极目标。整个创作过程，从句子到段落，从段落到通篇，朗诵者都要在贯穿意识下控制住声音的变化，体现出文字的结构。

例文《匆匆》朗诵音频

例文：

《匆匆》
（作者：朱自清）

燕子去了，有再来的时候；杨柳枯了，有再青的时候；桃花谢了，有再开的时候。但是，聪明的，你告诉我，我们的日子为什么一去不复返呢？——是有人偷了他们罢：那是谁？又藏在何处呢？是他们自己逃走了罢：如今又到了哪里呢？

我不知道他们给了我多少日子，但我的手确乎是渐渐空虚了。在默默里算着，八千多日子已经从我手中溜去，像针尖上一滴水滴在大海里。我的日子滴在时间的流里，没有声音，也没有影子。我不禁头涔涔而泪潸潸了。

去的尽管去了，来的尽管来着，去来的中间，又怎样地匆匆呢？早上我起来的时候，小屋里射进两三方斜斜的太阳。太阳他有脚啊，轻轻悄悄地挪移了，我也茫茫然跟着旋转。于是——洗手的时候，日子从水盆里过去；吃饭的时候，日子从饭碗里过去；默默时，便从凝然的双眼前过去。我觉察他去得匆匆了，伸出手遮挽时，他又从遮挽着的手边过去。天黑时，我躺在床上，他便伶伶俐俐地从我身上跨过，从我脚边飞去了。等我睁开眼和太阳再见，这算又溜走了一日。我掩着面叹息，但是新来的日子的影儿又开始在叹息里闪过了。

在逃去如飞的日子里，在千门万户的世界里的我能做些什么呢？只有徘徊罢了，只有匆匆罢了。在八千多日的匆匆里，除徘徊外，又剩些什么呢？过去的日子如轻烟，被微风吹散了，如薄雾，被初阳蒸融了；我留着些什么痕迹呢？我何曾留着像游丝样的痕迹呢？我赤裸裸来到这世界，转眼间也将赤裸裸的回去罢？但不能平的，为什么偏要白白走这一遭啊？

你聪明的，告诉我，我们的日子为什么一去不复返呢？

通篇解析：

全篇共分为五个自然段落，我们把每个段落里的句子划分出来，然后逐句分析。

第一段包含两个复句：从"燕子去了"到"一去不复返呢"是一个转折关系的复句；从"是有人"到"哪里呢"是一个选择关系的复句。第一句"燕子""杨柳""桃花"作为铺垫，声音不宜过高，且保持在同一水平线上；"但是"是连接词，需重读；"我们的日子"是句子主语，其中"我们"具有比较意义，以偏压正，是句子的重中之重；"聪明的，你告诉我"是插入语，弱化处理。第二句"是有人""是他们自己"列出两种情况，构成选择复句，后者音高要提升，整句呈递进语势；"罢"通"吧"，两处"罢"的音调都要轻轻挑起，句子中间的语气助词要避免读出结束感。

　　第二段包含四个句子："我不知道……""在默默里……""我的日子……""我不禁……"。第一句是转折复句，转折词"但"重读，考虑到段落贯穿，句尾的语气词"了"不能完全落地，以便与后句形成接续。从"在默默里"开始，后面三个句子组成句群，语义可以概括为"日子溜去，无声无息，我不禁汗颜与伤悲"。"八千多""一滴"声音加重，强化对比；"没有声音""没有影子"相对弱化，既是对水滴入海的补充说明，也是对"头涔涔""泪潸潸"的原因铺垫；"泪潸潸了"是段落的尾声，语气助词"了"运用气息叹出，要读得深长，与前面"空虚了"对比，同样是"了"，在声音控制上，前者是为了加强句子的连接性，后者是为了增强句子的结束感，同时形成语气渲染，提高了表现力。

　　第三段是全篇最长的段落，包含八个句子。整个段落呈总分结构，用七个不同的时刻描写了时光流逝是"怎样的匆匆"。第一句，不管过去和将来，重点放在眼前的时光是怎样溜走的？"去来的中间"声音加重；疑问词"怎样"是句子的语气重音，也是全句的最强音。第二句是个单句，抓住主干"小屋里射进太阳"；时间状语从句"早上我起来的时候"作为铺垫，相应弱化；"斜斜的"音节稍微拉长，加强修饰作用，但音高不能超过被修饰的"太阳"。第三句，开头的"太阳"正好与前面句尾的"太阳"接续起来，声韵上要体现出顶针效果；"挪移了"避免声音落地，要紧接着读"我也茫茫然跟着旋转"，整句才算结束。第四句是一个并列复句，开头"于是"音节拉长，读出破折号的指向性；"洗手的时候""吃饭的时候""默默时"三个并列分句要紧密连接。第五句在形式上是一个独立的句子，内容上却是前句的补充或追加，"遮挽时"与前面的三个时刻处于同一个层面，重读"又从"，体现出它们的并列关系。第六句，"天黑时"与"早上我起来的时候"遥相对应，因此要拉开一点距离，避免与前面几个时刻混淆；"伶伶俐俐"四个字语速加快，既提高了句子的连接性，又体现出语言的生动性；"从我身上""从我脚边"语势递进，进一步强化了句子的贯穿。第七句，"等我睁开眼"与"早上我起来"形成了一天的循环，也等于"又溜走了一日"，这是引发作者叹息的原因，也为最后一句做好了铺垫。第八句，作者叹息时光易逝，但时光又在叹息里闪过，这是一个转折复句；"但"重读，加强冲突效果；"闪过了"前面增加停顿，既是平衡断句，也是表现断句；最后，把"闪过了"三个字的音节拉长，气息叹出，至此，整个段落结束。

　　第四段是一连串的问句，作者积压已久的情绪也终于爆发出来。第一句是个设问句，句子主干是"我能做什么呢？只有徘徊，只有匆匆"，"我"前面的定语包括"逃去如飞的日子里""千门万户的世界里"，这些都不要过度表现，而是把重音牢牢压在"我"上；"徘徊""匆匆"语势递进，音高提升。第二句，继续追问，除徘徊外又剩了些什么？

在前句的基础上,句尾的音调进一步抬高,发问的强度进一步加大。第三句是对第二句的回答,用"如轻烟""如薄雾"的比喻形容自己一丝痕迹都没有留下,比喻部分相对弱化,语调轻柔,同样不失表现力;"留着""何曾留着"情绪再度激动起来,语调提升;定语"游丝样的"加大力度,以偏压正。第四句是疑问句加反问句,"人生就是赤裸裸的来,赤裸裸的去吗?但不甘心的是,为什么要白来一遭?"整句的侧重在转折部分,前面的疑问句不要用力过猛;"白白"是副词,修饰"走这一遭",它也是整句话的语气重音,要全力表现。

　　第五段只有一个句子,在内容和情绪上是上一个段落的接续。作者为了加强它的分量,同时为了收篇的需要,所以另起一行,独立成段。朗诵中,我们要避免格式的干扰,保持声音和情感的贯通。

　　文章的最后一句话与开篇形成呼应。"我们"需要强调,在逻辑上保持一致;"一去"后面增加停顿,同时为收篇蓄力;"不复返呢"字音拉开,气息顶住,特别是"呢",提高音调,加重语气;最后一句话既是问句也是叹句,情绪登顶,力压全篇。

　　《匆匆》是朱自清先生在1922年发表的一篇散文。严谨的语法,精湛的词句,时隔百年,依然让我们叹为观止。朗诵中,除了声音层面的贯穿,我们还要深刻体会弥漫于文字中的忧虑和叹息,只有把握住文章的基调,才能在更高的层面贯穿通篇。

第十章 跳 转

跳转,是语流对文字中语境变化的反映。语境,即语言应用的环境。语境包含很多因素,除了上下文关系,还有时间、空间、情景、对象、行为、意识等。这些因素的变化反映在声音上,就形成了朗诵的跳转。

第一节 跳转意识

第十章第一节
例句朗诵音频

我们在朗诵时,脑子里要时刻绷紧两根弦:一根是贯穿意识,另一根是跳转意识。贯穿,就是自始至终想着"连";跳转,就是随时随地准备"变"。

一、跳转无处不在

前后句子,上下段落,甚至是一句话里,都会出现语境的变化,朗诵者要努力做到:哪里有变化,哪里就有跳转。

例句1:"江南佳丽地,金陵帝王州"。我不是太喜欢帝王,所以我就到了姑苏。姑苏,听听这名儿,心里就痒酥酥的。(笑脸《姑苏船语》)

解析:这是开篇段落,包含三个句子。

第一句,引用古诗,将"金陵"(今南京)从地理、文化、历史等方面做了一个高度概括,朗诵时,声音要庄重,语速要放缓,努力让听众理解语义,并体现出悠远的时空感。

第二句,视角发生变化,从客观、宏大的介绍一下子转为个人的主观喜好,声音变得松弛、贴近,增进了和听众的交流感。

第三句,语气更加亲切生动,甚至带着几分幽默和俏皮,"名儿"的儿化处理,"痒酥酥"的叠音运用,都加强了情绪的渲染。三个句子,两次跳转,亦庄亦谐,生动有趣。

例句2:上世纪的一个黎明,巴黎乡下的一栋木屋里,福楼拜在给朋友的回信中写道:"我拼命工作,天天洗澡,不接待来访,不读报,按时看日出。

"按时看日出"？这句话，猝然击中了我。一位世界级的大文豪，竟然会把看日出，当作每天必修的功课。（王开岭《按时看日出的人》）

解析：第一个段落是一个加长的单句，前半部分包括时间、地点、人物、行为，以陈述语气为主，保持适当的距离感；后半部分是人物对话的引用，不但态度变得主观，还要体现出人物的角色感，声音压下来，用沉静、坚定的语调刻画出福楼拜的性格特征。

第二段，开头的问句要体现出难以置信的语气，加大与前文的反差，随后迅速调整为陈述状态，不要过分表现"猝然"；第二个句子也是陈述为主，但通过强调语气重音"竟然"释放出内心的感叹。

从段落的跳转，到句内的跳转，灵活多变的语流展现出文字清晰的层次和细腻的色彩。

例句 3：如果花是一种显露，那叶子就是一种隐藏。临走，我摘下两片梅的叶子，我要拿回去向人询问："你认识它吗？"（晨义《叶子时期的梅》）

解析：第一句话是一个假设复句，平铺直叙，无须渲染；第二句话是一个复杂的单句，包括"我"的一连串动作，以及人物对话的直接引用；问句部分，不但要拉开距离、放慢语速，还要在"你"的后面添加一处断句，引起听众的注意；语气助词"吗"用气息叹出，强化语言的感染力。

例句 4：忽然有个妇人走来，赭红的皮肤特别像这里泥土的色调。
"你们来找人？"
"我们——来看花。"
"花？"妇人一边匆匆走过，一边丢下句："哪有花？"（张晓风《不知有花》）

解析：第一句，整体以陈述为主，形容部分不要过度表现；随后是妇人的直接问话，语气里既有关心，也有好奇，我们的回答要稍显迟疑，并带着些意外；最后一句话是通过陈述部分把妇人的两个对话部分连在一起，"花？""哪有花？"连续的问句，提升的语调，进一步反映出妇人的疑惑不解。整个段落，夹叙夹"话"，不但要有陈述和对话的区别，还要有角色的差异，在一问一答间，表现出人物的不同特点。

以上例句说明，朗诵中随着语境的不断变换，跳转可谓无处不在，但任何一处跳转都不是随机的，更不是无理的。为跳而跳，是万万不可取的。

二、跳转有据可依

跳转反映的是语境的变化，语境变化是跳转的唯一依据。

（一）主语变化

例句 5：梅兰芳演《晴雯撕扇》，每次都是亲自画一张扇子，然后在舞台上撕掉。他的琴师看了心疼，有一回散戏，偷偷把撕掉的扇子捡回来，重新装裱，送给了老舍。（胡竹峰《老舍的底色》）

解析：段落包含两个句子。第一句的主语是"梅兰芳"，第二句的主语是"琴师"，两个句子虽然都是陈述语气，但"他的琴师"音调要略高一些，既区分出不同的主语，又体现出句子内在的逻辑关系。

例句 6：海拔越爬越高，气候和山势开始严峻。云层压在头顶，汽车盘旋着穿入云中。我好像要到云层以外去，可是云层以外还有云层。冰川展现在脚下，像瞬间凝固的波浪，但这一个瞬间就是上千万年。（李钢《高海拔地带》）

解析：一个段落，四个句子，彼此独立又相互联系。主语从"海拔—云层—我—冰川"不断变化，错落有致。开头"海拔"，声音偏低，语气沉稳；"云层"声音提起，语势抬高；"我"语调回落，重在叙述；"冰川"再度上升，情感加强。

（二）场景变化

例句 7：车子停在一个客家小山村。走过紫苏茂盛的小径，我们站在高大的桐树下。山路上落满了白花，每一块石头都因为花的覆盖，倍显温柔。走到林子深处，面对这惊心动魄的美，人似乎都感到有些虚脱。（张晓风《不知有花》）

解析：整个段落就像一组推进的镜头，由远及近，由外至内，从"小山村""桐树下"，再到"山路上""林子深处"，场景不断转换，声音渐渐拉开，前两句侧重陈述，后两句侧重描述，随着场景的深入，语速放慢，渐入佳境。

例句 8：前几天做了一个梦，依稀回到小时候。父亲在院子里拉着胡琴，大丽花明媚地开着。醒来的我，惶立窗前，西皮二黄犹在耳边。（雪小禅《窗外的京剧》）

解析：两个句子，一个梦里，一个梦外。梦里的情景作为铺垫，不要多费力气，"醒来的我"才是表现的重点；幻象消失，回到现实，那种惶然若失的心情和对梦境的回味，都要在声音里体现出来。

（三）时间变化

例句 9：1127 年，沦为金兵俘虏的宋徽宗，被押解到北方，饱受屈辱。九年后，一代荒淫昏聩的人君帝王，一代才华横溢的书画大师崩于五国城，年仅五十四岁。（雪小禅《瘦金体》）

解析：从"1127"到"九年后"，时间的变化形成了句与句之间的语境变化。朗诵时，"九年后"要挑起语调，既是对前句的接续，又是对新句子的开启。

例句 10：秋日里，我从遥远的大山带回一截干枯的杨树桩，顺手把它插到了院子的土堆上。

过了一段时间，我惊奇地发现，这截杨树桩让我生活的环境发生了一些变化。（廖华歌《倾听生命的脚步》）

解析："秋日里""过了一段时间"，这两个句子都是以时间开头，形成前后承接又彼此独立的语境。两句之间要留出足够的空间，既符合段落划分的书面格式，也体现出"过了一段时间"的真实感觉。

(四)角色变化

例句 11：一天晚上，在书房里，父亲看书，我也坐在书桌旁。我唤："爹爹"，父亲抬起头来，"我想看守灯塔去"。父亲笑了一笑说，"也好，只是整年整月守着海，太冷寂了。"说完，仍看他的书。（冰心《童年》）

解析：同一场景下，不同人物的对话要体现出不同的角色感，只有这样，听众才不至于产生混淆，并容易进入情境中。这个段落除了陈述和对话部分的切换，还要注意角色变化，从孩子的天真稚嫩，到父亲的沉稳与慈爱，声音要及时转换。

例句 12：有时，看到儿子突然狂暴地捶打自己，喊着："我活着还有什么劲！"母亲就扑过去抓住他的手，带着哭声说："咱娘儿俩在一块儿，好好儿活，好好儿活！"（纳兰泽芸《荆棘上的花朵》）

解析：段落里的人物对话，一个是"喊着"，一个是"带着哭声说"，前者要模拟出"喊"的姿态，后者要带着点哭腔"说"，使儿子的绝望和愤怒，母亲的安慰和央求，形成强烈的反差。

(五)心理变化

例句 13：她把头靠在王子胸前，那颗强壮的心脏正有力地跳动着。她想，只要能听到这心跳声，前方的凶险，未来的渺茫，又算得了什么呢？（周佩红《送她一朵勿忘我》）

解析："她把头靠在"是外在行为，"她想"是内心活动，两者语境是不同的。前句相对客观，声音要平实；后句相对主观，描述内心活动，声音要虚一点、低一点，表现出女子暗自思忖的状态。

例句 14：有道是："学成文武艺，货与帝王家"，这普天之下，哪里不是王土？如果不能经邦济国，一辈子也就只好借酒浇愁了。想到这里，他的眼前似乎看到了陶渊明、阮籍、刘伶、李白那些摇摇晃晃的身影。（单士兵《千古的醉意》）

解析：以"想到这里"为界，前面是欧阳修内心的思想活动，后面是想象中一个个摇晃的身影。前者的思考，趋于理性；后者的想象，趋于感性，由此产生的声音差异，形成了句子之间的跳转。

(六)语气变化

1. 陈述、描述变化

陈述，以说明事件、交代情节为主，传达时间、地点、人物等信息，语气相对平淡，立场较为客观。描述，是对事物或人物进行描摹刻画，语气相对积极，立场较为主观。

例句 15：熬粥，通常要花费两个半小时。她小心翼翼地把粥倒进一只花瓷碗，一边晃着脑袋，一边吹着气，吹到自己呼吸都困难了，粥也就凉了。（胡双庆《母爱如粥》）

解析：前句陈述，言简意赅；后句描述，着力表现。"小心翼翼""花瓷碗""晃着"

"吹着"，这些对事物特征、人物行为的描述，语速都要慢下来，尽力刻画出母亲喂粥的过程。

例句16：偶尔有过路的鸟，甩下一串婉转的音调。声音细细的、亮亮的、颤悠悠地传来，犹如冬日里喝下一杯春茶，那感觉真是妙不可言。（吴忌《鸟是树的花朵》）

解析："鸟，甩下音调"是前句的陈述信息，不要过于表现"婉转"；后句展开描述，"细细的、亮亮的、颤悠悠地"，既有形状，又有色彩，还有动态，声音拉开，语气投入，充分表达出作者那种"妙不可言"的感触。

2. 陈述、情状变化

情状语气包括疑问、反问、否定、感叹、祈使句、人物对话等。情状句的语气丰富多彩，细致入微。

例句17：如果是寒意未减的早春，远远地就能看见它。那金黄的花色啊，曾怎样地让一双冷寂的眼睛充满温情。（晨义《叶子时期的梅》）

解析：前面的陈述句，相对客观、冷静，随着一声感叹，"那金黄的花色啊"，内心的情绪释放出来；"怎样地"是句子的语气重音，音长拉开，音强加重，进一步反映出作者的情感。

例句18：这该是多少根藤的纠缠啊！主人说这只是一棵藤。一棵藤，怎么可能？但它确实是一棵藤，一棵独立的藤。（王剑冰《藤》）

解析：从感叹，到惊诧，段落中的两个情状句，一个直冲而下，一个不断上扬，都表现出强烈的感情色彩；作为间隔的陈述句，"主人说""但它确实"，语气要迅速恢复到平静、中性的状态。四个句子，跳进跳出，灵活多变，有条不紊。

3. 描述、情状变化

例句19：滩上不是太宽，就这么沿着河道一直走着，走着，我看见了一块大石头，它挂在天上，很蓝很蓝。哦！那是月亮，一块蓝色的石头。（蒋建伟《一朵一朵白云的河》）

解析：第一个句子描述了夜晚行走在河滩的过程，语速舒缓，徐徐展开；第二个句子触景生情，情不自禁一声"哦"从心底叹出，让人仿佛身临其境，感同身受。

例句20："妈妈，这个阿姨在看云呢！"我被一个响亮的童声惊动了，心里咯噔一下。（张丽钧《抬头看云》）

解析：第一句的人物对话，要把握住孩子的特征，声音里透出天真、无忌；第二句的心理描写，要把"咯噔一下"形象地表达出来，声音的力度和弹性都要加强。

4. 陈述、描述、情状变化

例句21：那年冬天，我穿过熙熙攘攘的人群，踏上那座长长的桥，想去寻找心里的那个人，想和他在桥上相遇。我裹着紫色的长丝巾，丝巾的一头遮住了我长长的发，和冰冷的大半张脸，另一头在风里高高低低、婀娜地飘扬。我想，那个人是知道我偏爱紫色的，他若看见风里一片紫色的云朵飘过，就该知道那是我啊，哪怕，只是看见了我

的背影。(许冬林《寻你，然后不见》)

解析：整个段落包含三个句子，分别是陈述、描述和情状语气。第一句讲述那年冬天相约桥上，语调和缓，状态平静；第二句描述自己的着装，带着回忆，也带着浪漫的诗意；第三句从"我想"开始，语气转入内心，有遗憾，有责怪，也有淡淡的哀怨，"就该""哪怕""只是"这些地方，都要有语气的渗透。

例句 22：我来到文昌阁小学，我走进二年级的课堂，坐在自己的座位上。
"黄永玉，六乘六等于几？"
我慢慢站了起来，课堂里空无一人。(黄永玉《乡梦不曾休》)

解析：第一句，陈述作者一路走进教室的过程，注意句内贯穿，读出"来到—走进—坐在"三个动作的延续性；第二句，是作者想象中老师的提问，这个人物对话要体现出老师课堂执教的角色感；第三句，作者描述自己还像小时候一样，有些紧张、有些胆怯地站起身来，然而，物是人非，原来坐满同学的教室，如今只剩下他一人，那种时空倒错、恍如隔世的感觉，让人唏嘘。

综上可见，跳转，反映出文字的各种语境变化。只有发现、归纳和总结这些变化的规律，跳转意识才能落到实处。

第二节　跳转提高

第十章第二节
例句朗诵音频

朗诵中，贯穿和跳转是两个相辅相成、对立统一的概念。贯穿是为了体现文字的整体感；跳转是为了反映文字的变化性。归根结底，它们是同一事物的两个方面，都是为了忠实再现文字的结构和内容。

从句子、段落再到通篇，随着文字区间的扩大，贯穿的难度越来越大；反之，从段落、句子再到句内，随着文字区间的缩小，跳转的难度不断提高。

一、句内跳转

相比句子和段落之间的转换，句内跳转需要朗诵者具备更加敏锐的觉察力和更加快速的应变力。

（一）引经据典

句中出现引用的诗句或名言，在声音上要加重分量，既有对内容的强调，也有对情感的烘托。

例句 1：这时，我想起她的挚友聂绀弩的诗句："何人绘得萧红影，望断青天一缕霞"。(王充闾《青天一缕霞》)

解析：语流运行到引用部分，首先语速要慢下来，同时情绪要提起来。萧红留给后世的文学作品，让我们赞叹，她那坎坷、传奇的一生，更让我们痛惜。

例句 2：很罕见地，她的词中出现了丈夫的身影，"门外水潾潾，春色三分已二分；旧雨不来同听雨，黄昏，剪烛西窗少个人。"（车水《芳心比天高》）

解析：丈夫走后，闲愁变成了哀愁；思念，逐渐成为她生命中无法摆脱的苦痛。吴藻的词句，如一幅清雅的卷轴徐徐展开，缠绵、凄婉。

例句 3："长安一片月，万户捣衣声"，翻身再上前楼，看到的却是另一番景象。（陆文夫《梦中的天地》）

解析：引用李白的诗句，呈现出融融月色下寻常百姓的生活画面；随后话锋一转，"翻身再上前楼"，场景、视角，连同语气都发生了变化。

例句 4：朱自清先生说的好，"酣眠固不可少，小睡也是别有风味的"。（不卑《小睡》）

解析：引用朱自清先生的这句话，不但要把意思表达清楚，还要通过饶有兴致的语调，传递出蕴含其中的那份闲适。

（二）人物对话

句中的对话部分要准确把握人物的特征，跳转才会鲜活灵动。

例句 5：她做着后勤工作，一边写发票一边说："不能唱戏了，心里疼呀！"（雪小禅《窗外的京剧》）

解析："不能唱戏了"，意味着舞台生命的终结；"心里疼呀"，那份不甘和不舍都藏在女伶人缱绻和妩媚的笑容里。

例句 6：一个中国的小姑娘坐在她的单人床上，指着画册对她的妈妈说："这棵树好像在伤心呢！"（陈丹燕《来世，我愿意做托斯卡纳的一棵树》）

解析：对话部分的人物、场景都已经框定——一个坐在床上、指着画册、和妈妈说话的小姑娘，我们该用怎样的语气和语调，生动再现呢？

例句 7：这一圈小山在冬天特别可爱，好像是把济南放在一个小摇篮里，它们安静不动地低声地说："你们放心吧，这儿准暖和。"（老舍《济南的冬天》）

解析："小摇篮""安静不动""低声"，这些描述部分足以让我们放下声音的架子，语气变得轻柔、温暖，充满呵护感。

例句 8：回家的路上，遇到每一个熟人，我都会大声地把加根太太的话重复一遍："你见过那棵树吗？"（罗伯特·凯弗《你见过那棵树吗》）

解析：在"路上"，对"熟人""大声地""重复"，这些描述性的内容已经给出了人物对话该有的状态和特点。

（三）情景再现

很多陈述句都包含着描述内容。在陈述语气的前提下，对描述部分的声音表现形成了句子内部的情境跳转。

例句 9：第二天，雨停了，山乡如洗。（双木《雨落山乡》）

解析："第二天，雨停了"，这是陈述，语气平实客观；"山乡如洗"是描述，语流展开，语调提高，表现出雨后山乡的清新与宁静。

例句 10：既然无眠，索性起身吧，他拿起身边的纸笔，摸黑写下了"枫桥夜泊"四个字。（张晓风《不朽的失眠》）

解析："枫桥夜泊"不只是简简单单的四个字，更是张继内心的失落与孤寂，一笔一画，落在纸上。因此，朗诵中要通过声音拉长，真实再现书写过程，同时把丰富的情感注入其中。

例句 11：我不能这样轻易走掉，因为梅就在这里，或者是这一棵，或者是那一棵。（晨义《叶子时期的梅》）

解析：这一棵还是那一棵？作者在树丛中寻找着花已落尽的梅树，却始终无法确定；在第二个"或者"前稍微停顿一下，表现出迟疑感，寻找的过程会显得更加真实、生动。

例句 12：隐约中，我好像又看到父亲佝偻着身子，站在枫树前，一遍遍地数着鸟巢"一、二、三、四……"（山珍《家园如梦》）

解析：在繁密的枝叶间寻找隐蔽的鸟巢，会有一个仔细辨别的过程，"一、二、三、四"的停顿不能等分，"二""三"之间拉开一点，"三""四"之间紧凑一点，生动呈现出父亲"边找边数"的情景。

（四）插入语

句子里一些兴之所至、信手拈来的插入语，会让文字瞬间鲜活起来。

例句 13：我是信前因的，真的，这是一种很奇异的事情。（雪小禅《窗外的京剧》）

解析："真的"，声音不大，却让人不得不信，这种插入语具有一定的强调意义，也拉近了和听众的距离。

例句 14：我总觉得在他沉重的叹息中有一种特别的妩媚与舒展，这种风格像是——我只找到了——苏东坡。（王蒙《如歌的行板》）

解析："我只找到了"作为插入语，不仅增添了作者求证的过程，也通过声音的中断和接续，让最终答案更加确凿和令人信服。

例句 15：当我们穿起厚厚的棉衣，树木落光了叶，你看吧，这就是冬天了。（吴忌《鸟是树的花朵》）

解析："你看吧"这三个字，随口一说，却一下子拉近了我们和听众的关系，好像是亲密的朋友，又像是同行的伙伴。

例句 16：或许，历史是由英雄们缔造的，但岁月——岁月对我而言，却是因为花的禅让被写就的。（张晓风《不知有花》）

解析：在客观的叙事中，忽然有了"我"的出现，插入语"对我而言"增加了文字的主观意味。朗诵中，插入语在声音上只是"附带一笔"，不能喧宾夺主，以免影响句子的主干。

（五）拟声词

拟声词，通过对自然界各种声音的模拟，使文字变得栩栩如生、活灵活现。朗诵时，拟声词只追求"像"，不追求"是"。

例句 17：雨滴先是"滴哒""滴哒"，宛若钢琴演奏前的两声试音，清脆、饱满。（双木《雨落山乡》）

解析："滴答"要读出雨滴如琴音般的"清脆、饱满"，后一个"滴答"可以适度上扬，形成声音的韵律感。

例句 18：起先是试探性的一声"啪"，像一滴雨打在桌面。（张爱玲《花落的声音》）

解析："啪"，既要模拟出雨滴落在桌面，打破"夜深人静"的突然，也要控制声音力度，不能读成像拍巴掌那样的响亮。

例句 19："吱——"，前面一个紧急刹车，我自行车的前轱辘差点顶住了那辆车的尾灯。（张丽钧《抬头看云》）

解析：这一声"吱"，再现了当时情况的紧急，也让我们的心一下子悬了起来。表现事发突然的紧张感，懒散的声音状态肯定是不合适的。

例句 20：车身轻轻摇晃着，车轮在黑暗中发出单调的"哐—哐—"的声响。（李萦枝《奔跑的火车》）

解析：火车在铁轨上行驶发出的声响，相信大家都不陌生，形象地读出"哐—哐—"，足以唤起每个人内心的记忆。

二、段内层分

段落里面的句子，虽然每个都是各自独立的，但句子之间也有亲疏之分，继而形成段落的层分。准确体现这些层分，跳转才会更有弹性。

例句 21：走进一片树林，我静静地，以树的目光看周围的树，发现他们也都在看着我。我闭上眼睛，感觉自己真的就是一棵树了。脚趾长出根须，扎进泥土；头发变成树冠，伸向天空；手掌化作树叶儿，在风中摇动；思想形成年轮，在岁月里旋转。（李汉荣《山中访友》）

解析：这个段落分为两层，一层是作者与树木对视，另一层是作者闭上眼睛感知树木。

第一层是一个较长的单句，"发现他们也都在看着我"是句子重点，前面的内容可以理解为时间状语从句，即"当……的时候"；注意读到"周围的树"时，声音不能落下来，要继续延展，直到"看着我"，完成整句的贯穿。

第二层属于总分结构，包含两个句子，第一句是概括自己的感觉，第二句是分别展开描述；读到"真的就是一棵树了"，声音不能松懈，要继续连接到"脚趾""头发""手掌""思想"这些细分内容。

这个段落的两个层次，既要体现出各自的独立性，又彼此对照和呼应，通过跳转的快慢变化使段落结构层次分明。

例句 22：下雪天，小枣树裹着棉絮，被冰雪覆盖，几乎看不见任何枝丫。而杨树桩却光溜溜、水亮亮的；雪花一落上去便立刻消融，从不积存。一样的冬天，一样的雪，竟是完全不同的两种景致。（廖华歌《倾听生命的脚步》）

解析：段落包含两个层次。第一层分别描述"小枣树"和"杨树桩"在下雪天不同的形态；第二层是一个概括总结。

第一层包括两个相对独立的句子，通过"而"形成密切的转折关系；读到"枝丫"，声音略有延展，且稍作上扬，与后句的连接更加紧密，同时加大声音的反差，使结构体现更为紧凑。

第二层适当加大停顿，拉开跳转的距离，在密集的信息传递之后，节奏忽然放缓，给出明确的结论。这个段落的两个层次前紧后松，前急后缓，灵活多变的跳转使段落形成鲜明的段内层分。

例句 23：荒地之间，遇到坟茔，我想不应抽身而走，坐一会儿也好。这就像在荒野里行走，见到对面来人，总要打个招呼一样。坐下，不经意间，我看到水泥制的石碑后面还有一行字：妈妈我想……（鲍尔吉·原野《墓碑后面的字》）

解析：这是一个夹层段落，段落包含三个句子。第一句和第三句从"我想"到"坐下"，在时间上是一个连续动作，属于同一层面。第二句"这就像……"是对第一句的补充解释，语境跳出，相比前后两句，声音略轻，语速略快，反映出附带说明的次要性，避免影响主体结构。第三句重新回到前面的语境，继续推进事件的发展，应注意其中的句内跳转"妈妈我想"，声音要适当延展，力求情景再现。

段落出现夹层，从跳进到跳出，再到跳进，要注意跳转的及时变化。

例句 24：船行如风，江枫如火。这天黄昏，船，到了苏州。然而，这美丽的古城，却激不起张继的半点游兴。今夜，异乡，在江畔，在秋冷雁高的季节，一个落魄的读书人，面对江水，欲哭无泪。（张晓风《不朽的失眠》）

解析：这个段落分为三层。第一层是概括性描述；第二层交代具体的时间、地点和陈述内容；第三层是细节性描述。

第一层，用八个字描写出船行的状态，以及两岸枫叶红遍的景色，同时给出季节信息。读时语速放缓，声音展开，以全景视角呈现出来。

第二层，"黄昏""苏州""张继"，时间、地点、人物一应俱全，声音平铺直叙，无须过多渲染。

第三层，描写成分加强，声音沉浸其中。"今"夜、"异"乡、"江"畔、"秋冷雁高"的季节、"一个落魄"的读书人，这些修饰部分都要重读，即以偏压正。

从全景，到旁白，再到特写，整个段落，如同一组镜头语言，拉开推进、交替转换。

例句 25：我正躺在山坡上想事情。是否我想的事情——一个人脑子里奇怪的想法让草觉得好笑，在微风中笑得前仰后合？它们有的哈哈大笑，有的半掩芳唇，忍俊不禁。靠近我身边的两朵，一朵面朝我，张开薄薄的粉红花瓣，似乎还发出了嗤嗤的笑声；另一朵则扭着头掩着面，却仍不能遮住笑颜。我禁不住也笑了起来，先是微笑，继而哈哈大笑。（刘亮程《对一朵花微笑》）

解析：段落分为四层，第一层陈述一件事情，第二层提出一个疑问，第三层展开细致描写，第四层回归个人状态。

第一层，以"我"为主语，结合动宾短语"想事情"，形成陈述单句。这个句子虽短，却有着较强的独立性和完整性，注意与第二层拉开距离。

第二层，"事情是否好笑？"是句子的主干，其他部分，包括插入内容"一个人脑子里奇怪的想法"，追加内容"在微风中笑得前仰后合"，这些都要读得紧凑而连贯，起到配合的作用，避免喧宾夺主。

第三层，包含两个句子，对花朵各种笑姿的描写，形成了句群。"有的……""有的……"是大致描写，"一朵""另一朵"则不惜笔墨，刻画入微。两个句子之间既有跳转，也有衔接，各自独立，彼此呼应。

第四层，重新以"我"的角度陈述整个事件的结果。在语境上，与段落之初保持一致，即：我在想事情，最后笑了起来。

段落里面的四个层次，有客观叙述，有主观描写，还有内心活动，这些语境的变化要在思想上意识到，并在声音上反映出来。

段内层分，充分体现出贯穿与跳转相辅相成、一体两面的关系。无论是整合还是分化，我们都要以文字为依据，通过灵活多变的语流，最终完成声音的创作。

第三节　通篇跳转

例文《青衣》朗诵音频

例文：

《青衣》

（改编自毕飞宇的同名中篇小说《青衣》）

从古到今，唱青衣的人成百上千，但真正领悟了青衣意蕴的极少。

筱燕秋是个天生的青衣胚子，二十年前京剧《奔月》的演出，让人们认识了一个正的嫦娥。可造化弄人，此后她沉寂了二十年，在远离舞台的戏校里教书。

学生春来的出现，让筱燕秋重新看到了当年的自己。二十年后，《奔月》复排，这对师生成了嫦娥的 AB 角儿。

把命都给了嫦娥的筱燕秋一口气演了四场，她不让给春来，谁劝都没用。可第五场,她来晚了。筱燕秋冲进化妆间的时候,春来已经上好妆了。她们对视了一眼,筱燕秋一把抓住化妆师,她想大声说:我才是嫦娥,只有我才是嫦娥!但是她现在只会抖动着嘴唇,不会说话。

上了妆的春来真是比天仙还要美,她才是嫦娥。这个世上没有嫦娥,化妆师给谁上妆,谁就是嫦娥。

大幕拉开,锣鼓响了起来,筱燕秋目送着春来走向了上场门。筱燕秋知道,她的嫦娥在她四十岁的那个雪夜,真的死了。

观众承认了春来,掌声和喝彩声就是最好的证明。

筱燕秋无声地坐在化妆台前。她望着自己,目光像秋夜的月光汪汪地散了一地。她一点都不知道自己做了些什么。她拿起水衣给自己披上,取过肉色底彩,挤在左手的掌心,均匀地一点一点往手上抹,往脖子上抹,往脸上抹,然后请化妆师给她吊眉,包头,上齐眉穗儿,戴头套,镇定自若,出奇地安静。

筱燕秋并没有说什么,只是拉开了门,往门外走去。筱燕秋穿着一身薄薄的戏装走进了风雪。她来到了剧场门口,站在了路灯下面。她看了大雪中的马路一眼,自己给自己数起了板眼,她开始了唱……

她唱的依旧是二黄慢板,转原板,转流水,转高腔。雪花在飞舞,剧场门口人越来越多,车越来越挤,但没有一点声音。筱燕秋旁若无人,边舞边唱,她要给天唱,给地唱,给她心中的观众唱。

筱燕秋的告别演出轰轰烈烈地结束了。人的一生其实就是不断地失去自己挚爱的过程,而且是永远的失去。这是每个人必经的巨大伤痛,而我们从筱燕秋的微笑中看到了她的释怀,看到了她的执着和期盼。

生活中充满了失望和希望,失望在先,希望在后,有希望就不是悲。

通篇解析:

《青衣》通过主人公筱燕秋跌宕起伏的人生经历,讲述了一个爱戏如痴的女伶人最终放下心中执念的故事。整篇文章,不足千字,却将筱燕秋这个人物表现得淋漓尽致。全文夹叙夹议,有情有景,无论是段落还是句子,都包含着丰富的语境变化。

纵观全文,共有十二个段落,分为三个部分。第一部分,前情简介,包括前面三个段落;第二部分,故事核心,包括中间七个段落;第三部分,总结议论,包括最后两个段落。朗诵中,这三个部分一定要拉开距离,分清层次,才能体现出文章的整体结构,把握住通篇跳转。

第一段,文章开篇,先是以客观的口吻道出,在戏曲舞台上,真正能唱好青衣的人少之又少。说话的人既是懂戏的行家,也是洞悉世事的长者,朗诵者要把握住这样的人物特征,声音沉缓,语重心长。注意"成百上千"的轻重格式,"千"的音高要抬起来,与后面的转折"但"做好衔接;"意蕴"二字不能马虎,清晰准确地读出来;句尾的"极少"是整句的核心内容，不仅要加大声音的分量，还要增添表现断句，同时压住句子的平衡。

第二段，话锋一转，距离感拉近，落实到具体的人物，主人公筱燕秋出场。随后，寥寥数语，将筱燕秋的过往交代清楚。从开篇的感叹到实际的讲述，语气上的变化形成了段落跳转。该段落包含两层内容：第一，筱燕秋成功塑造了嫦娥的形象；第二，此后筱燕秋一直沉寂多年。在读"造化弄人"时，语速放慢，加大转折力度，同时重读"真正""二十年"，赞赏和惋惜的语气变化，进一步增强了跳转的效果。

第三段，柳暗花明，《奔月复排》，筱燕秋的命运出现了转机。"春来"这个人物第一次在文中出现，要着重强调；"AB"是关键内容，既说明了角色的安排，也为后面的剧情埋下了伏笔。

第四段，包含两层内容。第一层以陈述为主，由三个句子组成，说的是筱燕秋独占舞台，不让给春来，但第五场她来晚了，这时春来已经上好妆了。"把命都给了嫦娥的"采用深长的气息动程，情绪一下子调动起来，声音顺势而下，一直延伸到"谁劝都没用"；紧接着"可第五场"，声音挑起来，突出转折效果；"她来晚了"声音走低，但不能完全落下，要接续到第三句，一直到"上好妆了"，才完成了整个句群的贯穿。第二层以描述为主，通过筱燕秋一系列的动作和心理活动，刻画出她的绝望和不甘。第二层声音稍作停顿，体现出段内层分，层内包含两个句子，同样以转折关系构成句群。"对视了一眼""一把抓住"，这些动作描写要生动传神；"想大声说"是心理活动，后面的人物对话要体现出句内跳转，语气和情感都要沉浸其中，但不能过于角色化；两遍"我才是嫦娥"要读出递进，而不是单纯的重复；"但是"之后，声音要迅速跳回到陈述状态，避免对话部分的情绪干扰。

第五段，重新以开篇的口吻赞叹春来的美，同时道出这世间残酷的现实。注意两句之间的语气差异，前一句有感叹成分，后一句有劝诫意味。

第六段，再次回到剧情中，第一句写外，大幕拉开，锣鼓响起，春来登上舞台；第二句写内，筱燕秋知道，她的时代结束了。一外一内，语境的变化要体现出来。其中，"四十岁"是语义重音，以偏压正；"真的"是语气重音，重中之重。语气有了渗透，与前句的差异就出来了。

第七段，春来的演出成功了。这里只用一句话做了交代。应特别注意的是，这里的段落跳转要适当拉开，毕竟演出有个过程，留出点时间才更加合情合理。

第八段，细腻传神的描写段落。第一句交代场景"化妆台前"，强调"无声"；第二句与前句适当拉开距离，着重描写筱燕秋的眼神，"汪汪"重读；第三句是个概述句，侧重于陈述语气，引出后面一系列的动作；随后第四句描写具体"做了些什么"，包括披上水衣，抹上底彩，请化妆师给她吊眉、包头、上齐眉穗儿、戴头套，这些动作娴熟，又有些机械，在可怕的静默中一步一步完成了上妆的过程。注意，第三、四句形成句群，要加强它们内在的连接，特别是第四句里面的动词"拿""披""取""挤""抹""吊"

"包""上""戴",这些贯穿句子的节点都要在声音上发力,不能松懈。

第九段,场景转到户外。第一句,客观陈述筱燕秋起身走向门外的过程;第二句,"薄薄的""风雪"增添了情感色彩,语气上要反映出来;后面的句子又是一连串的动作描写,形成了句群。朗诵中,不仅要重读"来""站""看""数""唱"这些动词,还要通过频繁使用的主语"她",进一步提高贯穿效果;最后一个动作"唱",前面增设断句,起到表现重音和平衡句子的双重作用。

第十段,是全篇的高潮段落,内容紧接着上个段落,但情绪在酝酿中,逐渐升温并爆发。第一句,通过几个板式串起整个唱段,要求环环相扣,一气呵成。第二句描写外景,"雪花""人""车"的纷乱,与"没有一点声音"形成强烈反差。第三句描写筱燕秋的状态"旁若无人,边舞边唱",同时表达出她内心强烈的愿望。三个短句排比,从"天"到"地"到"观众",情绪越来越激动,声音越来越高昂。"观众唱"三个字,几乎是一字一顿,铿锵有力。

第十一段,曲终人散,语气重新回到讲述状态。第一句,筱燕秋的演出结束了,这句话有着较强的独立性,并隐含双关意味,对筱燕秋来说,无论是舞台上的演出,还是剧场外的演出,这都是一场"告别"演出。第二句,阐明人生就是一个不断失去的过程。第三句,讲述面对人生必经的伤痛,筱燕秋终于放下执念,选择与自己和解。

第十二段,加重语气,以旁白者的身份发表个人见解,抒发内心的情怀。整句呈上升语势,最后一个字"悲",添加停顿,单独处理,气息叹出,满腔深情。

第十一章 情 感

　　情感,是朗诵创作的动力,也是朗诵艺术的魅力。朗诵的创作过程——见字生情、情生气动、以气带声、声情并茂,其中三个环节都涉及"情"。

　　情感包括两项指标:基调、语气。基调是一篇文字的基本态度,语气是每个句子的具体情绪。基调要求统一性,语气强调变化性,但语气无论怎样变化,都不能超出基调的范畴。

第一节　情感的激发

　　情感,融于文章的字里行间,需要各种有效的手段,才能使之激起朗诵者内心的涌动与表达冲动,形成朗诵的创作动力。

一、寻找共鸣点

　　内容,是情感的依据。找出文本中能够产生共鸣或有认同感的内容,同时提高同理心、共情力与代入感,在换位思考、设身处地中,赋予声音色彩和温度。

　　例句1:张继木然坐在船头,残忍地听着自己的心,正被哀伤一点一点地撕咬着、吞噬着。(张晓风《不朽的失眠》)

　　解析:努力体会落榜后的失落、羞愧,甚至是生无可恋的心情,才能与相隔千年的张继产生情感的共鸣;随着语速放慢,节奏拉开,声音沉浸在痛苦无助的状态中。

　　例句2:人生一世,草木一秋,与山川大地相比,我们的生命,何尝不是一朵稍纵即逝的烟花呢?但我常想,即便就是这短暂的一生,又有几人能够像那烟花一样,为了一次的灿烂,而拼却整个的性命呢?(吴克诚《烟花》)

　　解析:人生短暂,即便如此,又有谁会"像那烟花一样,为了一次的灿烂,而拼却整个性命呢?"想到那些决绝、果敢、义无反顾的人,用他们短暂的一生迸发出耀眼的光芒，朗诵者内心自然激荡起强烈的感慨，并投射到声音层面。

例句3：我们彼此躲避着，同时又彼此盼望着。偶尔遇见了，凝视一下，心里立刻就欢喜起来，身上像减了分量，每一步都走得轻快有力，仿佛要跳起来的样子。（老舍《她那么看过我》）

解析：还记得吗？少年时期的爱恋，哪怕只是单纯的"目光相遇"，都会生出无限的喜悦和欢愉。朗诵时，唤醒这些美好的记忆，让声音如汩汩春水，充满柔情。

例句4：扎根在人迹罕至的荒郊野地，用一百年的光阴苦苦等待那最后的花期，高原上的普雅花，像极了世间的一些人，在艰苦的环境中，他们忍受着孤独和寂寞，对抗着岁月的消磨。（佚名《一生一次的绽放》）

解析：无论是在现实社会还是在历史长河中，都可以找到这样的人，他们身处苦寒，孤立无援，只为内心坚定的信念，对抗岁月，矢志不渝。面对文字，怀揣着这样的情感，我们的声音也会变得深沉而有力量。

二、提高想象力

"眼前有景，心中有情"，朗诵时，要基于想象力，在眼前呈现出仿佛亲身经历的画面，内心才能触景生情，朗诵才能绘声绘色。

例句5：他耕种的姿势或许可笑，腰弓着，整个上身几乎与土地平行。（夏立君《陶公祠的菊花》）

解析：要在陈述中着力描摹出"与土地平行"的姿态，那是陶渊明在土地里寻找诗句，呈现出的"自然"写照。眼前有了这个画面，语流、重音、断句才会跳出技巧的层面，变得鲜活起来。

例句6：漫步桥头，我沉浸在历史的恍惚交错中。眼前晃动的，是那些飘飘的衣袂和拱手相送的身影；耳边响过的，是那些辚辚的车马和隐隐约约的叮咛。（初国卿、吴昕孺《灞桥》）

解析：穿越时光，漫步灞桥，古人影影绰绰的身影，依依不舍地相送，这些场景相互叠合交错，恍如亲见。声音沉浸在文字意境中，追溯着历史长河，迤逦展开。

例句7：其实，所谓夏季，不过是山谷中绽放出一片片永远长不大的小花；山涧里流淌着冰雪融化成的细流；而远处的山脊，依然覆盖着常年不化的冰凌和积雪，并发出耀眼的白光。（王晓廉《界碑》）

解析："小花""细流"在远处雪山的映衬下，构成了一幅夏季高原的风景画。朗诵时，这样的画面一定要浮现在眼前，并用声音慢慢描摹，努力把每一位听众都带入其中。

例句8：当菜籽油的香味儿混合着松枝腾起的浓烟弥散开来的时候，厨房成了温暖的心脏。一家人围拢过来，催促着母亲往炉膛里添柴。火舌舔着灶口，母亲的眼里闪着光亮。（查一路《在冬夜里歌唱的鱼》）

解析：厨房、炊烟、炉膛，以及火光映照下母亲的脸庞，有过乡村生活体验或是见过类似场景的人们，面对这样的描写无不唤起心中温暖的画面。生活虽然艰苦，但家人相爱，母亲犹在，就是这世间最美好的记忆。

三、增强对象感

文字和语言都是有指向性的。写给谁看，读给谁听，心里始终要有对象感。

例句9：最近，我常常问自己这样一个问题——我还能够寂静下来吗？（闻小语《寂静之声》）

解析：问句，很容易引起听者的注意。因此，朗诵时遇到问句，一定要在心中树立目标，话有所指，意有所向。

例句10：我有时不免奇怪，一个人怎么会把故乡忘记呢？凭什么把她忘了呢？（黄永玉《乡梦不曾休》）

解析：接连两个问句，都是针对自己想不通的问题，"怎么会""凭什么"，不仅要着重强调，而且要读出递进语势，让人无法回避，必须正视。

例句11：海子，如果你上天有知，我真想告诉你："你追求不染尘埃的心灵，你喂马劈柴，你面朝大海，在这个世界上，你可以谁都不管，但你却不能不管你的母亲！"（纳兰泽芸《荆棘上的花朵》）

解析：明确指出语言对象"海子"，并用"真想"强化表达的意愿；随后的三个"你"形成排比，增强语势；紧接着一个强烈的转折，更使得整个句子咄咄逼人，不容搪塞。

例句12：可爱的你呀，藏在自己的叶子里。花朵是你的脸吗？叶子是你的衣裳吗？我不知道，你有太多的神秘。（晨义《叶子时期的梅》）

解析：对着一棵梅树，像对着一个人，把花朵比作脸庞，把叶子比作衣裳，那么，站在对面的，不就是楚楚动人的梅花仙子吗？如果调动起这样的情绪，声音还会是冷冰冰，死板板的吗？

四、保持敏锐度

朗诵时，要保持对文字含义敏锐的感知，并及时在声音上体现出来，这需要全神贯注的状态，更需要有意识地培养。

例句13：秋日里，我从遥远的大山带回一截干枯的杨树桩，顺手把它插到了院子的土堆上。（廖华歌《倾听生命的脚步》）

解析："秋日""遥远""大山"，这些词汇营造出一个秋高气爽、天地辽阔的意境；特别是"顺手"，更透露出一种轻松、随意的情绪。我们要敏锐捕捉到文字的内涵，才能准确调动出"爽朗"的声音状态。

例句14：午夜的寂静，常常使我的听觉像风中的一只蝙蝠，无声地飞到远处的荒野。（李紫枝《奔跑的火车》）

解析：时间是"午夜"，地点是"荒野"，听觉像"风中的蝙蝠"。文字本身的信息，足以让我们的声音慢下来，沉下来，变得肃穆、深幽，并引导着听众，一同进入文字的意境中。

例句 15：前两天，遇见一位老朋友，彼此都特别开心，虽然只是轻轻地一抱，却让我感到一种久违的安静。（闻小语《寂静之声》）

解析：最迷人的是那"轻轻地一抱"，不炽热，不浓烈，有距离，有控制，却如君子之交，淡而长久。这样的拥抱，既有彼此相见的愉悦，也有惺惺相惜的默契。

例句 16：我走过去摘了一串，正想能不能尝尝，突然，脚下就被什么东西绊了一下。（鲍尔吉·原野《墓碑后面的字》）

解析：在正常陈述中，这个"突然"所产生的猝不及防，要及时反映在声音上。类似的副词还有"忽然""刹那间""一下子"等，我们在朗诵时，都要敏锐意识到它们生动的含义，不能只是照本宣科，麻木无觉。

第二节　情感的表达

第十一章第二节
例句朗诵音频

"以文为本，用声传情"。情感的表达，属于用声范畴，即外部技巧，强调的是准确、细腻、克制。

一、传情要准确

传情要准确，这是情感表达的基本要求。只有在把握住语义、基调、语气的前提下，才能定义情感的准确性。

（一）把握语义

任何情感都是依附在内容之上的，所谓"皮之不存，毛将焉附"。如果语义有误，何谈情感的准确？把握语义，除了字音准确、口齿清晰，还要提高重音和断句的能力。

例句 1：住在别人的村子里，心情难免有些寂寞和压抑。（朝潮《静静的村庄》）

解析："别人"是句子的语义重音。强调别人，旨在体现作者寄宿他乡的境遇，由此产生的漂泊感自然会让人感到寂寞和压抑。

例句 2：面对满园的绿色，我只能竭尽想象了。（张抗抗《牡丹的拒绝》）

解析：除了想象，还能怎样？"只能"是句子的语气重音，也是句子的核心语义，对于牡丹的拒绝，作者无限的失望、无奈都要在这两个字上体现出来。

例句 3：这声音很奇怪，你不能听，一听/它就没了，不听/它又来了。（毕飞宇《大地》）

解析："一听"怎样，"不听"又怎样？添加的两处结构断句不仅使句子逻辑清晰、节奏分明，更强化了作者内心的沉浸感。

例句 4：据说，当年绊倒薛瓦勒的，就是/这块石头。（陆勇强《当一块石头有了愿望》）

解析：为了有别于其他的石头，"就是"后面添加表现断句。在强调"这块"的同时，也给全文画上了一个意味深长的句号。平凡和伟大之间，也许只是缺少一个契机。

（二）把握基调

基调，是一篇文字基本的情感色调。基调不仅贯穿通篇，而且笼罩着文章中的每一句话。基调和题材关系密切，朗诵的题材涉及广泛，基调也因此丰富多彩。

1. 爱情题材的美好、浪漫与惆怅

老舍的《她那么看过我》、张晓风的《两岸》、许冬林的《寻你，然后不见》、陈启佑的《永远的蝴蝶》、纪弦的《你的名字》，都属于爱情题材的文学作品。

例句 5：用了世界上最轻最轻的声音，轻轻地唤你的名字，每夜每夜。（纪弦《你的名字》）

解析：《你的名字》是一首爱情小诗，作者用各种美好的事物来比喻爱人的名字。朗诵爱情题材的作品，在开口之前，应将百转千回的一腔柔情充盈于心。

2. 亲情题材的亲切、温暖与感人

查一路的《在冬夜里歌唱的鱼》、胡双庆的《母爱如粥》、谭延桐的《家，就是人间的天堂》，属于亲情题材的文学作品。

例句 6：有这样一位母亲，每天都和儿子聊天，讲一些儿子小时候的故事。（胡双庆《母爱如粥》）

解析：母爱，是世界上最无私的爱，也是最容易打动人心的题材。诵读这类文学作品，内心涌动的是深情厚意，声音应饱含依恋和怀念的情感。

3. 回忆题材的沉浸、怀念与叹惋

雪小禅的《窗外的京剧》、李紫枝的《奔跑的火车》、刘湛秋的《雪》、张秀亚的《春天的声音》、司马中原的《心中的绿洲》、冰心的《童年》，均属于回忆题材的文学作品。

例句 7：头一次看见骆驼，是我五岁那年。它们驮负着军队的辎重，缓缓走过乡间的土路。（司马中原《心中的绿洲》）

解析：回首往事，总是让人感慨良多。那些儿时的记忆、艰难的岁月，都是一生中无法磨灭的烙印。朗诵回忆题材的作品，少不了沧桑，少不了喟叹。

4. 历史题材的邈远、厚重与肃穆

张晓风的《不朽的失眠》、雪小禅的《瘦金体》、夏立君的《陶公祠的菊花》、朱以撒的《庄子，会飞翔的人》、汤世杰的《纸寿千岁》、萧春雷的《松间》，这些都是历史题材的作品。

例句 8：江水是菊黄色的。江水中流动的，恍若晋朝的菊花。（夏立君《陶公祠的菊花》）

解析：菊黄色的江水，不舍昼夜。一千三百年了，陶公安在？面对历史题材，音色要有厚重感，要有书卷气，要带着时间的沉淀、岁月的悠远。

5. 田园题材的生动、清新与喜悦

钱红丽的《四月挂在墙上》、双木的《雨落山乡》、乔洪涛的《听秋》、刘亮程的《对一朵花微笑》，都是田园题材的文学作品。

例句 9：丝瓜子儿浸泡了一宿，已经埋进土里。地面上铺了一层芹菜叶，既抵挡阳光，又缓解了灌溉的冲击力。（钱红丽《四月挂在墙上》）

解析：这篇描写春日江淮的文章，带着风声鸟语。专注于自然景物的题材，大多传达的是一份单纯和喜悦的情怀，我们要用饶有兴致的口吻，恰如其分地表现出来。

6. 游记题材的轻松、细腻与主观

张晓风的《不知有花》、笑脸的《姑苏船语》、韩静霆的《周庄烟雨中》、韦娅的《人随月色净》、张抗抗的《牡丹的拒绝》，是游记题材的文学作品。

例句 10：太平山并不远，就搁在港岛的臂弯里。（韦娅《人随月色净》）

解析：摆脱了俗世的纷扰，寄情于山水之间。游记的语调大多悠然自得、超然物外。朗诵这样的文字，要让心灵放飞，"生活不只是眼前的苟且，还有诗和远方。"

7. 人文题材的敏锐、深刻与悲悯

马卡丹的《古树下，一道苍老的背影》、黎晗的《夜里戴草帽的人们》、刘贤冰的《城市是乡村的纪念碑》、鲍尔吉·原野的《墓碑后面的字》、毕飞宇的《大地》，都是人文题材的文学作品。

例句 11：很久没有回家了——那个炊烟袅袅的小村子。（刘贤冰《城市是乡村的纪念碑》）

解析：人文关怀，是朗诵中经常触及的题材，其中有对时代变迁的思索，有对弱势群体的关注，更有对世间万物的悲悯。我们的声音要始终体现出一颗心的温热，最忌无动于衷、麻木不仁。

8. 传记题材的客观、稳重与贴切

王充闾的《青天一缕霞》、纳兰泽芸的《荆棘上的花朵》、车水的《芳心比天高》、张佳玮的《唐璜》、王蒙的《如歌的行板》、杨晓雷的《生命的瀑布》、胡竹峰的《老舍的底色》，都属于传记题材的文学作品。

例句 12：拜伦说，他要写一百章《唐璜》，成就历史上最伟大的诗篇。（张佳玮《唐璜》）

解析：人物传记，内容涉及古今中外。第三方视角决定了基调应相对客观，即便是

135

满含深情,也只能站在讲述者的立场,不失冷静和距离。

(三) 把握语气

文章的基调是固定的,而句子的语气是变化的。

1. 陈述语气

陈述语气以说明事件、交代情节为目的,传达时间、地点、人物等信息。陈述语气较为平淡,立场也相对客观。

例句 13:肯·威尔伯是美国当代著名的心理学家。作为长青哲学的忠实信徒,他对生命的解读,更多的是温情和浪漫。(汤竹青《致终将逝去的生命》)

解析:这个句子包含着一系列关于肯·威尔伯的个人信息,"美国""当代""著名""心理学家""忠实信徒"。我们要做的,就是把它们准确无误地传递出来,无须过多渲染。

例句 14:汝窑,是瓷器中的稀世珍品。天青色的釉彩,据说源于五代后周的世宗。(蒋勋《何以为美》)

解析:类似这种说明性的文字,要以客观、平实的语调进行陈述。对"稀世珍品""天青色的"这些字眼儿,不用特别去强调。

2. 描述语气

描述语气是对事物的外观、进程以及人物的动作和心理活动等,通过比喻、拟人、夸张这些修辞手段进行描摹和刻画。描述句在语气上有所加重,状态积极,立场主观。

例句 15:风一吹,菊花就翻起波浪,满坡都在摇动着金色的铃铛。(李汉荣《菊儿》)

解析:"波浪""金色的铃铛"都是用来形容菊花的形态。风吹来的时候,波浪翻卷、铃铛摇曳,满坡的菊花似乎就在眼前,此情此景,谁能无动于衷、随口读过呢。

例句 16:在虬曲的老树干上,有一个突起的树瘤,中心开裂,瘪瘪的,像一张缺了牙的嘴。(马卡丹《古树下,一道苍老的背影》)

解析:句子不长,停顿不少。作者对那棵老树和突起的树瘤精心刻画、用力描摹。我们读到这里时也要放慢速度,认真勾勒情境画面。

3. 情状语气

情状语气包括疑问、反问、否定、感叹、祈使、人物对话等,它是对个人情绪的主观反映。情状语气色彩丰富、生动感人。

例句 17:难道/眼前/这些正在开花的植物,已经生长了一百年?这、这太不可思议了!(佚名《一生一次的绽放》)

解析:前面的问句,"难道""眼前"都要做出停顿,突出难以置信的感觉;后面的叹句,第一个"这"要读得有点语塞感,强化不可思议的程度。

例句 18:那金黄的花色呀,曾怎样的/让一双冷寂的眼睛/充满温情。(晨义《叶子

时期的梅》）

解析：情态句往往借助语气助词提升语言的生动性，或者通过增加断句承载更多的情感。

4. 多重语气

一个句子有时包含多种语气，如果判断不准，就会处理不当。比如，描述性的陈述句容易读得过重，陈述性的情态句又容易读得太轻。

例句 19：那些纷乱的场景，飘忽不定的人群，伸出车窗的手臂和混合着汗味儿的嘈杂，都会引起我的伤感。（李萦枝《奔跑的火车》）

解析：句子包含了很多具有修饰意义的定语，"纷乱的""飘忽不定的""伸出车窗的""混合着汗味儿的"，这些都容易导致语气上倾向于描述的延展，而不是陈述的紧凑。

例句 20：我知道，对于衰老的叹惋，只是梦中的呓语，那些岁月的墙，终将成为过往。（周涛《岁月的墙》）

解析：作为文章的结尾，这个句子不仅要传递个人的感悟，更要体现出思想上的升华，特别是对"终将"这个情态重音一定要不遗余力，否则情感的抒发就会大打折扣。

二、传情要细腻

情感是抽象的，但声音是具象的。细腻的情感要依托于丰富多彩的声音表现。

（一）声音强化

例句 21：你愿意这样握着我的手，走向人生的长途吗？你敢这样握着我的手，穿过蔑视的人群吗？（曾卓《有赠》）

解析："你愿意吗""你敢吗"，接连两个问句，情感提升，语势递进；特别是"敢"这个字音，气息凝聚，分量加重，如重锤一般撞击人心。

（二）声音弱化

例句 22：在绽放的一刹那，在众人的欢呼中，烟花，你听见我的叹息了吗？（吴克成《烟花》）

解析：烟花虽美，转瞬即逝。在热闹的场景中，作者想起那些刚烈的女子，不由得黯然神伤。句尾的处理，声音要相对弱化，比起那些高亢的语调，低回轻落更让人心生叹惋。

（三）声音停顿

例句 23：乖孩子，叫我一声"菊儿"。我就叫了一声"菊儿"。外婆轻轻地答应着。"菊儿——"没有回应。外婆走了。这世上有一个名字，我再也叫不答应了。（李汉

荣《菊儿》)

解析：再唤"菊儿"，没有回应；中间的停顿，是揪心与漫长的等待；最终，外婆走了，悲伤汹涌而来。那一刻的停顿恰似狂风暴雨前的静默，于无声处闻惊雷。

（四）语速加快

例句 24：他们笑了。车上再挤，也挤不掉他们的渴望。哪怕是单腿站着，对，只要车上能容得下一只脚，就能容得下他们对家的拥抱。(谭延桐《家，就是人间的天堂》)

解析："哪怕是单腿站着，对"，这是一个插入语，同时也是情状句，加快的语速与主句形成区分，更表达出人们归家心切的情绪。

（五）语速放慢

例句 25：一千六百年了，陶公安在？问菊，菊隐去了笑容，独向寒风。(夏立君《陶公祠的菊花》)

解析："一千六百年"，时间何其漫长。寒风中，菊花无语，大地无声，这是文章的结尾，也是情感的浓彩，唯有缓慢的语速、凝重的语调，才能烘托出深远、悠长的意境。

（六）气声

例句 26：只因为这世上有河，因此就一定会有两岸，就一定会有两岸的杨柳堤。(张晓风《两岸》)

解析：两次"就一定"，不是单纯的重复，而是情感的叠加；第二次"就"之前，补充气息的声音，可以不加避讳，甚至有意识地利用话筒，形成抢气效果，表现出那种急切、激动的心情。

（七）颤音

例句 27：有时，看到儿子突然狂暴地捶打自己，喊着："我活着还有什么劲！"母亲就扑过去抓住他的手，带着哭声说："咱娘儿俩在一块儿，好好儿活，好好儿活！"(纳兰泽芸《荆棘上的花朵》)

解析：句子里的人物对话包含两个角色，相较儿子狂暴地"喊"，母亲的声音体现出截然不同的角色感，那是含泪的劝慰，是颤声的哀求。

（八）哽音

例句 28：当史铁生的第一篇作品发表，当他的第一篇作品获奖，他多么希望他的母亲还活着，看到儿子用纸和笔，找到了生存的道路和希望。他坐在安静的树林里，闭上眼睛，默默地想念着母亲。(纳兰泽芸《荆棘上的花朵》)

解析：经过不断铺垫和推进，我们隐忍多时的情感，在文章的最后，在"闭上眼睛，默默地想念着母亲"时,忽然破防,一瞬间的哽咽胜过万语千言,足以令听者动容,热泪盈眶。

(九)笑音

例句 29:还有一种鸟,"嘘嘘"叫了几下,好像突然想起,山里人难得睡个懒觉,便忍住不再作声,但在这翠色欲滴的清晨,实在是按捺不住心中的高兴,隔上半支烟的工夫,"嘘、嘘嘘"压低着嗓音,又唱了两句。(双木《雨落山乡》)

解析:用拟人的手法描写早起的鸟儿,文字清新而有趣;从开始"嘘嘘"地叫,到忍住不再作声,再到压低嗓音"又唱了两句",整个过程颇有喜感,最终让我们也忍俊不禁,带着笑意读了出来。

三、传情要克制

摄影注重减法,绘画讲究留白,任何艺术表达都要学会克制,朗诵也是一样。朗诵创作要防止声音的突兀和感情的夸张。

(一)声音克制

1. 避免角色化

朗诵者不是演员,文字中的人物只能体现出角色感,绝对不能角色化。

例句 30:"妈妈,这个阿姨在看云呢",我被一个响亮的童声惊动了,心里咯噔一下。(张丽钧《抬头看云》)

解析:"响亮""童声",按照文字的描写,我们只需在声音上做出倾向性处理即可,切不可真的去扮演一个小姑娘,娇声嫩气,打破了整篇文字的氛围。

例句 31:当她正在讲着那些陈年旧事,儿子突然睁开眼睛,含混地说了声:"妈妈,我要喝粥。"(胡双庆《母爱如粥》)

解析:刚刚苏醒的儿子,含混的话语,在声音表达上我们只保留基本特征,把更大的想象空间留给听众。过于主观的模仿,只会引起听众的不适。

2. 避免口技

拟声词的运用让文字变得鲜活生动,在朗诵中,我们同样要控制"演"的冲动,只追求"像",而非"是"。

例句 32:锅中的水,沸腾起来了。"咕噜、咕噜",鱼儿开始在水中歌唱,由一个声部转入另一个声部。(查一路《在冬夜里歌唱的鱼》)

解析:"咕噜、咕噜",连读两遍,足以描述出鼎沸的场景。如果真的去模仿水泡翻滚的声音,不免让人出戏,破坏了文字的意境。

3. 避免舞台腔

朗诵切忌"舞台腔",无论何种原因使然,拿腔拿调都是与自然背道而驰。声音若不自然,情感还会真实可信吗?

例句 33:三年后,当威廉终于乘上回美国的轮船,已是疲惫不堪。就在轮船快要接近终点时,他一下子瘫倒在座椅中,再也没有起来。(谭延桐《家,就是人间的天堂》)

解析:或许是受到舞台场景的影响,朗诵时,很多人会不自觉端起声音的架子,字字发力,句句用情,殊不知这种高饱和的状态只会让朗诵者的表达显得生硬浮夸、刻意虚假。

(二)感情克制

1. 避免以偏压正

对形容词的盲目表现是许多朗诵者的通病。偏正结构的词组首先要遵循"偏不压正"的法则,按照语法重音,保证内容的准确性。

例句 34:山岩上的树根挺立在悬崖一侧,与山野和头顶的青松凝成了一尊力的雕塑。(张和平《根的神韵》)

解析:陈述语气的句子,"达意"是首要任务。"树根""一侧""青松""雕塑"都是需要强调的语法重音,而"山岩上""悬崖""山野和头顶""力"这些修饰定语只是限定性说明,在表现力度上,不能僭越。

2. 避免平均用力

朗诵时,许多人在情感上不分轻重,字字用力,这种不假思索、一味投入的表达,看似不遗余力,实际上是一种思想的懒惰。

例句 35:每到深夜,我就会听见一个声音不停地重复着一句话:"我老了……"声音若有若无、时隐时现,但即便是聋人也能听得见。我惊恐地站起身来,四处张望。(周涛《岁月的墙》)

解析:这是作者讲述自己的亲身经历。虽然文字的基调是肃穆的,但在陈述内容时,要避免不必要的渲染,不能始终沉浸在"我老了"的语气中。

3. 避免过度渲染

朗诵时,即便我们心潮澎湃,热血沸腾,也要时刻保持"边界感",不能逾越艺术的表达规范,防止声音"破相"。

例句 36:"谁言寸草心,报得三春晖"母亲啊,您的恩情,我们一生/都无法/报答!(凸凹《母亲的岁月》)

解析:对于世上最伟大的母爱,我们要克制住自己的冲动,通过两次停顿拉开句子幅度,加大声音的承载,并在最后"报答"两个字上将情感喷涌而出。

第三节　情感的渗透

读文章，有三重境界：读字面、读字里、读字后。字面，是文字表面的语义及对应的情绪，而字里和字后则是那些潜藏在文字内部或言犹未尽的语义，需要我们深入挖掘，细致表达，这就是情感的渗透。

第十一章第三节
例句朗诵音频

一、语气重音

语气重音是朗诵重音的最高级。语气重音的表现力度直接影响到整个句子的感染力。

例句1：曾经猜测，能写出这样一首歌的，会是<u>怎样</u>的人儿呢？（闻小语《康定情歌》）

解析："怎样"，不是普通的疑问，而是内心充满了仰慕和惊奇的感叹。只有深刻体会到这层含义，读到此处，声音才会不由自主地发力、提高、加重。

例句2：其实，白居易不必叹惋，能在松间慢慢老去，<u>已经</u>是修来的福气了。（箫春雷《松间》）

解析：爱松之人，为了能时时见松，可谓煞费苦心。作者对于白居易诗中的"吐槽"颇不以为然：日日与松相伴，该是何等福气？倘若还不知足，真是身在福中不知福呀！

例句3：我们不禁相顾愕然，如此满山遍野的桐花，她<u>居然</u>问我们"哪有花？"（张晓风《不知有花》）

解析：身处花海之中，农妇的回答让作者一行人大感意外。"居然"包含着猝不及防、不可思议，还有难以想象的意思，在这里，我们把情绪状态拉满，声音才会更有渗透力，并唤起听众强烈的共鸣。

例句4：直到无意中，我的目光碰触到杨树桩那饱胀着绿色汁液的肌体，几片嫩黄的叶芽儿，那一刻，我还有<u>什么</u>不明白的呢？我一直听到的，都是生命行走的声音啊。（廖华歌《倾听生命的脚步》）

解析：随手插在土堆的杨树桩，迎接着风，吸收着雨，拼命汲取着大自然的养分，直到它生根发芽，作者才明白过来——"那是生命行走的声音啊。"对于自己的麻木和愚钝，作者不胜懊恼，同时也深感惭愧。这种强烈的自责，通过极力表达"什么"，让听众获得同样深刻的体会和感悟。

二、修辞手法

修辞，即对言辞的修饰。常见的修辞方法有：比喻、拟人、夸张、对偶、排比等。另有一些修辞手法隐含在文字内部，发现并体现它们，会使我们情感上的表达更加丰富多彩，声音更具有感染力。

例句 5：农耕时代，苍茫大地，每一棵麦苗都是手栽的，每一束麦穗都是手割的，这是何等艰辛，何等的艰辛！（毕飞宇《大地》）

解析：在农耕时代，没有任何机械设备的帮助，农民的辛劳是今天的我们无法想象的。"每一棵""每一束""手栽的""手割的"，在这句话中，作者有意识地通过重复手段，加深表达的力度；"何等艰辛，何等的艰辛"接连两遍发问，更进一步强化了情感的渲染。

例句 6：在风雪肆虐的冬天，大多数生命都像院子里的小枣树，瑟缩地睡去，被动地等待着春天的到来。而杨树桩选择的却是生长，一刻不停地生长。（廖华歌《倾听生命的脚步》）

解析："生长，一刻不停地生长"，作者在结尾处运用扩展和递进的手法，使原本平淡的陈述一下子迸发出情感的火花。杨树桩顽强的生存意志，让我们内心赞叹不已，声音裹挟着激动的情绪，喷涌而出。

例句 7：我们总是聚少离多，如两岸。如两岸——只因为我们之间总是流着一条苍苍茫茫的河。我们太爱那条河，太爱太爱，以致竟然把自己站成了岸。（张晓风《两岸》）

解析："两岸""如两岸"，前面的句尾作为后面的句头，两个句子你中有我、我中有你，紧密衔接。作者采用顶真手法，不仅强化了情感表达，也营造出绵延不绝的音韵之美；后面三个"太爱"，步步递进，层层叠起，更是把作者内心的爱表达得无以复加。

例句 8：一个最需要耳朵的人慢慢失聪，一个充满情怀的人没有家庭，这不会比坏更坏吧。（钱红丽《枯索与荒芜》）

解析：在作者的字典中，贝多芬就是苦难的代名词。作为人类最伟大的作曲家，反观贝多芬一生的悲惨遭遇，"比坏更坏"不失为一种深刻又别致的表达。当我们觉察到作者的修辞后，声音才会有意识地加以体现。

例句 9：一千二百年前，在那张长长的榜单上，都出现过谁的名字？管他呢！（张晓风《不朽的失眠》）

解析：在言辞端庄的书面语中，忽然跳出一句口语化的表达，其鲜活和生动让人不禁眼前一亮。这种打破常规、变换语境的修辞方式，朗诵者一定要善加利用，不拘一格，直抒胸臆。

例句 10：好似终身未嫁的女子，静悄悄做了别人一辈子的知己，与她隔街、隔巷、隔城，隔生死，只盼来世共枕眠。（许冬林《青》）

解析：从"街"到"巷"到"城"，直到"生死"，这份痴情随着距离的拉开，越发难以割舍；"隔"，作者一遍遍重复，情感一层层递进，心痛一步步加深，最终天人两隔，唯盼来生。

三、特定语境

很多文字在特定语境下，隐含着作者的主观态度，这些"言外之意"往往在书面上无力体现，但对朗诵者而言，笔墨未尽之处正是语气渗透之时。

例句 11：青锉山寺快到了，是啊，快到了，但师虔知道，他已经晚来了一百多年。（冯文柯《云端之上》）

解析：脱离了时间观念的"师虔"，晚来了一会儿就过去了一百多年，这样的文字不仅充满禅意，更让我们的心灵为之震撼。

例句 12：一日，外地为官的赵孟頫寄来书信，信中写道："我为学士，你做夫人。岂不闻陶学士有桃叶、桃根，苏学士有朝云、暮云？"丈夫的意思再明白不过，这份纳妾报告，让管道升一时不知如何是好。（王春鸣《未破当年一块泥》）

解析：昔日陶学士、苏学士都曾纳妾，今日我赵孟頫作为学士，要不要仿效一下呢？这封写给妻子的信，被作者定义为"纳妾报告"，幽默感十足。

例句 13：村里有一只狗，经常从院子前经过。它一路上兴冲冲地，但只要见到我，就立刻变得谨慎和警觉起来。看它那副不开心的样子，我也开心不起来。（朝潮《静静的村庄》）

解析：一条本来"兴冲冲"的狗因为看到我，就"立刻变得谨慎和警觉起来"。难道连狗都不喜欢我吗？这让作者独居异乡、本就落寞的心情，变得更加暗淡了，所以"我也开心不起来"。

例句 14：为了能闲坐窥松，他干脆把家搬到隔壁，并在院墙上开了扇小窗。这份痴情，与其说喜爱，倒更像是某种精神上的寄托。不然，他天天挂念什么呢？（箫春雷《松间》）

解析：爱"松"爱到这种程度，如果不是因为某种精神寄托，实在让人想不通。除了感到好奇，作者的话里还透着戏谑的成分，这个可爱又可笑的痴人，"他天天挂念什么呢？"

例句 15：许多梦，人们想不通，就会去圆梦、解梦，并希望借此预知福祸。不过，我是不信这些的，我只相信自己的梦。（不卑《小睡》）

解析：很多人希望通过梦预知福祸。但作者明确表示，"我"是不信这些的，并且对那些去圆梦、解梦的人，流露出明显的不屑。

例句 16：也许，那些细腻而隐秘的思想，永远都藏在浮光掠影的背后，就像暗夜酒吧里传来的钢琴声，你能听出，里面的爱情吗？（张佳玮《唐璜》）

解析："唐璜的内心，会有多少人明白呢？"如同酒吧里的一晌贪欢，在世俗的眼光中，也许飘忽不定，也许难以捉摸，但至少有些真"爱"藏在其中吧。

以往的学习，我们始终致力于声音的操控性，强调的是执行力。本章的重点则是着重于情感的表现性，强调的是创造力。朗诵的目标是传情达意，"达意在先，传情在后"，如果没有严格的规范、准确的表达，仅凭一时兴起，任意宣泄，这样的朗诵只能是无知无畏、哗众取宠。

第十二章　朗诵心理

朗诵，是语言的持续过程，是气息的运行过程，也是心理活动的变化过程。所谓心理，即人类大脑对于客观世界的主观反映。作为朗诵者，眼前的文字就是他的客观世界，发出的声音就是他的主观反映。

通过对"心理定位""心理活动"和"心理问题"的深入分析，本章我们将从"心理"维度认识朗诵。

第一节　心理定位

第十二章第一节
例句朗诵音频

朗诵创作，在开口之前首先要明确两个基本问题，即"我是谁"和"我对谁"，这就是朗诵的心理定位。

对于朗诵者来说，文字是固定的，它的体裁、题材、内容、基调以及写作风格都是不可改变的。有了这样的认识，朗诵者才能摆正自己的位置。面对文字，我们既不是旁观者，也不是剧中人，而是一个保持客观立场又感同身受的表达者。听众，是我们表达的对象。听众无论多少，朗诵者心中都要有对象感。对象感越具体、越清晰，声音就越有指向性，意识就越有目的性。

一直以来，人们热衷于把朗诵与各种声音应用进行比较，其实它们的本质区别就是心理定位不同。

一、朗诵与播音

播音，以发布新闻或信息为目的，强调客观、准确、及时、高效，是"一对众"的声音应用。

播音员，作为信息的传达者，不能代表个人立场，尽量消除个性化。播音的对象是广大的受众群体。播音的稿件往往开门见山，简明扼要，文字内容重在陈述事实，很少有描述和情状语气。

例句1：本台消息，从17日晚上开始，里约残奥会进入了第十个比赛日，截至北京时间18日早上7:00，中国代表团以103金、80银、51铜，共234枚奖牌，继续位居奖牌榜首位。（新华社里约电）

解析：这条新闻稿件信息量很大，时间、地点、名称、数据、结论，都要清晰、准确、快速、完整地传达给每一个听众。播报时，高昂的基调、紧凑的气息、连贯的语流，反映出赛场的紧张氛围，也体现出运动员的拼搏精神。

例句2：本台消息，从17日晚上开始，里约残奥会/进入了第十个比赛日，截至北京时间18日早上7:00，中国代表团/以103金、80银、51铜，共234枚奖牌，继续位居奖牌榜/首位。（新华社里约电）

解析：如果以朗诵的方式处理，这段文字会呈现出更强的主观性和渲染性。具体表现为语速放缓，断句增多，重音加强，情感深化。

例句3：他们都说，听到了风/吹来的声音。你听到了吗？你听，风在吹。听，风/在吹。（期待花开《听，风在吹》）

解析：这是一份只属于你我的情感，它是秘密的，也是甜蜜的。朗诵者贴近话筒，轻声细语，运用虚声和气声以及语流的延展和停顿，营造出缠绵于耳的听觉氛围，引发听众心灵的共鸣。

例句4：他们都说，听到了风吹来的声音。你听到了吗？你听，风在吹。听，风在吹。（期待花开《听，风在吹》）

解析：这段文字，如果以播音状态处理，温柔的情感荡然无存。一本正经的声音，公事公办的态度，刻意拉开的距离，不像是窃窃私语，倒像是昭告天下。

二、朗诵与配音、台词、对白

配音、台词、对白，都属于表演的范畴，是角色化的声音应用。在心理定位上，它们属于"我就是"。按照剧本，演员融入剧情，化身为一个个人物，追求的是"无我"状态。

例句5：我倾一城人的血，为你铺下往生的路。只盼你在奈何桥边看得分明，来世，再不要入这人心险恶的朝廷之中。（剧中人李存勖《画江湖之不良人》）

解析：剧中的李存勖，是卓尔不群、狂傲自负的一代枭雄，同时他又敏感多疑、喜怒无常，性格上具有强烈的冲突性。这样的角色，对配音者既有挑战性，同时也提供了很大的创作空间。

例句6：我倾一城人的血，为你铺下往生的路。只盼你/在奈何桥边看得分明，来世，再不要/入这人心险恶的朝廷之中。（剧中人李存勖《画江湖之不良人》）

解析：这段话按照朗诵方式处理，首先，声音只追求"像"而不追求"是"，情绪要相对冷静克制；其次，句子里的重音、断句、贯穿等要提前做好规划，并严格执行。与配音相比，朗诵在创作上具有更强的约束力，个人发挥的余地不大。

例句 7：柴可夫斯基/好像一直生活在我的心里。他已经成了我生命的一部分。（王蒙《如歌的行板》）

解析：这句话是文章的开篇，把握住陈述语气。对于第一人称"我"，朗诵者要保持客观立场，即便是作者本人朗诵自己的作品，也不能有角色化的表演。

例句 8：柴可夫斯基好像一直生活在我的心里。他已经成了我生命的一部分。（王蒙《如歌的行板》）

解析：有人读这篇文章，把自己幻化成作家王蒙，甚至沙哑着嗓子，显出一副饱经沧桑的样子，这样的处理方式在心理定位上已经背离了朗诵，只能是话剧舞台上脸谱化的表演。

除了角色化的配音、对白，广告配音是更为小众的声音应用，通过表现产品的声音形象，助力商业推广。

例句 9：敏捷灵活，动静之间尽显卓越风范——梅赛德斯·奔驰，新款 C 级轿车（奔驰车广告语）

解析：不同的产品有着不同的声音定位。比如汽车广告，大多会选择男声代言。奔驰，作为家喻户晓的高端汽车品牌，成熟、厚重、大气、具有权威感的男声，才能彰显其尊贵的气质、卓越的品质。广告，由于其内容精短、时间宝贵，对配音者驾驭声音和调动情绪的能力提出了更高的要求。

例句 10：敏捷/灵活，动静之间/尽显卓越风范——梅赛德斯·奔驰，新款 C 级轿车（奔驰车广告语）

解析：不同于广告配音，朗诵这个句子首先要放下声音的架子，态度自然平实，按照陈述语气，做好重音和断句的规划，在此基础上，再对句子的表现位置适当加以渲染。

三、朗诵与解说、旁白

朗诵，是独立的、完整的、全面的声音创作，有着自己固定的节奏。解说和旁白则是从属的、局部的、补充性的声音创作，需要配合画面的节奏。

例句 11：东山到上海的鲍鱼，珠海到成都的石斑，广西到北京的蔬菜，昆明到新疆的菌类，今天的物流和今人的胃口，大大加快了食材迁徙的速度。（中央电视台《舌尖上的中国》）

解析：伴随着解说员的声音，"鲍鱼""石斑""蔬菜""菌类"这些食材的画面一一呈现在人们眼前。作为解说员，服务画面是主要任务，加上字幕的辅助，信息传递更有保障。

例句 12：东山到上海的鲍鱼，珠海到成都的石斑，广西到北京的蔬菜，昆明到新疆的菌类，今天的物流和今人的胃口，大大加快了/食材迁徙的速度。（中央电视台《舌尖上的中国》）

解析：如果脱离画面，完全依靠声音表达，对于文字的结构体现、句子的轮廓把握、节奏的运行控制，会有更高的要求，包括重音、断句、贯穿、跳转，这些朗诵中的硬性指标都要一一落到实处。

例句 13：余则成快速把整个设计再从头到尾想一遍，别有什么漏洞。这是绝地反击的时刻，一个小小的漏洞，将铸成大错。应该可以了、完整了、天衣无缝了。（电视剧《潜伏》）

解析：电视画面中，余则成看似平静的表情下面，是内心的惊涛骇浪。通过旁白，弥补了剧中人仅靠表演无力触及的内心世界，带来更加震撼的艺术效果。不同于朗诵的客观性，旁白需要充分融入剧情、贴合人物、烘托气氛。

例句 14：余则成/快速把整个设计/再从头到尾<u>想</u>一遍。别有什么漏洞，这是绝地反击的时刻，一个小小的漏洞，将铸成大<u>错</u>。应该/可以了、完整了、天衣无缝了。（电视剧《潜伏》）

解析：相比旁白，朗诵的文案更加严格。"余则成……想一遍"是独立的单句，改为句号；"别有什么漏洞"与后句合并，改为逗号。朗诵中，"这是绝地反击的时刻，一个小小的漏洞，将铸成大错"，声音要相对弱化；"应该/可以了"，要拉开句子幅度。此外，同一语境下的句子形成句群，还要体现出段落的贯穿。

四、朗诵与演讲

演讲，是立场主观的声音应用。演讲者面对的是大众，扮演的是自己。演讲和朗诵最大的区别，前者是"讲"，后者是"诵"，两者的声音状态完全不同。

演讲者的心里要有腹稿，但绝不能背稿，要以简单的句式、口语化的表达，与听众积极互动，建立起紧密的交流；同时，演讲者还要善于制造悬念，控制节奏，提高内容的吸引力，增强现场的感染力。

例句 15：大家好，今天在座的各位，我觉得你们都是非常有趣的人，当然，这只是对心理学家而言。

过去的几天，通过倾听你们的交谈，观察你们的互动。现在，我可以大胆地说，在你们中间，有47个人，已经表现出了某种精神病的症状。我知道，这样的结论有点危言耸听，所以在此之前，我们不妨先来聊聊这样一个话题——你到底是谁？（Brian Little 博士《TED 人格特质的谜团》）

解析：一位心理学家，公布了一项社会实验的结果，同时引出演讲的话题，整个过程都具有明确的对象感和目的性。演讲，作为"一对众"的声音应用，首要任务是表达观点；同时，内容要生动有趣，逻辑要清晰严谨，论据要确凿可信，对声音的修饰，对情感的渲染，不能刻意，更不能虚假。

例句 16：（1）大家好，今天在座的各位，我觉得你们都是非常有趣的人，当然，这只是对心理学家而言。

（2）过去的几天，通过倾听你们的交谈，观察你们的互动，现在，我可以大胆地说，在你们中间，有47个人，已经表现出了某种精神病的症状。（3）我知道，这样的结论有点危言耸听，所以在此之前，我们不妨先来聊聊这样一个话题——你到底是谁？
（Brian Little 博士《TED 人格特质的谜团》）

  解析：如果从朗诵的角度看，这段文字包括三个句子，都是引用人物对话。朗诵者不是演讲人，不能扮演心理学家，要保持客观的语气。与演讲相比，朗诵更强调规范的表达，很少有随意和即兴的发挥。

五、朗诵与演播

  顾名思义，演播具有表演、播音的双重属性。创作过程中，演播者既是说书人，也是剧中人，要做到在两者之间，声音上跳进、跳出，心理上及时转换。

  例句 17：第二天早晨，白灵起来时发觉小厦屋的门板从外头反锁上了。她还未来得及呼喊，父亲从上房里屋背着双手走下台阶，走过庭院在厦屋门前站住，对着门缝说："王村你婆家已经托媒人来定下了日子，正月初三。"白灵嘴巴对着门缝吼："王家要抬就来抬我的尸首！"白嘉轩已走到二门口，转过身说："就是尸首也要王家抬走。"（陈忠实《白鹿原》）

  解析：文学作品的演播，更像是"一个人一台戏"，背景的介绍，人物的活动，情节的推进，都依靠演播者独立完成。相比朗诵，演播在创作上自由度更大，对人物的形象塑造也更加主观。段落中的父女对话，可以进行角色化的演绎。

  例句 18：（1）第二天早晨，白灵起来时/发觉小厦屋的门板/从外头反锁上了。（2）她还未来得及呼喊，父亲/从上房里屋背着双手走下台阶，走过庭院/在厦屋门前站住，对着门缝说："王村你婆家/已经托媒人来定下了日子，正月初三。"（3）白灵嘴巴对着门缝吼："王家要抬/就来抬我的尸首！"（4）白嘉轩已走到二门口，转过身说："就是尸首/也要王家抬走。"（陈忠实《白鹿原》）

  解析：作为朗诵的文本，首先要在段落中划分句子，随后，每个句子标出断句和重音；段落的第二句话内容较为繁杂，需要加强贯穿，避免读散；同时，对于父女的对话部分，要克制住表演的冲动，只体现出人物的角色感。

第二节　心理活动

第十二章第二节
例句朗诵音频

  朗诵的创作过程，也是心理活动的过程。心理活动，包含"知""情""意"三个阶段，即认知过程、情感过程、意志过程。

  认知过程，是对事物的认识了解；情感过程，是对事物产生主观反应；意志过程，是对事物形成作用力。

一、认知过程

朗诵的认知过程，是指对文本的认知，包括文章大意、情绪基调以及每个句子的真实含义和内部结构。

认知过程要全面、透彻。所谓全面，就是对句子、段落、全篇都要有完整认识。所谓透彻，就是对语义、语境、语气都要有深刻理解。

例句1：这件让他发愁，使他终日盘桓城中不愿归去的麻烦事，其实与这座城市无关。（黎晗《夜里戴草帽的人们》）

解析：在繁杂的文字里找到句子主干，是提高认知的关键。"这件事与城市无关"是这句话的核心，其他的内容都是对主干的修饰、补充、铺垫。有了这层认识，朗诵中才会有侧重，从而避免了平均用力。

例句2：庄子感叹自然的造化，宣扬"天地有大美而不言"；孔子推崇个人修养，始终强调"里仁为美"；柏拉图把"美"提升到精神和理念的高度；车尔尼雪夫斯基则认为："生命本身就是美"。（蒋勋《何以为美》）

解析：这段文字，列举了古圣先贤对于"美"的见解。在认知过程中，我们需要抽丝剥茧，层层递进。第一层，段落划分出四个句子，找到它们的主语——庄子、孔子、柏拉图、车尔尼雪夫斯基。第二层，概括每个句子的内容——庄子以天地为美，孔子以仁爱为美，柏拉图认为美是一种精神，车尔尼雪夫斯基坚信生命本身就是美。第三层，寻找逻辑关系。前两个句子，暗含因果，后两个句子，形成转折。即：庄子（因为）感叹自然的造化，（所以）宣扬"天地有大美而不言"。孔子（因为）推崇个人修养，（所以）始终强调"里仁为美"。柏拉图把"美"提升到精神和理念的高度，（而）车尔尼雪夫斯基则认为"生命本身就是美"。

例句3：忽然，我好像明白了——这儿是她的家，这山前山后的桐树，是他们的农作物，是大型的庄稼。花是树的一部分，树是山林的一部分，山林是生活的一部分。一切在外人眼中叹为观止的事物，对他们不过是生活的常态，正所谓："久居兰室不闻其香"。（张晓风《不知有花》）

解析：这是总分结构的段落，关于"我明白了什么"，分成三个部分。第一，桐树是他们的庄稼；第二，庄稼是他们的生活；第三，他们对生活司空见惯。这三个部分各自独立又环环相扣，形成句群结构；作者的认知，从明白到懂得，从懂得到感悟，逐步提升，直至"久居兰室不闻其香"，终于是想明白了。

例句4：每天，我都在中午醒来，或者更晚，随便吃点东西，然后翻翻书。没有访客，我就会花一段时间来访问自己，时间走到哪儿算哪儿。（朝潮《静静的村庄》）

解析：有些文字看似平常，却暗藏玄机。这个段落中有两处不寻常的地方：一是中午醒来，或者更晚；二是没有访客，自己访问自己。中午醒来，有悖于常人的作息，说明作者经常睡得很晚；没有访客，和自己对话，暗示作者离群索居，活在自己的精神世界里。基于这样的认知，句子里的"中午""自己"就需要格外强调；当读到"时间走到哪儿算哪儿",在语气上,要体现出漫不经心、百无聊赖的状态。

二、情感过程

情感过程,是朗诵者在认知的基础上产生主观感受的过程,也是情感激发的过程、语气挖掘的过程。在这个阶段,我们要保持敏锐、善感的心理状态,不放过任何一个细微之处。

例句5:秋水长天,空山寂寂。几声远走高飞的雁鸣,其实蕴含着人世间最饱满的情意。(雪小禅《瘦金体》)

解析:作者寥寥数笔,描绘出天地间的空旷高远。深秋的肃杀,再加上几声离别的雁鸣,尽显孤寂和苍凉。外部环境的冷峻,激起我们对人间温情的无限怀念。

例句6:每次他大发雷霆,母亲都会悄悄躲出去,再进来的时候,眼圈儿红红的,却依然保持着平静和安详。(纳兰泽芸《荆棘上的花朵》)

解析:著名作家史铁生,二十岁的时候双腿瘫痪。在他情绪崩溃、无法自控的时候,是母亲用无私的爱和隐忍,支撑起儿子活下去的勇气。"悄悄躲出去""眼圈儿红红的""平静和安详",每每读到这些文字,眼前就会浮现出母亲憔悴的面容、单薄的身影,让人心痛不已。

例句7:雨丝密密的,撒下漫天的罗帐。瞿村、万村和不远处的魁星阁,都成了淡淡的影子。那雨莫不真个就是江南的情,江南的韵?(陈所巨《烟雨桃花潭》)

解析:蒙蒙烟雨,笼着粉墙、罩着黛瓦,隐去远山。天地间仿佛是一张巨大的宣纸,只有几笔水墨的晕染,疏疏淡淡。"江南的情,江南的韵",让人沉浸其中,再加上"真个"这种方言修辞,好似吴侬软语,娓娓动听。

例句8:沈从文听说老舍自尽,非常难过,摘下眼镜擦着泪。日本作家井上靖发表文章悼念,感叹其宁为玉碎。二十年后,汪曾祺写老舍投湖,依然是伤心不已,难以释怀。(胡竹峰《老舍的底色》)

解析:对于老舍先生的悲惨结局,作者通过三个人物不同的举动,给读者心中留下了深刻的印象。好友沈从文听到噩耗,非常难过,同样身处困境的他、文弱多病的他,当时又能做什么呢?唯有"摘下眼镜擦着泪",短短七个字的描写,读得让人心疼。日本作家井上靖,除了发文悼念,他更是对老舍先生"宁为玉碎,不为瓦全"的精神感佩不已。人们说时间会治愈伤痛,但时隔二十年,汪曾祺在写到那个黑色的日子,还是难以释怀,痛定思痛,痛何如哉!

三、意志过程

文字的认知,情感的激发,这些心理活动产生的影响,最终都要通过声音反映出来,这就是意志过程。

例句9:滁州在哪里?离汴京有多远?欧阳修不知道。此刻,他内心充满了委屈,

委屈到真想大醉一场，不再醒来。（单士兵《千古的醉意》）

解析：接连两个问句，情绪逐步叠加，从"委屈"到"委屈到"，顶真修辞，更加剧了内心的冲击；"在哪里""有多远"，音高抬升，呈起势；两个"委屈"加强贯穿，呈接势；"大醉一场，不再醒来"声音发力，重点表现。

例句 10：年年春来时，在温柔得令人心疼的三月，我们忍不住伸出手臂，在河底/秘密地/挽起。（张晓风《两岸》）

解析：相爱却不能相守的恋人，如隔河相望的两岸，他们的思念对抗着重重阻力，努力伸向对方；压抑而沉重的情感，隐忍而深沉的气息，直到最后"挽起"两个字，如地火岩浆一般迸发出来。在声音表现上，除了增添两次断句，还要用气息"叹出"，全力渲染。

例句 11：那些娇艳的牡丹花整朵整朵地坠落，没有半点征兆，不见任何迟疑。它们要么立于枝头，要么归于泥土，从青春到死亡/一步跨过。（张抗抗《牡丹的拒绝》）

解析："没有半点征兆""不见任何迟疑"，对偶式的修辞增强了陈述力度；"要么"这样、"要么"那样，没有余地的选择，加剧了情感冲突；"从青春到死亡一步跨过"，义无反顾的精神反映到声音上，何其决绝，又何其壮烈！

例句 12：我喜欢让一切事物从无到有，这令人激动。然而，一些鸟落到了树上，大大小小，五颜六色。霎时间，我仿佛看见了满树的花朵！（吴忌《鸟是树的花朵》）

解析：从陈述的冷静，到描述的热切，情感有一个变化过程；陈述时的"激动"需要克制，一直等到情感在"霎时间"喷涌而出，心花烂漫，开满枝头。

四、心理预判

朗诵时，要"眼在前，意在先"，心理活动始终走在声音的前面。朗诵者不能紧盯着眼前的文字，而要把目光拉开、放远，迅速扫视后面的内容，提前做好心理准备，这就是心理预判。

例句 13：河汊上泊着可以租用的乌篷船。近看，那船是实在的；远看，可就化在细密而又无痕的烟雨中了。（韩静霆《周庄烟雨中》）

解析：看到"泊着"，就要想到可能会出现"船"；读到"近看"，就要预感到"远看"；目光扫到"化在"，就要意识到这是一种修辞手法，是诗意的表达，要把声音展开，绘声绘色地进行描述。

例句 14：一个牙牙学语的孩子，蹒跚着走向老人。孩子的母亲，一个穿着入时的女子，笑着跟在后头，目光追随着孩子的脚步。（马卡丹《古树下，一道苍老的背影》）

解析："走向老人"后面的句号标志着句子结束。看到句号，就要做好句子收尾的准备，气息用尽，声音落地；反之，"跟在后头"是逗号，就要注意句子贯穿，语流向后继续延伸，直到"脚步"才能松下这口气。

例句 15：突然，又一个姿态映入眼帘。多么新鲜，多么出人意料！活了几十年，

从未注意到人会有这样特殊的姿态,并且这种姿态,美得如此惊心动魄。(夏易《忘情》)

解析:当目光看到"突然",气息就要预先紧张起来,读出来的"突然"才有弹性,才有张力,才会体现出意外感;否则,意识没有先行,声音就会拖后腿,不紧不慢,有气无力。同样,看到一个"多么",后面还有一个"多么",就要意识到句子的递进结构,声音要随之跟上去,顶上去。

例句 16:山乡的雨是讲理的,不像川里的雨,需要它的时候,忸忸怩怩、一遮三掩,让人望眼欲穿;不需要它的时候,却又哭天抢地、不依不饶,泼妇闹街似的 没完没了。(双木《雨落山乡》)

解析:看到"讲理",意识到这是拟人描写,声音状态要立刻变得亲切、生动起来;读到"讲理"时,还要努力把这两个字表现出来;随后稍做停顿,再读"不像川里的雨",并紧接后面的内容,避免产生混淆;"需要""不需要",看到对比关系,声音一低一高,听觉上做出区分;"忸忸怩怩、一遮三掩""哭天抢地、不依不饶",注意两处顿号都不要补充气息;最后,"掩""穿"压 an 韵,"饶""了"压 ao 韵,有意识强化它们,读出整句的韵律感。

第三节　心理问题

我们知道,朗诵过程始终伴随着心理活动。与此同时,各种各样的心理问题也随之出现。正视、归纳和分析这些问题,可有效避免它们对朗诵创作带来的干扰。

一、紧张感

心理学上,紧张是一种过度的主观反映。朗诵中,过度的紧张感,会使人气息短促、声音僵硬,甚至大脑空白、不知所云。如何克服紧张情绪?根本方法是从心理层面解决。

(一)降低期望值

艺术创作,永远都有缺憾,尽善尽美的想法只会让人越发紧张。文章开篇,声音伊始,心理压力最大,此时我们要放松身体,放宽心态,"软开头、低起首",不求最好,但求无过。

例句 1:那时候刚好下着雨,柏油路面湿冷冷的,还闪烁着青、黄、红颜色的灯火。(陈启佑《永远的蝴蝶》)

解析:这是一个悲情故事,但在讲述的开始把握住文章基调就够了;整个句子平铺直叙,娓娓道来,保持松弛状态;"湿冷冷的""青、黄、红"这些描述部分也不用过分渲染。

例句 2：1140 年前，师虔轻快的脚步，或许/就在这里/停了下来。（冯文柯《云端之上》）

解析：这篇充满禅意的文章，一开始就把时间拨到千年以前，作为读文章的我们，又何必急于一时呢？运用舒缓的语调，读出"1140 年前"，并在"或许""这里"添加停顿，以从容的状态进一步扩展文字的时空跨度。

例句 3：从东往西，是十二座长满苔藓的界碑；从西往东，也是十二座长满苔藓的界碑。（王晓廉《界碑》）

解析：任何故事的讲述都要有预热过程；同样，朗诵者在文章开篇也不能急于表现，而是放低姿态，循循善诱，引导听众慢慢进入故事情节。

例句 4：如果有来世，我想做一棵树，生长在托斯卡纳绿色的山坡上。（陈丹燕《来世，我愿意做托斯卡纳的一棵树》）

解析：以第一人称叙述会调动起我们的主观情绪，读着眼前的文字，更像是在表达自己内心的想法。面对这样的文章，只要直抒胸臆，就是成功的开篇。

（二）提高专注度

在创作过程中，面对新的句子，朗诵者同样会产生紧张感，这时我们要迅速进入认知过程，努力沉浸到新的句子里面，了解基本内容，掌握主要结构，强化心理占据，不给紧张感以蔓延的空间。

例句 5：我住的房子是一座两层小楼，白墙，青瓦，还有一个不大不小的院子。院子里有成排的月季、木槿、茑萝和茶花，周围荒草丛生。（朝潮《静静的村庄》）

解析："我住的房子"是什么样的？脑子里一直想着这个问题，才会读得有口有心；"院子"既是前句的结尾，也是后句的开头，保持语境的贯通，思想自然过渡到新的句子。

例句 6：柴可夫斯基好像一直生活在我的心里。他已经成了我生命的一部分。他之所以容易被接受，多是因为那些流畅的旋律和其中蕴含的情感。（王蒙《如歌的行板》）

解析：以"我"的口吻读出的文字更为直接；"我的心里""我生命的一部分"都有着浓厚的主观色彩；后面的句子则是作者给出的解释，大脑需要结合前面的内容，目标明确，有的放矢。

例句 7：真正中国式的爱情，或许就是这样，日常、坚守、不打破。不要打破，不许打破，不能打破。（王春鸣《未破当年一块泥》）

解析：这两个句子，在内容上保持延续，在语气上形成递进；前句以陈述状态阐明"中国式的爱情"，后句则以抒发状态三次劝诫；"不要""不许""不能"层层推进，直抵人心。

例句 8：我知道他其实很想做官，从小就有猛志："少时壮且厉，抚剑独行游，谁言行游近，张掖到幽州。"不过，他的确不适合做官。（夏立君《陶公祠的菊花》）

解析：这是一个转折句式，用"不过"相互关联，其中引用的诗词作为补充部分，

153

用以证明"猛志"的推论。在朗诵中，对句子结构的分析也能帮助我们提高专注度，做到心无旁骛。

（三）转移注意力

声音创作，难免失误。一旦出错，紧张情绪就会瞬间弥漫开来，这个时候既不要回想，更不要重读，而是把注意力放在后续内容，投入新一轮的"知情意"。

例句9：为什么我的步履总（肿）是那么匆匆忙忙？我的这双眼睛在追逐着什么？我的这颗心又遗忘了什么？（张丽钧《抬头看云》）

解析：一不留神，"总是"读成了"肿是"，察觉到错读，慌乱的情绪也只是一瞬间的事情，我们的注意力要迅速转移到后面的内容中，不动声色，若无其事。

例句10：这时，钟声响了，那是寒山寺的钟声，裹（贴）着秋风，贴（裹）着江面，阵阵袭来。（张晓风《不朽的失眠》）

解析：发觉"裹着"读成"贴着"，错已铸成，此时停下"倒口"无疑是最坏的选择，语流中断，听众错愕，朗诵者心里一阵慌乱，在这种情况下不妨将错就错，迅速转移注意力，保持语流顺畅，再把后面的"贴着"读成"裹着"，蒙混过关。

二、麻木感

麻木，是指朗诵者对文字失去新鲜感，缺乏敏锐度，创作热情消退，心理活动停止。麻木的危害具体表现为见字读字、心不在焉，声音与文字貌合神离。

如何避免麻木？朗诵者只有加强认知，激发情感，深挖语气，才能百读不厌，常读常新。

例句11：为了避免戳到孩子的痛处，母亲连说话都小心翼翼，极力避开"跑""跳""踩"这类字眼儿。（纳兰泽芸《荆棘上的花朵》）

解析：史铁生说过，他活下来的力量是来自对母亲的承诺。这世间深厚的母爱，化作一件件生活中微小的事物，却在我们心中激起难以平静的波澜。"跑""跳""踩"，每一个字都是扎在母亲心头的针，每每读到它们，都有一种令人窒息的痛。

例句12：两个少年人被一种极度的喜悦和紧张刺激着，而作为阅读者的我，也是感同身受。当然，在阅读的同时，我还有一种莫大的失落——为什么那个少年不是我。（许知远《水样的春愁》）

解析：郁达夫的《水样的春愁》记述的是少年往事，作者读到它的时候，正好也处于相似的年纪。对于文章中那些精彩的片段，作者心向往之，同时，又因为无法置身其中，不免耿耿于怀。

例句13：没有丈夫的日子，吴藻还像以前一样生活，可渐渐地，她感到了孤单和无助。（车水《芳心比天高》）

解析：习以为常的事情忽然消失，人们才意识到它们的珍贵，比如平淡的生活，默默地陪伴；"可渐渐地"是句子的重点，既有转折的出现，也有过程的发展，读到此处，心中要有波澜，不能无动于衷。

例句 14：有时候我会想，男子、女子、一朵云、一座城，世间的一切，倘若都是如此的"溜溜"，该有多好！（闻小语《康定情歌》）

解析："我会想——"思绪放飞，声音延伸，体现出确实在"想"的状态；眼前，"男子、女子、一朵云、一座城"——闪过，最终，心中充满诗情画意，由衷发出"该有多好！"的感叹。

三、表现欲

朗诵，以文为本。在实际创作中，如果我们的表现重点不是文字，而是声音或技巧，表现欲就会成为心理问题，产生实质性的危害。

（一）音色

例句 15：瘦金体，作为中国书法艺术一颗璀璨的明珠，已有八百多年的历史。（雪小禅《瘦金体》）

解析：朗诵中，不少男声会故意压低发声位置，并且每个音节都要达到声带的充分振动，这样的声音听似深沉浑厚，富有磁性，实则背离了自然，变得刻意和做作；另外，如果注意力侧重于音色的修饰，而不是内容和情绪，则无论读什么文字都将是"千篇一律"。

例句 16：提起童年，常常使人向往。无论快乐还是悲哀，童年都是生命中最难忘的阶段。（冰心《童年》）

解析：朗诵用声，虚实相济，实声为主，虚声为辅。对童年的回忆，虽然满怀柔情，但声音不能过于虚浮；窃窃如私语的音色，不仅主观色彩太重，也违背了朗诵的"朗声"之意。

（二）语流

例句 17：君不见，黄河之水天上来，奔流到海不复回。君不见，高堂明镜悲白发，朝如青丝暮成雪。（李白《将进酒》）

解析：从语法和结构上分析，这两句都是由低向高、逐步攀升的语势。如果把中间的"天上来""悲白发"刻意拔高，忽大忽小的声音听似充满张力，实则是对语流的扭曲。

例句 18：除了色彩，大地还有各种声音。这声音很奇怪，你不能听，一听它就没了，不听它又来了。（毕飞宇《大地》）

解析：一听怎样？不听又怎样？两种情形分头说明，内容清晰，对仗工整；如果为了表现语流的顺滑一口气连读下来，不但从根本上破坏了句子轮廓，还有炫技和卖弄之嫌。

(三) 腔调

例句 19：经过历代文人、艺人们的发掘、提炼和演绎，一个整合了中国传统审美的女子，终于走到台前，咿咿呀呀，唱起满怀心事。（琰涛《人间尤物是青衣》）

解析：以播音腔朗诵，如同穿着西装进球场，声音端起，架子拉开，在状态上正襟危坐，在声音上字字夯实，至于读的是什么已不重要。

例句 20：从小，我就喜欢凝望天空的云朵，正像清代诗人袁枚说的那样："爱替青天管闲事，今朝几朵白云生？"（王充闾《青天一缕霞》）

解析：以舞台腔朗诵，不乏夸张的语调，过度的情感表达，捶胸顿足，嬉笑怒骂，甚至装疯卖傻，使朗诵成了一个人的表演。

(四) 情感

例句 21：站在今天的伊犁，我努力想象着一个民族的功臣，一个满头白发的老人，当年是怎样顶风冒雪，一路走来。（杨晓雷《生命的瀑布》）

解析：朗诵，是带着感情的朗读，但不能字字用情。陈述句中，"今天"的伊犁、"民族"的功臣、"满头白发"的老人，对这些描述性的词汇，注意不要过分渲染。

例句 22：好白的云，好美的云啊！就在我的头顶上，他们悄然无声地上演着多么精彩、多么美妙的一幕啊！（张丽钧《抬头看云》）

解析：朗诵用情，宁缺毋滥，除了小心"字字用情"，还要避免"用力过猛"。"好美的云啊""多么美妙的一幕啊"，每次的感叹词"啊"都要把握住分寸，控制好力度，一旦声音显得刻意，情感就会变得虚假。

从文学作品到朗诵作品，表面上是声音的转化过程，背后是一系列"知、情、意"的心理活动。只有准确把握心理定位，排除各种心理问题的干扰，朗诵创作才能沿着正确的方向，不断提高。

参考文献

[1] 宋欣桥. 普通话水平测试员实用手册[M]. 北京：商务印书馆，2010.

[2] 四川省语言文字工作委员会办公室. 普通话水平测试训练教程[M]. 成都：电子科技大学出版社，2006.

[3] 王力. 中国现代语法[M]. 北京：商务印书馆，1985.

[4] 朱德熙. 现代汉语语法研究[M]. 北京：商务印书馆，2014.

[5] 王希杰. 汉语修辞学[M]. 北京：商务印书馆，2024.

附录一　范文解析

一、不知有花

（作者：张晓风　　改编：左旗）

范文《不知有花》朗诵音频

朗诵基调：这是一篇对自然与生命充满感悟的散文。整篇文章在花的性格对比、在过去与当下、在对桐花美好的感悟与人生的哲思中，慢慢铺陈开来，既充满温暖而美好的情绪，又带着清新雅致的意趣和哲思。因此，在朗诵时要着重注意贯穿与跳转，尤其对于需要关注语气的跳转，要在场景转变后产生的声音色度的变化以及语气、气息动程的变化中，赋予文字更多的灵性。

1.（>→）那时候，是<u>五月</u>，（//→）<u>桐花</u>/在一夜之间，（//↗）攻占了所有的山头。
2.（↘）或许，（//→）<u>历史</u>/是由英雄们缔造的，（//↗）但岁月——（/"→）岁月对我而言，（/>→）却是因为（//↗）<u>花的禅让</u>（/"↗）被写就的。

分析：
文章开篇就进入到桐花盛开的季节。
1 句：主干是"桐花……攻占了所有的山头"，主干前换气，桐花为主语，第一次出现要有足够的重视，既要重读还要增加断句予以强调，同时语气应有足够的沉浸感，带着一些拟人手法，情绪要紧张起来，进入到观赏的情绪状态，不能只是简单地陈述而不带情绪。

2 句：这是长复句，主干是"岁月……花的禅让被写就的"，句子中，"英雄们"与"花的禅让"有比较关系，声音要前低后高（在语气的落实和音高、音强、音长三方面均做到如此）；"岁月对我而言"是对主干的补充，音高相对弱一点，不能与主干平齐；"却是"前的抢气，让气息自然涌动出来，衬托出强烈的语气；接着换气后将音高提起来，让气息顶托上去，语气自然就有了变化。诵读中应时刻注意语气的跳转变化如何通过气息改变来实现。

3.（→）桐花/极白、极矜持，（//↗）<u>花芯</u>/却露出微微的<u>红</u>。
4.（>→）我和我的朋友都<u>认定</u>，（//↗）这花/有点<u>诡秘</u>，（/"→）平日守口如瓶，（//↗）

一旦<u>绽放</u>,(/>→)竟是/<u>扑面而来</u>,(/"↗)<u>所向披靡</u>。

分析:

桐花"矜持"的性格与她"一旦绽放"便迅速灿烂之间的反差,极易带给我们一种情感上的冲击。朗诵时,气息的流动与语气的变化要凸显这种对比,以彰显艺术张力。

3句:跳转到对桐花的刻画,前半句相对客观,后半句换气后语调要提起来,要读出前后的反差。注意"矜持"与"红"的对比。

4句:这是长复句,语流随着语气的变化一层层往上走;句子开始时语气略平,接着顶上去"这花有些诡秘",再降下来一点说明"平日"的情况,接下来从气息顶托到强烈情感的抢气"竟是",随即衔接紧密的偷气后,同时将语气和音高再次提升,把"所向披靡"拉开表达出感慨。

5.(→)车子/停在一个客家小山村,(//→)走过紫苏茂盛的<u>小径</u>,(//→)我们站在高大的桐树下。

6.(→)山路上落满了<u>白花</u>,(//→)每一块石头(/"→)都因为花的<u>覆盖</u>,(/"→)<u>倍显温柔</u>。

7.(↘)走到林子深处,(//→)面对这惊心动魄的美,(/"→)<u>人</u>/似乎/都感到有些<u>虚脱</u>。

分析:

这段话从上段的惊叹中跳转回归到客观平静的陈述语气,进入到具体的情节中。

5句:这是陈述句,语气客观,气息平推到句末。

6句:这是描述句。镜头变化,移步换景,缓一缓再来描述,语调挑起来拉开句子进入到具体的情景中。语气重音"都",语法重音"覆盖"。

7句:这句话将镜头拉近,终于"走到林子深处",语气要渗透出"纵深感", 第一个分句中的浅短动程一带而过,主句前换气,将人"面对这惊心动魄的美"做出的反应体现出来,语气渗透出画面感,气息从平推到顶托,表达一种令人窒息的触感,这里增加表现断句以突出"人"与"似乎"。

8.(→)忽然/有个妇人走来,(//→)赭红的皮肤(/"→)特别像这里泥土的<u>色调</u>。

9.(→)"你们/来找人?"

10.(→)"我们——来看花。"

11."花?"(/"→)妇人一边匆匆走过,一边丢下句:(/>↗)"哪有花?"

12.(>→)我们不禁相顾愕然,(//→)如此满山遍野的<u>桐花</u>,(/>↗)她居然问我们(/"↗)"哪有花?"。

分析:

本段注意人物间的角色感和对话间的跳转,注意人物语气的变化,在陈述与对话间转换要快,但切忌表演角色化。

8句：这句是跳转，描述妇人的形貌，语气要稳，最后将音高提升，用重音表现"泥土的色调"。

9~10句：这两句对话衔接要紧密，准确安排问与答的语气。

11句：注意，"花？"与"哪有花？"在同一个层次，语调要保持一致，其间的陈述部分跳回到客观语气。

12句："相顾愕然"是强烈的情绪反应，应拉开重读；"如此满山遍野的桐花"，语气稍微克制；"居然"前抢气后将语调提起来；最后"哪有花？"的语调要高于妇人那句"哪有花？"，"花"的音高要挑起来。

13.（↘）这让我想起（/″→）少年时游狮头山，（/″→）站在庵前看落日。
14.（>→）但见晚霞红艳，（/″→）云海浸染，（//→）一片西天（/″→）美到几乎/令人神伤。
15.（→）正巧/旁边走过一位老尼，（/″→）便忍不住对她喊：（/>↗）"快看落日！"
16.（↘）"落日？（//→）天天都是这样！"（//→）老尼双眉低垂，无动于衷。

分析：

这段话是跳转，从当下回到少年时的经历，与上段有明显的语气变换。

13句：调整语气回到陈述状态。注意，强调"狮头山""落日"都不要有拖音，要利落；"站在庵前看落日"，贯穿一定要紧密。

14句：这句是情状句，初始动程深长，"晚霞红艳""云海浸染"要有表现，但感情渲染应略微克制，拉大空间，语速放慢，注意不要把"染"字拖得太长，以免形成结束感；后面的"一片西天美到几乎令人神伤"应有足够的力度，不仅在换气后拉大空间，还增加了两个断句来提高修饰程度。

15~16句：注意区分陈述部分与对话部分的语气。"快看落日！"要读出欢呼雀跃的感觉，与之对比的是老尼的"无动于衷"；注意跳转，"落日""天天都是这样"把角色感带出来，读出老尼的语气；最后再次跳转到陈述。

17.（→）事隔二十年，（//→）这山村女子说话的口气，（//↗）竟同那老尼如出一辙。

分析：

这句是跳转，再从过去回到当下，沉思的语气与前段"这让我想起……"有所不同，应适度调整。

18.（↘）忽然，（//→）我好像明白了——（/″→）这儿是她的家，（//→）这山前山后的桐树（/″→）是他们的农作物，（//↗）是大型的庄稼。
19.（→）花/是树的一部分，（//→）树/是山林的一部分，（//↗）山林/是生活的一部分，（/>→）一切在外人眼中叹为观止的事物，对他们（//→）不过是生活的常态，正所谓：（//↗）"久居兰室/不闻其香"。

分析：

这段话意指作者忽然反应过来，跳转，进入哲思。在"妇女身在花中"与"不知有花"的对比中，吸引读者去思考生命中那些曾围绕在我们身边却被我们忽视的美好。朗诵时要在语气的变化中读出文字的温度与哲思的意味。

18句和19句为句群。

18句："明白了"后面有延展，气息推着语气从"家"到"桐树"再到"农作物"，最后到"庄稼"把音高顶起来，"稼"字的音高略提升与下句承接。

19 句：承接上句，音高挑起来，注意要读准重音，每个分句一层压一层，"花是树……，树是山林……，山林是生活……"层层拔高；接着抢气突出语气"在外人眼中……对他们不过是生活的常态"；最后得出结论"不闻其香"，句尾"香"字音调挑起来。

20.（>→）年年桐花盛开的季节，我（/″→）<u>总想起那妇人</u>，（//→）走过绵延起伏的<u>花海</u>，（//↗）而不知/有<u>花</u>。

分析：

这句是跳转，且需要适度拉大与上一段的距离。注意句子的主从关系，"我总想起那妇人"这句话千万要注意，不是作者想起那妇人，而是作者想起那妇人干什么了；"走过绵延起伏的花海"是从属部分，不要过于表现，"花海"处应压住，"而不知有花"这句才是关键。

二、大　地

（作者：毕飞宇　　改编：左旗）

范文《大地》朗诵音频

朗诵基调： 大地，是宏大而深厚的，是广博而深沉的。在这篇散文中，作家带着对农耕时代父辈农人们深深的疼惜与理解，带着悲悯的人文情怀，重新注视着这片大地，重新理解着这片用农人的手丈量、用庄稼的颜色与声音覆盖着的大地。整篇文字中，作家描写的对象是厚重的，作家真实经历的生活体验是厚重的，作家对大地、对亲人的热爱、崇敬、怀念等复杂的情感是深厚的。因此在朗诵时，声音控制要醇厚、稳重，要找准声音位置，要有类似大提琴般的音色特点。

1.（→）一个村庄/就像一座<u>孤岛</u>，（//→）它的四周/是广袤的<u>土地</u>。

分析：

这句话是文章开篇，看似平铺直叙的陈述句，但朗诵不能流于平淡。在这句话中，作家运用比喻的手法，将村庄比作孤岛，一方面衬托出大地的广袤无垠，另一方面凸显出村庄在大地包围中的孤独、无助之感，同时呼应文章末尾的"孤独的一面，或许就是这样留下来的"。

因此，朗诵时要注意突出重音"孤岛"与"土地"。在朗诵开始时要依托足够的气息储备，将前半句平缓地推出去，然后在句子间换气，以进一步突出"土地"与"孤独"形成的鲜明对比，强化情感的投射。

2.（→）我的老家，平原是唯一的地貌。

3.（>→）那种辽阔无垠的平原，（/"→）没有洼陷，没有隆起，（//↗）处处/都是一样高。

4.（→）你的视线不会受到阻隔，（//→）你的每一次眺望/都可以抵达极限，（/"→）看见/天地相接。

分析：

这是作者对自己家乡平原地貌的描写，是家乡大地留给作者最初也是最深的印象。这个段落是一个句群，朗诵时要特别注意句子与句子之间的语气承接感要明确，尤其要注意气息的设置与安排。

2句：朗诵时不要拉伸，以免与下一句产生割裂感，影响句群的贯穿。整个句子是一个浅长的起始动程，气息要用尽，为重新补充气息开始下一句做好准备。注意读准重音"平原"和"唯一"。

3句：从深长的气息动程开始，然后再偷气、平推，到"处处"前换气、顶托，在递进中逐步加重对"平"字的渲染，句尾"高"字处不要掉下来。

4句：这句话描述了平原辽阔的程度，进一步的情染需要换气来持续运行，从"阻隔"到"极限"再到"天地相接"，读出情感的递进，在"天地相接"处延展开来，表现出结束感。

5.（→）我/从小就了解到（/"↗）什么是"大"。

6.（>→）那种"大"是迷人的，（/"↗）也是折磨人的。

7.（→）它不是沙漠或者海洋，（//→）再大/也不过是跨越的距离。

8.（>↘）平原不一样，（/"→）它是你劳作的对象，（//→）每一分、每一寸（/"→）都要经过/你的手。

分析：

作者以农人劳作艰辛的独特视角，渲染了平原大地的"大"。段落中6、7、8句为一个句群。

5句：从对"大"的客观呈现跳转到自己主观的视角，并以气息顶托推出什么是"大"，突出"大"的情感内涵。

6句：以深长动程读出情绪上的承接与递进，接着顶托推出"折磨人"，渲染农人对于土地的爱恨交织。

7~8句：通过对比，对第6句的"折磨人"进行进一步的说明，大地的美学意义不在于宏伟或广袤，而在于劳作的艰辛。朗诵时要注意从"它不是"到"它是"前后语气的承接，特别要读出"平原不一样"中蕴含的那种微妙而又复杂的情感，并在接下来的朗诵中通过换气突出情感力量的渲染，加强对"大"的程度刻画。

9.(→)农耕时代，苍茫大地，(/″→)每一棵麦苗都是<u>手栽</u>的，(//↗)每一束麦穗都是<u>手割</u>的，(/″→)这是<u>何等</u>艰辛，(/>↗)<u>何等</u>的艰辛！

10.(↘)不能想，是的，(/″→)有些事情/你可以干一辈子，(//→)但一想就会胆怯，(/″↗)甚至于/不寒而栗。

分析：

在农耕时代，大地上铺陈开来的麦苗如同一幅壮阔的画卷，但"手工"劳作又反映出农民的异常艰辛，这是一种不断在做却不敢回头想的艰辛，其代表的是生长在这片土地上的农民的坚韧。这一段承续上一段"折磨"而来，是作者主题情感的来源。在文章中，作者通过排比修辞，既突出了一定的韵律感，也在递进中强化了情感体现，朗诵时在气息与声音的控制中一定要依照情绪而定。

9句："农耕时代，苍茫大地"这句话不需要刻意表现，略带出苍茫之感即可，以免覆盖后半句的情感浓度；从"每一棵"到"每一束"的情感递进，气息从偷气到换气顶托，加大了表现力度，"手割"要强于"手栽"；第一个"何等"要有所克制，第二个"何等"要着力渲染，用抢气和顶托来达到情感的最高烘托。

10句："不能想，是的"这句插入语，气息顺带而过；随后再度刻画情感，随着句子"……但……甚至"从偷气后平推→换气后平推→偷气后顶托的逐级提升，声音的音调要减弱，沉下来去拉开，反映出农人对土地爱恨交织的矛盾心理和情感，朗诵时不要字字加重，以免造成对声音的过度雕琢；最后的表现断句"甚至于/不寒而栗"在一定程度上提高了语气，同时增强了结束感。

11.(↘)有一年春节，(/″→)我和父亲喝茶、聊天。

12.(>↘)父亲突然问我：(//→)"如果把你送回到'那个时代'，做个<u>农民</u>，(/″↗)你会怎样？"

13.(>→)我认真想了想，说(/″→)："我可能早早就会死去。"

14.(↘)父亲不再说话，(//→)整整一个下午，他<u>不再说话</u>。

15.(→)我深悔自己的冒失，(//→)父亲是"那个时代"<u>活</u>下来的人，(//→)我的回答/无疑戳到了他的<u>痛处</u>。

分析：

这是一片作者生于此、长于此的土地，是他走出去之后甚少回头看的土地。因此，当他再次回到这片土地时，与父亲交谈中那不经意的回答对父亲的刺痛让他开始真正地思考这片土地，思考生长在这片土地上的一辈又一辈的"农民"。这篇文章描写的是作者的亲身经历，因此朗诵时要从前面段落的重于抒情跳转到叙事口吻，并要注意将作者心理、情感的细微变化融入声音和气息的控制中。

11句：以浅短动程开始，随后偷气平推，平缓地陈述。

12~13句：这两句是一个句群，要注意句群内对话语气的跳进跳出。

12句以深短动程开始，然后换气、平推，体现出父子之间聊天话题转变的"突然"性。"那个时代""做个农民"这两个假设是问题的关键，一定要连起来，要均衡发力；"你会怎样"可以有视线的转移和对视，适当间隔。既然是问句，句尾一定要把气息顶上去提升音高，要体现出问题的意味深长之感。

13句开始前要有充分的气息准备，并以深长的动程体现出作者面对这一突兀问题时"认真想了想"；回答部分的语气可以随意、略带轻率，同时呼应前面段落的"一想就会不寒而栗"，因此才会有了父亲后来的沉默。

14句：开始前适度拉开距离，反映出这个回答带给父亲的心理冲击，唤起了父亲劳作一生的艰辛与苦涩。

15句：语气中要体现出儿子的"深悔不已"，因此通过换气来加深情感的渲染力度。段落最后的结构断句增加了结束平衡感。

16.（→）一年四季，农人辛勤劳作，（//→）大地呈现出不同的色彩。

17.（→）记忆中最壮观的/是<u>鹅黄色</u>。

18.（>→）那是经过农人的<u>手</u>，（/"→）一棵一棵插下去的<u>秧苗</u>，（//↗）密密麻麻，铺天盖地。

19.（→）这些农人不是<u>画家</u>，（/"↗）也不是<u>文学家</u>，（//→）但<u>"青黄不接"</u>这个词儿（/"↗）<u>一定</u>是<u>他们</u>创造出来的。

20.（→）一青一黄，（/"↗）一枯一荣，（//→）他们骨子里的悲欢（/"→）就是/这<u>两种颜色</u>。

分析：

17~18句是跳转，从叙事中跳出来，把视角拉开，将一个农耕时代的全景状态展现开来。这是核心段落，情感主色调深沉厚重，对农人发自内心的悲悯，潜藏于作者骨子里对土地的敬畏，对农人的理解。

16句：陈述即可。

17~18句：这两句话是一个句群。17句中的语法重音"鹅黄色"是大地的主要色彩之一，那种视觉中壮观而明媚的鹅黄色也代表着一代又一代农人的艰辛，因此朗诵时要着意强调，要把气息用尽；18句从平推到顶托，从偷气到换气，音高和强度都要持续加强，以表达出难以想象的劳作辛苦。

19句：呈现完整句式，"不是……也不是……但……一定是"一波三折的语气需要气息的灵活运用，在"也不是"和"一定是"前的气息顶托能达成语气音高的提升，"青黄不接"要拉开并着力渲染，"但"字前的换气很有必要。

20句：农人一生都在经历"两种颜色"——"一青一黄，一枯一荣"，反映了农人劳作的艰辛，这里一定要重视语气，"一青一黄""两种颜色"代表的正是农人们一生的

"悲欢",代表他们对土地的爱与恨、对土地的依赖和愁苦;最后的断句中,"就是"后适度增加间隔并入一个气息动程,以提高语气的雕琢力度。

21.(↘)除了色彩,(//→)大地还有各种<u>声音</u>。
22.(→)这声音很奇怪,你不能<u>听</u>,(//→)<u>一听</u>/它就没了,(/>↗)<u>不听</u>/它又来了。
23.(→)泥土在<u>开裂</u>,(/″→)庄稼在抽穗儿,(/″↗)流水在<u>灌溉</u>,(//↗)这些<u>都</u>是声音,(/″→)像呢喃,像倾诉、(//↗)像交头接耳,(/″→)像枕边絮语。
24.(↘)风起时,(//→)麦浪的汹涌是另一种声音。
25.(>→)那是无数细碎的摩擦——(/″↗)叶对叶,芒对芒,秆对秆,(/″→)汇聚起来,声音不大,(//↗)却深沉、恢宏、<u>绵延不绝</u>。

分析:

这一段落延续色彩的震撼,是大地的声音带给作者听觉和心理上的冲击。整段文字行散结合,有着独特的韵律感,在对声音细腻入微的描写中,凸显了作者对这片孕育了一代又一代生命的土地的赞美与挚爱。

21 句:换气将重音落在"声音"上。

22 句:从"一听"到"不听",从换气到抢气,在气息的弹性和灵活的跳动中,通过抢气的气息声体现出那种若有若无但却恢宏的声音。

23 句:这是描述句、大复句,分句的气息变化形成气息的弹性,同时刻画出各种声音的质感;"泥土"—"庄稼"—"灌溉",气息逐级提升,"都"是语气重音,用换气包住前面三个气息,随后略微弱下来并入"呢喃""倾诉",然后气息顶托"交头接耳",平推"枕边絮语",读起来要"轻柔",切忌过度的表现破坏字义本身的轻柔之感。

24～25 句:这是一个句群,是对麦浪声音的刻画;语义重音"另一种"区别于前述声音;25 句又是一个持续用力的过程,"叶"—"芒"—"秆",气息和音高慢慢顶起来,到"汇聚……"是承上启下的作用,不必用力,顺带而过;接着换气、拉开,表达重要的主题色调"深沉、恢宏、延绵不绝"。

26.(↘)最初,(/″→)我站在田埂上的时候,(//↗)<u>哪里</u>懂得这些。
27.(→)眼前的景象浩瀚、壮烈、(/″→)<u>一望无际</u>,(//→)我像是站在汪洋的<u>岸边</u>。
28.(>→)我性格当中<u>孤独</u>的一面,或许(/″→)<u>就是</u>这样留下来的。

分析:

这个段落从上段的情绪中跳出来,在主题上升华、深邃起来,整段文字也从前面对农人艰辛的描写转向描述这片大地对生于斯、长于斯的人们更深层次的精神影响。广袤的大地犹如汪洋,我"站在汪洋的岸边",害怕掉入那无尽的艰辛与苦难中,"我"被广袤的大地包围着,就像孤岛一样渺小、"孤独"。

26 句:这句是感叹句。在语气重音"哪里"前换气,之后将气息顶上去修饰情感,

165

这是回忆，也是反思。

27~28 句：情绪随气息从偷气到换气持续推进。读准语义重音"这样"，这是总结，也是升华。

29.（→）外部的<u>宏大</u>，（/"→）注定会形成内心的<u>寂寥</u>。

30.（>→）对一个孩子来说，（/"→）<u>大地</u>/在那里，（//↗）<u>一直</u>/在那里，（/>↗）<u>永远</u>/在那里。

分析：

这两句是文章在精神层面的拔高，有哲学意味的探讨，作者孤独的一面开始深化。儿时生活的烙印刻在骨子里，对世界最初的认知永远无法抹去，即便已经成年，离开了，进入了城市，但那片广袤土地一直都存在作者的心中，给作者的精神世界带来深远的影响。因此，朗诵时一定要把作者对土地的感情表达出来。

29 句："宏大"与"寂寥"比较，重音前低后高；在"宏大"与"寂寥"的对比中，强化了哲学性的反思。

30 句：结束句应拉开结构，增加气息强度，情感在气息的推动下加强，从偷气到换气再顶托起"一直"，情感汇聚到最后再抢气，在"永远"处达到振聋发聩的效果。

三、古树下，一道苍老的背影

（作者：马丹卡　　改编：左旗）

朗诵基调： 这是一篇以描述为主的散文，文章以古树和老人为描述对象，展示了一个普通老人朴素且极常见的生活场景，通过风、孩子、母亲等的介入，构建了一幅充满人文关怀的画面。这幅画面从静到动再到冲突介入，最后暮色苍茫、背影迷离，描摹出一位普通老人暮年的落寞和寂寥，传达出作者对"人"的关怀、理解以及惆怅、伤感的悲悯之情。

范文《古树下，一道苍老的背影》朗诵音频

因此，朗诵时要以平实的声音、与文字产生心灵共振的共情能力，带着一点沉郁与"灰"色调，把"古树下，一道苍老的背影"这个画面慢慢铺陈开来，表达出作者朴素而细腻的情感。另外，朗诵时还要注意气息的设计，特别是要注意把握气息叹出，要善于用深短、深长的气息动程来表达作者深厚的情感；同时还要注意语流的变化，要在张弛变化中读出文字的弹性与情感的张力。

1.（→）一棵<u>树</u>，一个<u>人</u>。

分析：

这句话自成一段，且和后面第二段、第三段构成了"总分"结构，这就要求在朗诵时要有一句话压全篇的感觉。因此，朗诵这句话时要注意控制两个并列画面之间的节奏，既要注意"空一下"给听者留出填充的空间，也要注意这两个分句等分并重，音高、语气、色度都同等对待，"人"字处不要落下来。

2.（↘）树/是古树，(/"→) 就在公园的转角，(//→) 叶片苍绿，树皮斑驳。

3.（→）在虬曲的老树干上，(//→) 有一个突起的树瘤，(/"→) 中心开裂，瘪瘪的，(//↗) 像一张/缺了牙的嘴。

分析：

2、3 句构成一个段落，即一个句群，这是对"古树"的形态描写，这种"古"是不美的，但在"苍绿""斑驳""开裂"的形态描述下，暗示着时间的流逝、岁月的无情。句群内的两句话任务相同，应注意不要把句群读破。

2 句："就在……"状语无须用力，"叶片苍绿，树皮斑驳"这个描述部分要相对拉开，前紧后松。

3 句：语气承接第 1 句，主干是"树瘤……像……嘴"，因此主干前应换气突出"树瘤"，"中心开裂，瘪瘪的"是对树瘤的补充，弱下来时要捏紧；最后在主干"像……"之前再次换气，用顶托提高语气表现力，以指明"树瘤"与"缺了牙的嘴"之间的意向联系。

4.（>↘）人/是老人，(/"→) 就在古树的边上，(//→) 银丝飘拂，皱纹纵横。

5.（>→）佝偻的身子/ 靠着一根拐杖。

6.（//→）她那青筋突突的右手，(/"→) 正按在虬曲的树干(/"↗) 瘪瘪的树瘤上。

分析：

这段话是对"老人"形象的描写，其中无处不凸显着岁月的痕迹，而在段落结尾，通过"手"与"树瘤"的互动，点明了古树与老人的联系，这种联系是形态上的相似，更是一种岁月磨砺下的神似，表达出作者对生命与时间流逝的反思与无奈。

4 句：这句话与上段承接，"老人"的音高、音强应高于"古树"，加大气息动程；"银丝飘拂，皱纹纵横"要拉开，着力刻画。

5 句：衔接第 3、4 句，无须刻意，重点要刻画出"右手"和"树瘤"。

6 句：应对 1 句有语气的承接，着力刻画老人的右手和动作，最后的结构断句强调树瘤。

7.（>→）最后一道余晖投在古树干上，(/"↗) 投在老人身上。

8.（→）暮色初起的天空下，(/"→) 古树、老人、斜阳，(//→) 一切都将在暮色中/渐渐消融，(/>↗) 而行将就木的人、树、天，(/"→) 在这一刻，(//↗) 又是那样的和谐。

分析：

镜头拉开，场景发生变化，进入"人树合一"的静的状态，这是一个远景，更突出了主题"在落日余晖的背景下，行将就木的人、树、天，是那样的和谐"，一种大自然的和谐。"行将就木"在这里一语双关，一方面是指天快黑了，另一方面是指即将走向生命终点的"人"和"树"。

7句：这句是跳转，以喟叹的语气表达出对行将就木老人的怜悯。第一个动程气息叹出，"最后一道余晖"要通过情感渗透表现出情感的强化；第二个"投在"有递进，递进语气常会用到气息顶托。

8句，"古树、老人、斜阳"之间不用任何气息补充，紧接着换气平推，读出"行将就木"的惋惜之情；接着，抢气、顶托，以递进的力度、以强烈的情感读出"人、树、天"，然后偷气弱化再到换气顶托，情绪强度再次加大，气息跌宕起伏，读出的句子因此有了弹性。

9.（↘）斜阳（/"→）把老人与古树/镀上一层亮色。
10.（↘）转角处（//→）只有老人和古树，（/"→）只有斜阳。
11.（>↘）晚风起了，（//→）老人的银丝飘了起来，（//↗）古树的枝叶动了起来。
12.（↘）路人，（//→）为什么都没有注意到（/"↗）这幅动人的景象呢？

分析：

镜头由远逐渐拉近，斜阳镀上的"亮色"、晚风轻拂下飘动的银丝与枝叶，使"行将就木"的景象有了生命的色彩和温度。朗诵时，要注意由静而动的跳转，要读出"晚风起了"的意味深长，也要读出"夕阳无限好"的生命律动。

9~10句为一个句群："斜阳……斜阳"，通过两个"斜阳"把整个句子兜住，整合到了一起，语调一起一落。"斜阳……亮色"这句是独立的；两个"只有"表现出"斜阳""人""树"融合在一起的静态；句尾的"斜阳"音高要下沉，一方面读出句子的结束感；另一方面表现出沉郁的情感，给听者一种意境的延伸感和镜头拉远的感觉。

11~12句为一个句群：这是描述句子，应拉开句子结构，放慢语速。"晚风起了"要读出深深的叹息感；接着要通过平推到顶托的气息变化，读出"飘"和"动"的状态；"银丝""枝叶""路人"要在一个音高线上；"为什么"前要换气以加强感叹效果，并在最后用气息托住语调。

13.（→）一个牙牙学语的孩子，（/"→）蹒跚着/走向老人。
14.（>↘）孩子的母亲，（/"→）一个穿着入时的女子，（//→）笑着跟在后头，目光（/"→）追随着孩子的脚步。
15.（↘）快到转角了，（/"↗）孩子的手扬了起来。
16.（//→）我看见老人转过身，头（/"→）一点一点，嘴（/"↗）一张一张，看样子就要弯下腰来，（/"↗）同这小小的生命对话了。
17.（>↘）忽然，一声呼喊，（//→）孩子的母亲三步两步冲了过来，（/>→）一把抱起孩子，瞬间（/"→）就离开了转角。

分析：

古树、老人、斜阳，一幅美好的画面，在一个孩子的闯入下发生了改变。朗诵时，语气中应流露出一丝怅惘。

　　这段文字用一组动态的画面引入情节，朗诵时，语速要有意识地恢复正常。随着情节的变化，语速也做出调整，通过语速的变化体现段落内句子层次的跳转、情节的冲突，提高对情节和场景的描述能力。这段文字分三层，第一层13～14句：一个牙牙学语的孩子和孩子的母亲；第二层15～16句：孩子和老人的互动；第三层17句：戏剧冲突出现，孩子母亲的表现。

　　13～14句：句群内注意语气的承接。13句"蹒跚"前偷气，有意识地弱化孩子走向老人的画面，才会突出孩子母亲的介入；"笑着"前换气以提高语气渗透力，把"目光"并入一个动程，体现出主谓结构的轻重关系。

　　15～16句：15句在"孩子的手"前偷气顶托，语气提起来，以示动作未完，接着进入16句，开始着力刻画老人——"头""嘴""看样子"，控制语速，以合理增强动作衔接的紧凑性和连贯性，同时不改变"老人"本身动作的"慢"；最后，顶托，推出"对话"，似乎一老一小在这一时刻马上就要产生生命的互动了。

　　17句：语气跳转。"忽然"抢气而出，带着突兀的情感渗透；然后换气推出母亲的"冲过来"，用力推动气息；"一把"以抢气读出动作的迅捷，同时并入"瞬间"，接着略微空一下，调整气息，语气弱下来，呈现镜头淡出的画面。

　　18.（>→）老人半弯的腰/仿佛一下子凝固了，(/"→) 就那样/一动不动；

　　19.（//→）刚刚舒展开的笑纹（//↗）也仿佛凝固了，僵硬在苍老的脸上，(/"→)像哭。

　　20.（>→）那张布满了蛛网一般皱纹的老脸，(//→) 正背对着身后（/"↗）/那棵斑驳的老树。

　　21.（→）我看见她干瘪的嘴，(/"→) 一张一合，(/"→) 一张一合……（↘）这时，(//→) 我的眼泪/静静地漫了出来。

　　分析：

　　语气跳转，从上段情节的冲突转入对老人特写性描述，而这个特写直接定格在了老人的脸上，文字中岁月沧桑带来的孤寂感、逝去感似乎来得更加强烈。朗诵这段文字，要提高通过展现具体画面，铺垫和抒发情感的能力。

　　18～19句：这两句是一个句群，重点在于前后两个句子的结构承接，情感的递进"仿佛……凝固……也仿佛凝固了"，因此，在"也仿佛"前换气后应把情绪推上去；"就那样一动不动"补充第一个"凝固"的状态，要弱下来；同理，"像哭"也应弱下来，表现出酸楚。

　　20～21句：这两句是一个句群，20句主要用陈述语气，不要过度修饰，"老脸"到"老树"要有明确的情绪对比；21句继续推动情绪，"我看见她干瘪的嘴"是陈述，用正常语速，后面描述的两个"一张一合"之间要留出空间，省略号后面也要留出空间，都不要跟得太紧，语速要放慢直到句尾，这两个"一张一合"，声音要渐次弱化，声音的这种弱化表现反而强化了作者心中强烈的悲悯之情。

22.（>↘）暮色越来越深，（↘）暗淡的天光下，（//→）古树的<u>轮廓</u>渐渐迷蒙，古树下，（//↗）那苍老的<u>背影</u>，（/"↗）渐渐/<u>迷蒙</u>……

分析：

场景跳转，将画面渐渐拉远到一个大的昏黄的场景中，仿佛一场独幕剧就要落幕一般，灯光也暗下来，语速也相应慢下来，情感色彩更加沉重；句中两个"迷蒙"有一语双关的感觉，一方面是指暮色暗下来，另一方面也暗指眼泪模糊了作者的视线。

四、人随月色静

（作者：韦娅　改编：左旗）

范文《人随月色静》朗诵音频

朗诵基调：这篇文章行文优美、节奏舒缓，将香港太平山的夜景描述如一幅唯美的画面，慢慢铺陈在读者眼前。朗诵时，内心要纯净、安静，语气要舒缓、优雅，人仿佛沉浸其中，用声音勾勒出月色笼罩下的太平山静谧而纯美的画面，以及安静祥和的氛围。

朗诵前，要根据朗诵基调做好心理准备；同时要梳理文章的自然段落，完成句子的结构分析，找准声音的发声位置，做好气息预设、气息分配，用声音给文字上色，用语流勾画情感。

1.（→）太平山/并不远，（//↗）就搁在港岛的<u>臂弯</u>里。

分析：

这是文章的第一句话，也是第一个自然段落。在这句话中，作者定位了太平山的地理位置，并用拟人化手法"搁在"描述出温馨而有爱意的情感基调。朗诵时，要眼中有景、心中有情、以景生情，要注意语气挖掘，注意声音的错落，重音"远"不要掉下来，"搁在"要稍作延展，"臂弯里"要有温度，通过声音的微妙变化勾勒出丰富的画面，把听众引入情景之中。

2.（→）一轮冰月高悬，（/"→）映出山的<u>轮廓</u>。

3.（↘）隔着海湾望去，（//↗）那山/浸润着一片（/"→）溶溶的<u>月色</u>。

4.（→）近处/海风拂面，（//↗）浪花拍打着堤岸，细细微微，（/>↗）像是怕扰了谁人的<u>梦</u>。

5.（→）沿着码头的长廊信步走去，（//→）对岸岛上成群的<u>灯盏</u>，忽忽闪闪，（/>↗）如无数只顽皮的<u>萤火虫</u>，（/"↗）飞涌而来。

分析：

这是第二个自然段落，随着作者的描述，傍晚的太平山在月色笼罩、海浪轻拍、灯盏掩映下，愈发清晰灵动起来。段落中四个整句，犹如四幅画面，由远及近，由静到动，勾勒出太平山朦胧与轻盈之美。因此，朗诵时需注意句式的转换和渲染力度的逐渐加强，要表现出画面的层层纵深；同时画面间不要跟得太紧，应适度拉开，通过跳转，凸显出画面之间的变化。

2句：这句话展现的是一个大视角，大远景，状态要紧张起来，不要急，要着力表现，加大声音力度，表现出覆盖感。"映出"谓语后面的结构断句仅做停顿，稳住平衡感。与开篇相比，这句话的语气要稳，气息略弱，声音要透彻，浸润感强。基础重音：冰月、轮廓。

3句：这句话视角转换，画面推近，视角更具体——山，浸润在月色中。声音紧张度下调，状态松弛下来；声音相对虚、软，重音"月色"不要掉下来，"那山"的语调升起来，整个句子的语调线性地提高；"那山"是指太平山，主语后断句的指向性较强，"溶溶"前可断可不断（当语流更为舒缓想更多地表现时，可以有表现断句）。

4句：这句话视角又发生变化，画面推近，出现双主语"海风"和"浪花"，都是画面近处的场景。这句话贯穿有难度，"近处海风拂面"相对独立，气息顺带而过，"拂面"的音高不要掉下来；"浪花……梦"是以形容词修饰为主的部分，要做到前轻后重、前低后高，重点表现形容词部分，朗诵中要避免轻重倒挂；"浪花拍打着堤岸，细细微微"这两个分句合在一起不要过于表现，主语"浪花"前"换气"挑起来让结构更清晰，避免与前句混为一谈，"堤岸""细细微微"都不要掉下来，"像是"的音高上挑，读出层次的跃升；"谁人的梦"要着力表现，"梦"压准重音，音高不能掉下来。

5句：这句话进入动态画面，给人一种身临其境的感觉，要注意气息并入整合句子结构，让句子张弛有度。"沿着……走去"气息顺带相对松弛紧凑，"去"要有一个语调上的延展，表现出一个方向感；重音"灯盏"与"忽忽闪闪"，音高不要掉下来；后面以形容词修饰为主的部分，要做到前轻后重，重点表现形容词部分，朗诵中要避免轻重倒挂，"如……萤火虫，飞涌而来"才是要着力表现的地方。

6.（↘）傍晚时分，（//→）坐上充满怀旧情调的<u>缆车</u>，（/″→）沿着山坡扶摇而上，（/>↗）不一会儿，人/就到了<u>山顶</u>。

7.（→）顺着弯弯曲曲的小路前行，（//→）嶙峋的山石上/草木<u>丛生</u>；

8.（>→）偶尔有横斜的枝桠挡住去路，（//↗）宛若鹤发童颜的<u>老翁</u>，（/″→）耐不住寂寞似地，（//↗）欲与行人<u>拉扯</u>。

分析：

这个段落的前后两个部分跟随作者的脚步，移步换景，并在段落最后一句中通过拟人化的表现手法，使整个段落的文字在陈述式的前进中变得活泼起来。朗诵时，要前紧后松、前快后慢，要在语流的绵延与贯穿中，用声音勾勒出句子的弹性。

6句：这是陈述句。贯穿时要注意："扶摇而上"的动势，语流要多一些延展，多一些绵延感，要避免字、词的平摆；"车""人"的音高上挑，不要掉下来；"不一会儿……

山顶"是一个气息动程,"人"后的断句交代出是谁到了山顶。

7、8句:这两句是描述句,画面感较强,要努力做到情景再现。"顺着……草木丛生"相对来说陈述较冷静,"弯弯曲曲"读出蜿蜒感,要"虚实相济"(这里,"实"是指相对费力,"虚"是指相对省力。"虚实相济"就是指音调高低错落、气息松紧力度的变化),"草木丛生"前为表现断句;"偶尔……老翁"语调挑起,语气承接7句,语境继续深入,表示与前面的景物关系密切;后面的描写加强拟人化,表现出一种饶有兴致的语气,"挡住"和"拉扯"的应和把"枝桠挡住去路"的状态拟人化。注意读准重音"前行"。"欲与"前是结构断句。

9.(↘)转过南山,(//→)不远处忽然跳出一湾碧海,(/"→)<u>浩瀚淼远</u>。

10.(>→)那些华美的别墅、渔港和公园,(//→)都被浓密的树丛遮住,(/"→)看不见了。

11.(↘)眼前,(//→)目力所及<u>全是海</u>——(/>→)那心底永不安宁的、(/"↗)<u>深蓝色的海</u>。

分析:

这是文章中情感上的第一次转折,也是第一处高潮,"忽然"带来的震撼之感,在朗诵时一定要着力予以表现,尤其是最后一句"浩瀚淼远",气息一定要托住,要发力,不能掉下来。

9句:这是陈述句。跳转,突然一幅画面映入眼帘,音高上要有跳升;"不远处忽然"要收紧,表现出突兀状态,断句只略作停顿,紧接着就是对画面的修饰——"浩瀚淼远",此处拉开结构着力表现重音。

10句:这是陈述句,相对冷静,注意贯穿,不要把"看不见了"从句子中割裂出去,要衔接得紧凑些。

11句:这是抒情句,注意气息的合理分配。"目力所及"一带而过,"全是海"要拉大动程,增加的断句提升修饰力度,对主要场景发出感叹;破折号后面是对海的进一步刻画,语气要有递进,换气后气息更为充沛,加大了气息动程,增强了表现力度,尤其是加强了"深蓝色"在语气上的渗透。

12.(>↘)一抬头,月上中天,(//↗)映得山林<u>明净如洗</u>。

13.(↘)忽然觉得,(//→)人、海、云、月,相距虽远,(//↗)却因为这纤尘不染的清辉,(//↗)这无声无息的纯粹的蓝,彼此间(/>↗)<u>竟是如此的亲近</u>;

14.(↘)近得(/"→)可听见海的呼吸,(//→)可悟出月的凉意;

15.(/>↗)好像举手就惊飞了<u>月</u>,(/"↗)抬脚/就吓走了<u>海</u>。

16.(→)静静地,什么也不说,(//→)那月/似是有声,(//→)海/却是无语,(//↗)人/竟痴痴地(/"→)不肯<u>前行</u>了。

分析：

在这个段落中，作者的情感进一步在景色中渗透，人与景在句群结构的递进中似已交融一体。因此，朗诵时要在整个段落的贯穿中读出层次的递进感与音韵美，还要注意13~15句群内句子之间的衔接，并充分注意声音的控制与气息的安排。

12句：此句展现了一个大场景，由大海转到月空。注意跳转——"一抬头发现净空明月"，此处语气略显惊叹，两个小分句动作衔接紧密，气息并在一起；"明净如洗"拉开结构抒发情感。

13句：这句再次跳转，由景入情，进入情感抒发。"人、海、云、月"构成一个整体画面，合并一个动程，避免中间偷气把结构读断了；一定要读准比较重音"虽远"与"亲近"的前后呼应，"清辉""蓝"略弱；"这纤尘不染的清辉""这无声无息的纯粹的蓝"要读出递进，注意期间应虚实相连，不要字字用力；"彼此间"弱化气息并入前句；"竟是如此的亲近"音高不要掉下来，加大气息力度和声音强度，"竟"是语气重音，在其前面断句以强化语气的程度。

14、15句：这两句话的情感一再递进，情绪状态要饱满，气息比较紧张，气息动程较大，应注意气息的合理分配；13、14句为句群，"……亲近……近得……"的音高攀升，要关注语义的承接，还要考虑分号的停顿，所谓声断意不断；"可听见海的呼吸，可悟出月的凉意"看似平行的句子，一定要读出情感的递进，体现文字的音韵之美；"呼吸"和"凉意"的音高别掉下来；15句继续承接，"好像"的语调提起来完成句群内层的衔接；接着情绪继续跃升，"举手……""抬脚……"前后对比攀升；"月"延展贯穿，"海"不要掉下来；"抬脚"后断句，表明句群的结束。

16句：这是单独的一个层次，应与前句保持一定间隔，情绪先松下来，似乎被面前的景色惊呆了。"静静的，什么也不说"气息顺带并入一个动程，之后情绪慢慢攀升；"那月似是有声""海却是无语"读出延伸感，"人……不肯前行了"要读出递进感，注意读准重音"前行"；"月""海""人"处做断句，语调层层提升，达到天地人之间的浑然天成。

17.（→）暮色渐深，（//→）远处的<u>灯火</u>开始热闹起来，（//↗）像是谁/在北山脚下（/″↗）撒了满地的<u>星</u>。

18.（→）璀璨的星群中，（//→）蜿蜒的车流是五彩的<u>云带</u>，（/″→）铺过来，漫过去，缓缓地，（/″↗）热烈而执着。

19.（→）月光下，隔着海峡，（//↗）可以遥望到远处的<u>九龙</u>。

20.（﹥↘）那儿的灯河凝滞着，（//→）彷佛在微颤中（/″→）等候迟归的<u>伊人</u>，不安、（/″↗）而且<u>激动</u>。

分析：

在山、海、月给作者带来的震撼之下，作者的视野也逐渐投射到了夜幕时分的山下之城，那是灯火通明、车流如织的城市，竟也似繁星与云带交相辉映一般，人沉醉其中，心也不觉悸动起来。在朗诵时，要注意这个段落中的时间轴，注意层内句子之间的衔接。

17句：这句有跳转，语气要沉下来，"暮色……热闹起来"是陈述部分。后半句"像是谁……星"为描述部分，这是作者极富个性的写作手法，朗诵中要清楚句子的轻重划分，"前轻后重"，避免轻重倒置；"谁""撒""星"在句子主干前断句以明确结构，"谁"的语调延展开，"撒"字前深偷一口气，气息叹出"撒"的动态，最后注意读准重音"星"，并挖掘出"星"内藏的语气，那是惊讶和惊喜激发出来的情感，好好把这个情感表达出来，让听众产生共鸣。

18句：这句紧扣第一句，转换主语为"车流"，暗喻"车流是云带"，接着对"云带"进行描述，语调提起来加强语气的渗透；"铺过来……执着"表现出动感，应控制好句子内节奏的变化，"铺过来"延伸出来，"缓缓的"收紧一点，最后"热烈而执着"用气息的强度展现语气的热烈，尤其是"执着"要迸发出内心的坚持与执拗。

19、20句：这两句为句群，描写"九龙"和"九龙的灯河"，要注意这两句在语气上的应和，是先陈述、后描述，注意句子的轻重划分；19句是陈述句，结构紧凑，20句的描述要拉开结构，"伊人"是一个拟人的描写，要努力展现出像恋人约会似的"不安和激动"的感觉；"等候"前断句以凸显主干，"不安"后断句，一是突出"不安"的分量，二是为段落结束增加稳定性。

21.（→）心/扑扑地跳，（/"→）为这纯净时分，（//↗）为这燥动不安的/星的河流，（/>↗）为这热烈/而多情的城。

22.（>↘）哦，这份心境，（/"↗）这片光华，（//→）教人如何舍得惊扰，（/>↗）又教人如何/忍心（/"↓）抛下？

分析：

这个段落由景入心，描写了面对美景时人产生的心理反应，安静但内心情感涌动，这种情感从河流蔓延到整个城市。本段落重在抒发情感，情绪承接前段，段落间衔接比较紧。朗诵结束时，要注意通过声音的延展渲染意境的延展，绝不能戛然而止。

21句：声随情动，要注意避免把句子读得死气沉沉。从"为这……河流"到"为这……城"，情感不断叠加，最后气息达到顶点"城"；随即紧跟的22句用气息叹出"哦，这份心境"，释放出满满的情怀。

22句：要尽力体会"这份心境，这片光华"的静谧，继而沉浸其中而不舍得"惊扰"和"抛下"。要尽量将信息传递得更丰富和细腻，"抛下"也用叹气表达。

五、四月挂在墙上

（作者：钱红丽　改编：左旗）

朗诵基调：这是一篇充满着生活气息的文章，作者从不同角度、事物描写了四月的景象，作者尤其善于描写非常微

范文《四月挂在墙上》朗诵音频

小的细节，如"贴近一朵花、一棵草，贴近一只小鸟"，以引导读者感悟自然界各种生灵在季节变换时给予人类的提醒。如何将这样的文章读出妙趣来，是朗诵者需要修习的功课。

这篇文章就像一幅明亮的、生机勃勃的水彩画，同时画面也是闲适而松弛的。朗诵时既要表现出明快的一面，也要控制语速和节奏，表达出恬静悠然之感。

1.（→）丝瓜子儿浸泡了<u>一宿</u>，（//→）已经埋进<u>土里</u>。（→）地面上铺了一层<u>芹菜叶</u>，（//→）既抵挡阳光，（//↗）又缓解了/灌溉的<u>冲击力</u>。

分析：

在美好情绪的带动下，开篇的声音就要带出这样美好的基调，心情也要缓下来、松下来，特别是读"儿化音"时，要读出喜悦和趣味。这个段落是一个句群，要注意两句之间的贯穿和语气的承接，读出"松而不散"的韵味。

2.（↘）葡萄藤的叶苞（/″↗）像一颗颗小子弹，在阳光下（//↗）忽然"嘭"地一声，舒展开来，（//→）鹅黄色，（/″→）裹一层浅绒绒的<u>粉</u>，（//↗）误导着一些<u>鸟</u>（/″↗）纷纷/停在葡萄架上<u>歇脚</u>。

3.（→）对着这些炸开的<u>嫩叶</u>，（//→）它们做出思考的神态，（//↗）以为是什么可吃的果实炸开了，（/″→）左转右看的，（/″↗）到底明白过来——（/>↗）这也<u>不过</u>是一片<u>叶子</u>，（//→）就都/意兴阑珊地（/″→）飞走了。

4.（>→）鸟，一拨一拨儿地飞<u>来</u>，（//→）又一拨一拨儿地飞<u>走</u>。

分析：

响亮的声音、美丽的色彩，吸引着可爱的小鸟来来往往，每一个细节描写都体现出生机与活力，让读者感受到生机勃勃的春天。朗诵时，一定要通过气息设计与语气渗透来读出画面感，让听者能跟随朗诵者的声音走进文章所描摹的春天。因此，这个段落对气息和句子贯穿的要求极高。

2句：这句的主干是"葡萄藤的叶苞……舒展开来……误导着一些鸟……歇脚"。"叶苞"展开的动感画面需要格外刻画；在"忽然"前换气再加上顶托让语气带出冲突感；"嘭"一定要利落地读出弹性；"鹅黄色，裹一层浅绒绒的粉"为补充部分，气息相对弱化，结构要紧凑；随后在"误导"前换气加上顶托，以明确句子的主干信息，并在"纷纷"后增加断句拉大句子结构，也修饰出鸟儿们停落的状态。注意："小子弹""嘭"要读出趣味和弹性；读准语法重音"粉""鸟""歇脚"，对"鸟""歇脚"韵律的应和要有敏感的意识。

3句：这句隐含的主语是"鸟"，明确主干"以为是什么可吃的果实……不过是一片叶子"后，"以为"前换气、顶托让语调挑起来；"左转右看"是补充部分，要弱化；然后"到底……"再次挑起来，"来"的音调不要落下来，破折号有延伸的作用，随后通过抢气加上顶托表达出强烈的失望语气，"不过"是语气重音；最后在句末增加断句，强化"意兴阑珊"和"飞走了"的意境。

4句：这是两个大而深的气息动程，完成第二幕情节的刻画。"来……走"要读出一起、一落的感觉。

5.（→）蔷薇的性情/太过激烈，（//↗）像一个人/不小心/磕破了头。
6.（>→）一朵两朵的浅粉桃红/渗出来，（/"→）不见惨烈，（//↗）却有着娇柔的美。
7.（>↘）这半藏着的美，（/"→）躲不过眼尖的鸟雀。
8.（>→）它们兴冲冲赶来，盘旋着，（/"↗）又不肯落下，（//→）可能是/怕那些刺儿戳了脚，（//↗）又怀着惹不起的沮丧/飞远了。

分析：

这是描写四月的第三幕："蔷薇的娇柔"，在鸟雀的互动中，呈现出别致的美，镌刻着春天更加丰富的色彩。朗诵时应注意段落语气的跳转，可以把蔷薇想象成一个淘气小姑娘娇柔可爱的模样，带着这样的语气进行场景的描摹。

段落中，5、6句和7、8句分别为两个句群。

5句："蔷薇……像……磕破了头"，换气顶托出拟人的情景；增加两处断句拉开结构以提高渲染程度；"头"字不要掉下来，与6句有呼应。

6句：此句深度刻画"蔷薇的娇柔"，语速又要放慢。"浅粉桃红"在这里不是形容词，是指蔷薇花，是句子的主干，要读清楚。"渗出来""不见惨烈"要读出音调高低错落，这里"浅粉桃红渗出来……惨烈……却有着娇柔的美。"反差很大，这种比喻是比较另类的，我们应该格外努力，一定要读出冲突感，它表现出来；"渗"前断句以提高刻画力度；语法重音"娇柔的美"要读出怜爱之感。

7、8句："半藏"是语义重音。8句的语气承接起来，用饶有兴致却语气悠然的语调，从"盘旋着，又……"再到"可能是……又飞远了"，要读出句子的情节起落和语调的婉转灵动，语气随着气息的平推到顶托出语调提升，烘托出画面的多彩多姿；最后，带着鸟儿们"沮丧"的语气结束。

9.（↘）钻天杨（//→）是这个季节/唯一奔放的树。
10.（>→）它整个春天都在长叶子，（//→）那种疯劲儿（//↗）简直是一场狂飙。
11.（↘）微风过处，（//→）叶子哗哗地响，（//↗）洪水滔天一般，人，（/>↗）真就像/置身于/林海中了。

分析：

这个段落将视野拉开，从前面描写的藤蔓植物中跳脱出来，转向了高大、笔直的钻天杨，语境也从"生长""可爱""娇柔"中跳脱出来，转向了"奔放"与"狂飙"，这是春天的另一种力量。

整个段落即是一个句群。

9句：跳转到富有旺盛生命力的语气。

10 句:"简直"是很能表现趣味的语气重音,不要忽略掉,而且要注意在这个位置的气息补充,"都""疯劲儿""狂飙"都是很有表现力的字眼,一定要通过情感渗透增强表现力。

11 句:从"微风"到"哗哗地响"再到"洪水滔天",随后感叹"真就像",在画面与声音的递进中,气息由弱到强,最后用抢气来修饰其中的妙处,增加断句结束段落同时也渲染语气。

12.(→)江淮之间的四月,(//→)是一年中/最好的月份。

13.(>→)我们活在这样的季节里,(//→)一直有/风声鸟语。

14.(↘)所有的生命,(//→)都在尽可能地舒展自己,(/>→)那是一种全身心的敞开,(/"↗)坚定、毫不迟疑。

15.(↘)四月(//→)也是一年中最好的时辰,(/"→)安稳的春夜,(/"↗)可以拥抱的枕衾,(/"→)可以托付的温暖。

分析:

本段落从空间到时间、从描写到陈述,有较大的语境跳转;同时,前面一幕一幕的美景描画在这个段落里汇聚成了最好的"江淮四月",一个所有生命都在温情中生长、在温暖中绽放的季节。朗诵时要注意语气的变化。

12、13 句为句群。

12 句:像打开一个包袱一样展开。"四月""月份"注意是重中格,不要读颠倒了。

13 句:承接 12 句,"这样"是语义重音。"风声鸟语"前增加断句,应拉开一些着力渲染。

14 句:"那是一种全身心的敞开"表达出这个季节的放松与包容,抢气后气息平推,把喜悦的情绪刻画出来,最后进一步补充"坚定、毫不迟疑"的语气。

15 句:本句有三个意象"春夜""枕衾""温暖"。从"春夜"到"枕衾"将语气提起来,"可以托付的温暖"前面要拉开距离,空开一下,因为这是段落的结尾,又是最后一个意象,有一种让人渐渐入眠的感觉,所以气息要弱下来。朗诵本句时,应有适度的强弱和空间的变化。

16.(↘)住在城里的人,(//→)对于节气的层层递进,感觉(/"→)是比较麻木的。

17.(→)除了温度的变化,(//→)他们只能偶尔从菜篮子里(/"→)得到一些提示。

18.(↘)吃过荠菜,(/"→)吃过马兰头,(/"↗)吃过枸杞芽儿,(//→)清明/也就不远了;

19.(>↘)过了清明,(//→)稻种/就下田了。

分析:

本段落中,场景又发生转换,从乡村转到城里。真正的春天体现在大自然的勃勃生机中,但城里的人对春天的气息似乎是麻木的,他们看到了采摘下来的"叶",却忽视了四月中生命成长带来的春天之美。因此，朗诵时要有跳转，要读出作者对于城里人不能感知春天之美的些许遗憾。

16句：语义重音"城里"应读出与前几段的对比感，并重的语法重音是"节气""递进"；为凸显"麻木"，应把"感觉"并入前一个分句。

17句：语法重音"变化""提示"，断句间气息以平推推进，隐含着"只能偶尔"带来的与四月的疏离感。

18句：将句子里的三句排比读出递进的节奏，"荠菜""马兰头""枸杞芽儿"也在外部节奏上有了韵律的叠加；三个短句读得紧凑一些，最后换气突出重要的节气"清明"，同时增加结构断句突出语义。

19句：朗诵时，"稻种"在语气上应带一些拟人的意趣，仿佛稻种是自己走下田一般，这样朗诵为句子增添了别样的情趣。

20.（↘）然后，（/>→）一切就都泼洒开来，（//↗）热火朝天地忙碌起来。

21（↘）这个时候，（//→）很少会有人再去注意，四月（/"↗）那纤柔的身影，（//↗）已经越走（/"→）越远了……

分析：

本段落体现的意境是：在时间的流转与忙碌的生活中，四月终将悄然离去。

20句："然后"紧跟上段；"泼洒开来"代表着绿色已经铺满大地了，庄稼都种下去了；"热火朝天地"暗示着天也热起来了，这些都要着力表现。

21句：这句承接上句，在上句描述的状态下，很少有人会再次想起四月那个生命旺盛的季节，四月也就越走越远了。这里要注意情感的表现，注意语气随情感气息先"提"再"缓"最后淡出落幕。

六、忘情

（作者：夏易　改编：左旗）

范文《忘情》朗诵音频

朗诵基调： 雕塑，是对美好瞬间的凝固，是时间的永恒。朗诵这篇文章，就是用声音去表现视觉艺术，去呈现作者对雕塑的感悟，甚至是艺术升华。因此，朗诵时，要通过声音唤起听者对雕塑的记忆，让听者的脑海中出现雕塑的画面，达到"恍如亲见"的效果。

文章是从观赏者的角度刻画情节，是文字内向的挖掘，因此，朗诵时需要语气沉静、舒缓，带着沉思，同时要整合句子的结构，达到"形散而神不散"。

朗诵这篇文章的难点在于不容易确定发力的位置，朗诵前需要对句子轮廓、气息运行有精准的判断、设计与控制，从而以极高的驾驭能力达到举重若轻的效果。

1.（↘）站着，（//→）深入到/那雕像的情绪中。
2.（↘）深入，（/"→）再深入，（//→）忘记了时间，（//↗）忘记了一切。

分析：

文章开门见山，一场全身心、忘我的、沉浸式的雕像参观之旅正式开启。

本段落是一个句群，朗诵时应特别注意贯穿："站着"—"深入"—"再深入"—"忘记"—"忘记"；同时，应注意音高的控制，不是去刻意控制音高值，而是脑子里要有一个清醒的结构认知，不能把它读破了。

1 句：这是陈述句，相对紧凑，开篇的语调要稳，注意刻画"情绪"，"中"字的音高不要掉下来。

2 句：本段落是文章的开篇，应力争把结构展开，因此每个节点都有气息的补充。两个"忘记"是作者想要表达的沉浸式体验，换气后使得这种情绪表达得更为充分；"时间……一切"应读出递进感，同时气息要拉开，先平推再顶托，用以烘托气氛，引导听者沉浸到声音营造的氛围中。

3.（↘）这情绪/（/"→）不仅流露在雕像的脸上；
4.（//→）还从它的颈项、肩膀、（/"→）手臂、手指尖流出；
5.（//→）从它的躯干、（/"→）它的大腿、小腿、脚、（/"→）脚趾流出。

分析：

本段落承接上一段落的"情绪深入"，这段文字巧妙地借助情绪的流出，描写了雕像的外部形态。

3 句："情绪"是主语，要挑起来，然后平推到"不仅……脸上"，"脸上"也是重音，不要掉下来。

4 句：要注意科学地分配气息；其他部位合并到一个动程，把手的部位也合并在一起，这样能让气息舒缓、前后结构平衡，气息分配均匀更省力；"流出"未完，音高要保持住。

5 句：气息分配与上句有所不同，三次气息的补充延伸了句子的结构，气息舒展，最后在"脚趾"前偷气，使段落的结束感更为突出；最后的"流出"音高才能落地。请认真体会 4 句的"流出"与 5 句的"流出"在语调上的一起一落。

6.（>↘）是啊，（/"→）就看这手指尖，（/"↗）就看这脚趾尖，（//→）仿佛都在与全身响应，（//↗）与眉尖、眼角的神韵响应。
7.（>→）雕刻家如此细致地（/"→）把握住了人体的和谐，（/>↗）真是牵一发/动全身啊！

分析：

本段落承接上一段落对形态的细致描绘，既形似又神似，每一个部位既独立又相互呼应，吸引听者在朗诵者的声音中感受雕像的每个细节所蕴含的强烈的生命表达。

179

6 句:"就看……就看",结构应紧凑,保持紧张的状态,从"手……脚"读出递进;"仿佛"是需要情感渲染的地方,在主要结构前换气,从平推到顶托,让语气持续渲染;比较重音"全身"与"神韵"应读出前后的比照;两个"响应"的音调一起一落,贯穿起来。

7 句:本句流露出徜徉、观赏的状态,把结构铺展开,第一个分句增加一个断句,把陈述表达得更有力;随后在感叹句前抢气,充分渲染。

8.(↘)雕像馆里,(/"→)每个人都是蹑足、噤声,(//↗)生怕惊动了/这些"生命"。

9.(>→)偶尔有些絮语,(/"↗)也像是花间虫鸣,(//→)全然不会影响到/(/"↗)这些静默的雕像。

分析:

本段落跳转,从对雕像细致的描写中跳出来,将视角转为对雕像馆全景的描写,在雕像馆里,人群的"静"与雕像的"静"相互映照,雕像的强烈感染力让每个人都产生敬畏之心。朗诵时,要读出雕像的"静"蕴含着的生命力量。

朗诵时,要注意两个句子之间的语气承接,要读出句子之间在情绪上的逻辑关联,避免读散。

8 句:"噤声"—"生怕"—"生命"要在韵律上相互应和,这是朗诵中需要敏锐捕捉的地方;在"生怕"前换气顶托,让语气透出惊讶——雕像有生命。

9 句:初始动程是深长的气息,让语气蕴含深意,即承接了上句,也展现了噤声蹑足慢走的情景,使这里的"偶尔"与一般意义上的"偶尔"不同;"也像"前将语调提起来修饰语气,"絮语……虫鸣"既是主干也是重音;语气重音"全然"要读出力道;"静默的雕像"是并重的语法重音,用气息顶托把语气音高都提起来。

10.(→)一座背影,向隅而立。

11.(>→)嶙峋的脊梁/透过衣衫/微微弓起。

12.(↘)一瞬间,(//→)我仿佛听到了好多/(/"→)满含深情、细致已极的话,(//↗)却发现没有任何语言/(/"→)能够饱满地转述出来。

分析:

本段落移步换景,描写的是另一尊雕像,生动、逼真,甚至只需"背影"就足以打动人心,让作者体会到了一种生命张力。

10 句:这是陈述句,应克制,浅长的气息已足够,切忌过度渲染。

11 句:这是刻画部分,语速应放慢,拉开空间;"透过衣衫"不要读得太重,断句后的"微微弓起"需要渲染。

12 句:"仿佛"是需要修饰的,换气、结构拉开,定语后增加断句;转折"却"前换气加强气息的深度,再用气息顶托来提升语气;"话""语言"是语法重音,"饱满"是语义重音,要有意识地突出语义重音。

13. (↘) 突然，(//→) 又一个姿态映入眼帘。
14. (>↘) 多么新鲜，(/>↗) 多么出人意料！
15. (↘) 活了几十年，(//→) 从未注意到/人/(/"↗) 会有这样特殊的姿态，(/>→) 并且这种姿态，(/"↗) 美得如此/惊心动魄。

分析：

本段落视觉转换，描写"突然"遇见的另一尊雕像，是一个更具有艺术张力美的雕像。

13 句：这是陈述句，要控制住语气，不要读出描述感。"突然"不要读得过于突兀，一惊一乍的不恰当。

14 句：用抢气修饰情状句"多么新鲜，多么出人意料"，要读出语气的递进，先抢气后顶气。

15 句："活了几十年，从未注意到"不是句子的主体，不要浪费气力，后面才是主句，即"特殊的姿态，并且……惊心动魄"才是需要用力表现的位置，"特殊"为语义重音。注意，第一个"姿态"的语音不要掉下来，第二个"姿态"前要抢气以强化感染力度，读出递进感；"人"前的断句加强了对人的刻画力度；"惊心动魄"要着力表现，在这个词的前面加一个凸显其语义的表现断句。

16. (↘) 在这里，(//→) 石头/不再是冰冷的。
17. (>→) 它可以表现柔软，(/"↗) 柔得/叫你心软；
18. (//↗) 可以表现轻盈，(/"↗) 轻得/在空气中浮动；
19. (//→) 可以薄如蝉翼，(/"→) 细若游丝；
20. (//↗) 可以安详华丽，(/"→) 娇小甜蜜；
21. (↘) 在这里，(//→) 石头/可以表现出一切/(/"→) 与坚硬和粗糙截然相反的/(/"↗) 种种特性。
22. (↘) 雕刻家们/(//→) 就是用这些石头，(/"→) 讲述着生命的美好，(//↗) 传递着/心底的感动。

分析：

雕像的材质本是冰冷而坚硬的石头，但雕刻家却使石头拥有了生命：温度、柔软、轻盈，变化万千。

本段落内有 7 个句子，贯穿难度较大。1~5 句是一个句群，其中 2、3、4、5 句在节奏设计上符合音调的错落感；6、7 句也是一个句群，注意音高控制和重音的精准。

16 句：相对松弛，不要读重了。

17~20 句："柔软"——"柔得"，"轻盈"——"轻得"，音韵叠加；"薄如蝉翼"——"安详华丽"也是音韵叠加，符合韵律节奏。

21 句："在这里"与 16 句的"在这里"相互应和。21 句的主干是"石头可以表现……特性。"其中三个断句分别为结构断句、平衡断句、表现断句，既拉开了句子的结构，也考虑到气息的平衡与句子表达的主要语义；在"种种特性"处顶到最高点，呼应出石头质感与雕刻技艺的对比。

22句：承接上句。"讲述……美好"应略微克制，把力气用在"传递……感动"中，要读出心里的爆破力。

23.（↘）流连的人群中，（/″→）我久久地伫立着、（/″↗）静静地体会着，自己（//→）也成了一尊/（/″→）忘情的雕像。

分析：

文章最后一段松弛下来，雕像参观结束后，作者心里沉静而舒展，朗诵到这里时语气应舒缓下来，情绪逐渐淡出，因此，收篇位置不必过于用力，与开篇在情感上也有了呼应。

七、云端之上

（作者：冯文柯　　改编：左旗）

范文《云端之上》朗诵音频

朗诵基调：这篇散文，其文字中处处散发着无拘无束的豁达之气和超然世外的禅意。

朗诵时，语速要不温不火、泰然自若，体现出禅意的"清空安宁"，但也不能流于平淡，要把握节奏，读出文字的韵味与禅意；同时，要把握好情绪，不要过度渲染，也不要过于矜持，情感投入要适度。

文章中多处出现"1140年前的禅师"与作者"现在感受到的禅师"之间的跳转与融合，就如电影中的画面穿插。因此，在朗诵时要注意画面的展现，做到眼中有景，心中有情；要注意跳转时对语气的把握，音色的高低、声音的强度和音长等方面也要做出适当调整。

1.（→）1140年前，（//→）师虔轻快的脚步/或许（/″→）就在这里/停了下来。
2.（↘）那时，（/″→）苍翠蓊郁的青锉山上，（//→）所有的树木/正翘首以待。
3.（＞→）青锉山寺/快到了，（/″↘）是啊，快到了，（/″→）但师虔知道，（//↗）他已经晚来了/一百多年。

分析：

这是文章开篇第一段，作者在青锉山上，将时针拨回到了1140年前，感悟着那个时候，师虔禅师与山的相互期待与相遇相交。朗诵时要注意语气的挖掘，要在禅师对时间和空间不同于凡俗的理解中，读出其中蕴含的禅意。本段落一共有三个独立的整句，相互呼应又自成一体。

1句：这是开篇第一句，将一千多年前的时空稳稳打开。朗诵时，语速要稳且饱含情绪，能够把听者带入到情境中。"师虔"是第一个出现的人物，要足够的重视；"或许"

并入前一个动程后有一个短暂的停顿，呈现出思忖的状态；"这里"后设置一个平衡断句，既加强了句子的平衡感，也强化了"方位"感。

2句：以拟人化的修辞，加强了句子的表现力。开始是状语，气息平推，语气略慢；接着换气，继续平推，到主语"树木"处将音高提上去，"翘首以待"拉开，着力表现，让人感觉青措山所有的生灵都等待着禅师的到来。

3句：这句是大复句，要做好气息分配和补充，读出句子语调的起落和弹性。第一个"快到了"要郑重强调，插入语"是啊，快到了"要做到自然紧凑，不能统一处理，不然会丧失语流和情感的弹性。

4.（↘）我/来得更晚。

5.（→）懵懵懂懂/撞进一户农家敞开的院坝，（/"→）坐在半扇磨盘上，（//→）我向主人随口打听屋后的山名。

6.（>→）接连问了两遍，我惊讶极了，（//→）真是史籍里/反复出现的（/"↗）青锉山吗？

7.（↘）随即，（//→）我看见了年轻的/青林师虔禅师。

8. 他（/"→）刚刚停下脚步，仰望山顶，（//→）清瘦的身子/微微向后倾斜，（//↗）一袭褪色的僧服/（/"→）显得/空空荡荡。

分析：

这是文章的第二段，视角转回到了现代的"我"。不同于师虔禅师来到青锉山的急切与主动，我是无意间闯进来的。于是，我仰望青锉山，似乎仰望到了一千多年前刚到青锉山的师虔禅师，那时的他也在仰望着青锉山，清瘦而飘逸，犹如"我"正仰望着他。

本段落由一个整句和5、6及7、8两个句群组成。

4句：这句尤其要注意跳转，从1140年前的状态跳转到特别主观的"我"的第一视角。"我"第一次出现，要给予足够的重视。

5句：初始动程深长，要准备好足够气息，"懵懵懂懂"后略作停顿，交代句子结构，之后"撞"和"坐在"要读出两个动作一气呵成的接续感和动态感；前两个分句都为状语，要相对收紧一些，主句前换气后平推着气息着力展开"我……打听……山名"。

6句：这句的语气承接5句。"接连……极了"是一个深长的气息动程，收紧结构，类似口语语气；换气展开主句"真是……青锉山吗？"，两个断句都是为了增加句子的表现力度，在"青锉山"前将气息顶上去，表现出意外和惊叹。

7句：这句要跳转，表现画面的穿插，仿佛看到一千年前的禅师也正在山脚下；换气展开句子，增加结构断句，郑重地介绍年轻的"青林师虔禅师"。

8句：这句与7句承接，偷气后平推完成动程"刚刚……山顶"；接着两个换气分别刻画禅师的"身形"和"僧袍"；最后在"空空荡荡"处将气息顶上去，表现出禅师仙风道骨的姿态。

9.（→）从宜丰到兴元府，要走多少天，(/"→) 师虔不知道，(//↗) 但他头顶的<u>月亮知道</u>；

10.（>↘）从洞山到青锉山，(/"→) 要翻过多少山/走多少路，(/"→) 师虔不记得，(//↗) 但他脚下的<u>麻鞋记得</u>。

11.（↘）终于，(//→) 师虔禅师/上山了。

12.（→）他沿着穿过树林的小路/进入青锉山，(/"↗) 向上，直到<u>云端</u>。

分析：

本段落从上一段落跳转。时间随着作者对青锉山的仰望与思绪，又回到了1140年前，那时去往青锉山是一段遥远、漫长且艰难的路程，但于师虔禅师而言，却似乎是一段"忘我"的修行之路，他忘记了时间，忘记了艰辛，甚至也不记得脚下的路，他只是随心而往，走到了青锉山的云端之上。因此，朗诵时既要读出师虔这段旅程的艰辛，但也要读出师虔对艰辛的不自知，读出他向往青锉山的急切之感。

这个段落是一个句群，应注意段落起始的跳转与句群内部的贯穿。

9、10 句：这两个句子是对偶句，要读出前后的呼应和递进"多少……山……路""不知道"—"不记得""月亮"—"麻鞋"。这个句子内有三个气息动程，要着力表现"但他头顶""但他脚下"，不仅要换气，还要把气息顶上去，表现出语气分量。

11 句：这句是前两句的结果，"他上山了"。朗诵时，要将眼前的画面拉开展现整个青锉山，要体现出"跟着禅师的脚步进入山中，终于上山开始修行"之感，因此需要换气着力表现。

12 句：第一个动程深长、语气纵深，要稍微收紧一些，其中断句只做结构分隔；第二个动程深短却气息深重，要提起来，就像跟着禅师的脚步步入云端，整句话要保持一个顺畅的语流，要呈现出"他一路向上到云端"的语势和禅意。

13.（→）他在山上隐居了<u>十年</u>。

14.（↘）这十年，(//→) 师虔禅师和山上的<u>树</u>/生活在一起，(/"→) <u>话</u>/肯定说得很少。

15.（/"↘）偶尔几句，(//→) 也是说给<u>树</u>听的，<u>我们</u>/不会懂。

分析：

这是句群段落，这个段落言禅修之"静"，那是一种超越语言的自然之"静"，即使偶然之语，也是超越凡俗的。

13、14 句：这两句之间的承接要明确。因为跟树一起生活，所以禅师话很少。读准重音"十""这"。

15 句："偶尔几句"的语气承接上句，一带而过，不要字字用力；随后换气再提起，表现"树"与"我们"之间意味深长的对比；"不会懂"要适度控制，于无形之中营造深远意境。

16.（→）师虔合着的手中，<u>空无一物</u>。

17.（↘）因为这个，我相信（//→）他的两手之间/装得下高高的青锉山，（//↗）装得下青锉山峰顶的云朵，（/"↗）以及过去和将来/重重叠叠的岁月。

分析：

这个段落的语气承接上段，是句群，"空"——手中之空，即禅心之"空"，因其"空"，故可包容万物。

16 句：表现出"空无一物"，"空"是包容万物的境界。本句是一个动程，气息要提起来，因为与下句有承接。

17 句：要注意句子结构的贯穿和气息层面的贯穿。"因为这个"一定要省力，与"我相信"并入一个动程，随后换气持续使力平推着气息，两个完整的排比句"装得下"要读出节奏错落之美；在第二个"装得下"前再次换气，气息提起来顶上去，力图表达出语气的深度；"朵"延展与下一个分句的语气贯穿，再持续托着气息不断往上走，直到"云朵"，最后到"岁月"时压住。

18.（→）"长长三尺余，（/"→）郁郁覆青草。
19.（//↗）不知何代人，（/"→）得见此松老。"
20.（→）师虔/一直很安静，（//→）安静到脱离了时间观念，（//↗）安静到/摆脱了文字/和语言。

分析：

这个段落描述的是跨越时间和语言之上的禅修之"静"。以师虔禅师植松时的佛偈引入，用平淡的文字书写了他的大智慧和他对时空充满穿透性的视野。个体的生命也许是有限的，但以松树为代表的"自然"却有着能够摆脱时间桎梏的巨大的生命跨度，这就是"禅意"，禅与自然同在，禅是脱离了文字、语言和时空的自然的"宁静"。

朗诵时，一定要对"禅意"有所认知，才能控制好声音，体现出时空之外的深度与广度。

18、19 句：师虔所作佛偈，初植小松，虽矮，但其却蕴含着无限的生命力。偈语结尾"得见此松老"不要读出结束感，但要读出句与句之间的跳转。

20 句：师虔的"静"，跨越了语言和时空，进入了超然世外的境界。两个"安静到"从气息平推持续用力到气息顶托，达到语气语调的攀升递进，段落最后增加断句更进一步修饰"安静"以及突出"文字"和"语言"的深层含义，表达这种含义需要朗诵者对禅意有所感悟。

21.（→）空寂，宁静，（/"→）是禅师/说不出的喜悦和幸福。
22.（→）心无挂碍，物随心移，（/"→）是禅的境界，（//↗）更是/青锉山的境界。

分析：

这是句群段落，是对上一段落跨越时空的"静"的接续。"空寂，宁静……的喜悦和幸福"，是空灵禅境中的身心陶醉，是寥廓禅境中的内心澄澈，于是，淡泊、自然、

185

澄净成为带着禅意的青铧山的独特韵味。

21 句：空寂不代表冷清，宁静也不代表寡淡，这是禅修之人内心的写照，朗诵时，在"禅师"后略作停顿，用以修饰"喜悦和幸福"。

22 句："心无挂碍"呼应"空寂"，"物随心移"呼应"宁静"；"是……更是……"是递进句式，气息从平推到顶托"青铧山的境界"，禅因山而来，山因禅而韵。

23.（→）此刻，在我的仰望中，（//→）青铧山/山影朦胧，（/"↗）流水有声。
24.（↘）其实，禅（/"→）一直都在山下，（/"↗）只有禅师/远在云端之上，（/>→）以冬为夏，（//↗）以夏/为冬。

分析：

23 句："此刻"，时间又跳转回到现在，师虔禅师将我的神思引领到青铧山云端之上，朗诵时，在表现断句处要拉开着色，要有画面感，要引导听者跟着朗诵者的声音走进"山影朦胧，流水有声"的美的境界。

24 句："禅一直都在山下，只有禅师远在云端之上"，朗诵时，"只有"前偷气、顶托，读出从山下到云端之上的情感攀升，同时放慢语速；"以冬为夏"读出语气的延展；"以夏"拉开提起来，"为冬"在控制中收篇。

八、周庄烟雨中

（作者：韩静霆　　改编：左旗）

范文《周庄烟雨中》朗诵音频

朗诵基调： 水乡周庄，雨雾江南，润泽、悠然而怡情。这是一篇充满感性的描写周庄美景的文章，用词婉约，格调清丽，情感柔软、舒缓，如风行水上。因此，朗诵基调应是轻松明快、悠然自得的。

烟雨中的周庄，画面随着作者的脚步、视野与思绪展开，水与船、古与今，就这样自然、静谧而又充满温情地呈现在读者面前，文字也因此有了独特的韵律感和动感。朗诵时，要充分运用各种气息类型，依据文章内在的结构和情感，完成合理的气息设计，并以气带声，通过音高、音长、音强的变化，增强文字的表现力和感染力。

"文似看山不喜平"，朗诵时，还需注意保持整句之间适当的间隔与段落之间的疏密有致，避免读成流水账。

1.（>→）一踩上周庄的石板路，人（/"↗）就在水中央了。

分析：

文章一开篇，立刻就进入了充满水乡特色的场景中，甚至形成了"直接空降"到周庄"水中央"的视觉冲击力，朗诵时要保持紧张的状态，气息设计要注意流畅、贯穿、一气呵成，以深长的气息动程开始，一直到把"人"并入，随即快速偷气、顶托，达到猝不及防的冲击效果；"石板路"是铺垫，要略微重读；需要强调的是"水中央"，音强和音长需要落实。

2.（→）绕着水乡人家的/都是<u>河汊</u>，（//↗）抱着周庄水镇的，（/"↗）都是<u>湖</u>。
3.（>↘）前前后后是<u>水</u>，（/"↗）左左右右也是水，周庄（//→）依偎在淀山湖、白蚬湖、（/"↗）南湖和澄湖的<u>怀里</u>，（/>→）像从湖里<u>滋生</u>出的（/"↗）一张<u>荷叶</u>。

分析：

这段文字形象地描写了周庄依偎在水中的姿态，生动而有趣味地展现了江南水乡的独特韵味。

2句：递进句式"绕着……抱着……"，第一个分句节奏收紧，这是一个浅长的气息动程，断句轻轻一顿；第二个分句换气顶托把音高挑起来，相对前句气息重一些，接着再偷气顶托，把"湖"提起来，通过前低后高、前轻后重的气息设计，既保持了陈述的相对紧凑，同时也使句子灵动起来。

3句：明确句子主干"周庄依偎在……湖的怀里，像……滋生出的荷叶"后，进行气息的轻重安排。从"是"到"也是"，读出句子内在的递进，主语周庄并入到前一个动程，换气后呈现出"淀山湖、白蚬湖"再到"南湖和澄湖"的纵横交错，然后抢气，表现出惊奇的语气，通过气息推着音高一步步走上去到最高点"荷叶"，读出周庄的"姿态"，尤其要读出犹如蜻蜓落于荷叶的趣味。

4.（↘）<u>河汊</u>上（//→）泊着可以租用的<u>乌篷船</u>。
5.（↘）近看，（//→）那船/是实在的；远看，（//↗）可就化在（/"↗）细密而又无痕的烟雨中了。
6.（→）船儿/款款地（//→）贴着水镇人家的<u>窗根儿</u>，（/"→）穿过一个桥洞，（//↗）又穿过一个桥洞，（/"→）风景明明暗暗，（//↗）船儿咿咿呀呀。
7.（↘）忽然间，（//→）船/打了一个横，（/>→）<u>竟然</u>进了人家的<u>院子</u>，（/"↗）人家的厅堂！

分析：

在作者的视野中，乌篷船的穿梭，近实远虚，在明明暗暗的"若隐若现"中，更形象地展现出烟雨蒙蒙的江南韵致，也在"款款地""咿咿呀呀"的船儿中，展现了水乡生活的闲适与宁静。因此，气息设计时，既要注意句子结构的清晰表达，也要注意通过多种气息类型、气息动程的合理分配，增强声音的"情韵"。

4、5句为一个句群。

4句：这是陈述句，只需要清楚地传递句子语意，无须过度渲染；"船"的音高不要掉下来，注意与5句的内在联系与贯穿。

5句："近看……远看……"一定要读出层次变化，读准比较重音"远"，"远看"并入前一个动程，使得"可就"前的换气更有张力，也让语气流露出情趣来；"烟雨中"

要点题，需偷气、顶托。

6 句：这句是跳转，进入船的行进中，先陈述后描述，前紧后松。"船儿"是主语，"款款的"是状态，分别断句强调，考虑到结构紧凑，并入一个气息动程；接着换气表现主结构——行进的过程，"穿过……又穿过……"要读出递进感，气息平推到顶托，从"风景"到"咿咿呀呀"，再从平推到顶托，最后"呀呀"的音高挑起，一定要体现出声音的趣味。

7 句："船打了一个横"语气收紧了，接着抢气烘托出作者的惊叹情绪，再收紧节奏偷气后顶托出意外的语调；"竟然进了……院子……厅堂"这句要表达出猝不及防的语气。

8.（>↘）在周庄，真好！（//→）湿漉漉的水雾滋润着皮肤，（//↗）一双干涩的眼睛，（/"↗）也渐渐灵动起来。

9.（↘）舌根儿（/"→）荡漾着凉丝丝的感觉，（/>→）我这北方人的喉咙，（/"↗）竟跑出了温软的调子。

10.（↘）船娘问我，（//↗）"向左呢？还是向右？"（//→）我说"随意"。

11.（↘）左边是水，（/"↗）右边也是水，（//→）这水做的小镇，（/"→）水做的周庄，不知不觉中，（//↗）让我的性情/也变得温柔如水。

12.（>→）一切随意！

分析：

周庄水乡是如此的温润与清凉，作者进入其中、浸入其中，不知不觉融入其中，也如水般温软、灵动起来。朗诵时，从水乡改变了作者，到作者不知不觉融入了水乡，一定要多加揣摩语气以及跳转、断句、气息类型的变化，在语气上尤其要表现出轻松、俏皮、随意之感。

整个段落有两个句群，8、9 句组成一个句群，10、11、12 句组成一个句群。

8、9 句：这是一个句群。8 句一定要注意语气渗透，读出"真好"的感叹，接着从"滋润着皮肤"到"眼睛……灵动"再到"喉咙……温软……"，语气层层提升，一直到最高层"我这北方人"前抢气，突显作者对自己的变化感到惊讶的语气。

10、11、12 句：这是一个句群，人物对话带着角色感，切忌渲染过度。问句挑起来，回答悠然而放松，问与答之间通过换气完成角色的变化；11 句紧承上句，从"左边"到"右边"，通过气息顶托，读出层次变化；最后通过换气、抢气凸显主结构"我的性情也变得温柔……随意"。

自此，文章的前半部分结束，前面四个段落之间的间隔相对紧凑，与第六段拉开一些，保持足够的间隔。这是段落之间贯穿的方式之一，根据段落内容安排段落之间的间隔。

13.（→）我在张家厅堂/品了一阵阿婆茶；

14.（>→）我在沈家天井，（//→）看了一阵/独自绿着的一株芭蕉；

15.（>→）我登上不知姓氏的小姐的<u>绣楼</u>，（//→）对着绣花的<u>慢帐</u>和雕花的<u>牙床</u>，（//↗）发了好一阵的<u>呆</u>……

分析：

前面四段主要围绕"水乡"的"水"字展开，描写了周庄的水韵，间隔相对紧凑；本段是文章的第五段，将笔触转向了"水乡"之"乡"，开始着力描写周庄的人文意境，朗诵时，前面四段和本段要适度拉开，保持足够的间隔。

段落开始，画面在"我……品……茶""我……看……芭蕉""我……发……呆"中转换，如电影里的画面穿插，让周庄水乡的生活气息与历史人文气息在作者的脚步与思绪中慢慢铺陈开来，因此，朗诵时要注意贯穿与跳转，要在句子的适度间距中读出错落有致的韵味，切忌松散失味。

13句：这是一个浅长的气息动程，收紧结构，"茶"的音高提起来，这是句群的第一层，要读出未完的语势。

14句：语调提起来，这句是深长的气息动程，语气有深入，继续换气往画面深处走；"芭蕉"的语调不要落下了。

15句：语调略低，拉开一点，这句是深长的气息动程，采用饶有兴致的幽默的语调；"登上……绣楼"后换气，对着"慢帐""牙床""发……呆"采用戏谑的语气；最后再次换气顶托，读出作者此时在周庄的熏染下，似乎已"超然世外、穿越时空"的意味。

16.（↘）当然，（//→）周庄/不是<u>世外</u>，（/″→）平静和泰然之下的周庄，（//↗）也藏着/说不尽的<u>沧桑</u>。

17.（↘）春秋时期，（//→）这里被称作"<u>摇城</u>"，（//↗）北宋元祐元年，（/″↗）得名<u>周庄</u>。

18.（>↘）然而，在这里（//→）你却看不到太多历史的<u>遗迹</u>。

19.（→）周庄/从不把过去写在<u>脸上</u>，（//↗）<u>甚至</u>不挂在心上。

20.（>→）如此不动声色地面对<u>沧桑</u>，（//→）该是/大师级的修炼吧！

分析：

这段紧跟上段，有形有质、有情有事地描述周庄的历史，文中对于周庄淡然看待沧桑的评价，真正体现了周庄的魅力。朗诵时要控制好气息，清晰地呈现每一个层次。

16句：主干是"周庄不是世外……藏着……沧桑"，因此在其前换气以强化结构；"平静……周庄"是补充，偷气收紧句子。

17句：这句跳转到陈述，介绍周庄的得名。朗诵时注意贯穿，"年"的语调不要掉下来；注意读出"春秋时期"和"北宋元祐元年"的应和；"北宋—元祐—元年"三个阶段都要运用顶托撑起来；"得名周庄"的"庄"字保持住音高。

18、19、20句：这三句为一个句群，主结构是"周庄从不把过去写脸上……心上""如此……该是大师级的修炼吧"，应注意语气的承接；18句有两个气息动程，"然而，在这里"是第一个气息动程，要收紧，第二个气息动程要换气平推，其间断句以明确结构；19 句承接上句，"从不……甚至……"的语气提起来，气息顶上去；20 句再上一层，"如此……该是"感叹而出，到语义重音"大师"，语气层层跃升。

21.（→）粉墙乌瓦和小桥流水构成的周庄，(//↗) 船的梭织成的周庄，(/"→) 是一种禅境，是 (//↗) 物化了的/精神田园。

22.（↘）这种禅境，(/"→) 不是青灯古佛，(//↗) 而是/袅袅炊烟，(/"→) 那么凡俗，(//↗) 又那么自足，(/"→) 让人眷恋，(//↗) 让人思念。

分析：

本段承接上段，从历史转回到了今天的周庄，"粉墙乌瓦""小桥流水""船行如梭"，渲染出了周庄的神韵和如水墨画般的意境，更是充满着生活气息。朗诵时，气息设计既要注意两个句子之间的承接，也要注意句子内部语调的错落，更要渲染出文字之外的韵味。

21 句：主干"构成……织成……""是一种禅镜，是……精神田园。"两个递进语势从平推到顶托，前低后高，气息也从偷气到换气切换，一层推一层。注意读准比较重音"构成""织成"。

22 句：这又是三个层次，"不是……而是……""那么……又那么……""让人……让人……"的朗诵方式同 21 句相似，注意控制住气息的补充和分配，一浪推一浪，语流和韵律的波动形成变化的语气。

23.（→）芦花白，菜花黄，(//↗) 云起云落，人来人往。

24.（↘）对于周庄，(/→) 一切都是匆匆过客。

25.（→）蒙蒙烟雨中，(//↗) 唯有那份/水乡的静谧和美好，(/"→) 似乎 (//→) 从来没有变过。

分析：

周庄，无论风云变幻、岁月沧桑，它始终是灵动的、充满诗意的江南水乡，静谧而美好。朗诵时，气息设计要注意这种情感带动出的句子层次的变化，用声音吸引听者走进烟雨蒙蒙、静谧而美好的周庄。

23 句：注意，"芦花白，菜花黄"是一个独立的句子成分，它对应的是"周庄的一切"，不要耗费气息，把气息重点放在"人来人往"上。注意"黄"和"往"在音韵上的应和。

24 句："一切都是匆匆过客"换气、发力平推，读准重音"一切""过客"。

25 句："蒙蒙烟雨中"不要耗费气息；"唯有……"前换气，语调提起来表现"静谧和美好"的与众不同；"似乎"的气息可以并入前句，也可以略微偷气，灵活处理即可；要着力表现"从来没有变过"。

附录二　朗诵练习

朗诵练习范文（五十篇）